基于脱贫攻坚经验总结的金融与财政协同促进县域发展研究

孙 倩 著

中国农业出版社
北 京

图书在版编目（CIP）数据

基于脱贫攻坚经验总结的金融与财政协同促进县域发展研究 / 孙倩著. —北京：中国农业出版社，2023.6
ISBN 978-7-109-30536-6

Ⅰ.①基… Ⅱ.①孙… Ⅲ.①金融支持—县级经济—扶贫—研究—中国 Ⅳ.①F126

中国国家版本馆 CIP 数据核字（2023）第 048073 号

中国农业出版社出版
地址：北京市朝阳区麦子店街 18 号楼
邮编：100125
责任编辑：闫保荣　　文字编辑：何　玮
责任校对：吴丽婷
印刷：北京中兴印刷有限公司
版次：2023 年 6 月第 1 版
印次：2023 年 6 月北京第 1 次印刷
发行：新华书店北京发行所
开本：700mm×1000mm　1/16
印张：14.5
字数：252 千字
定价：68.00 元

前　言

以消除绝对贫困为目标的脱贫攻坚任务的完成并不是扶贫工作的终点，而是新生活、新奋斗的起点，这一时期要切实做好巩固拓展脱贫攻坚成果同乡村振兴有效衔接，不仅要继续提高脱贫县居民的绝对收入水平，还应着力提高其发展能力，增加发展机会，只有这样才可以在巩固脱贫攻坚成果的基础上真正实现脱贫县的乡村振兴。乡村振兴离不开金融资金和财政资金的支持，但是金融资金和财政资金各自为政的粗放式投资模式已不能满足需求，通过充分发挥金融和财政的互补功能，发展"金融＋财政"的协同模式，不断提高金融与财政协同作用成为必要。在打赢脱贫攻坚战的过程中，金融与财政在减贫方面做了很多有益的尝试，如果能够总结这些实践经验，将有利于切实巩固拓展脱贫攻坚成果。在此背景下，本文通过对2012年国务院扶贫开发领导小组发布的《国家扶贫开发工作重点县名单》中所列的592个国家重点贫困县脱贫前的收入水平、发展能力和发展机会等多维度的贫困程度进行度量，从多角度掌握贫困县的致贫原因，并在分析贫困县脱贫过程中的金融发展、财政投入以及金融和财政协同情况的基础上，深入讨论金融发展、财政投入以及金融与财政协同作用对贫困县的多维贫困水平、收入水平、发展能力以及发展机会的影响，了解不同性质的资金投入及投入模式在县域脱贫及发展过程中的作用机制，为今后金融财政帮扶措施的制定提供经验借鉴，持续巩固脱贫攻坚成果。

研究内容包括：①理论分析。在对基本概念进行界定的基础上，借助数理模型从理论层面分析金融与财政减缓多维贫困，提升贫困地区收入水平、发展能力和发展机会的内在机制，以及金融与财政协同的机理、路径与效应。②贫困县多维贫困程度、金融发展及财政投入情况分析。通过测度贫困县多维贫困水平、分析金融发展和财政投入情况以及测算金融与财政的协同度水平，分析贫困县多维贫困、金融发展及财政投入情况。③实证分析。分别讨论金融发展、财政投入、金融与财政协同作用对贫困县多维贫困总水平以及收入水平、发展能力和发展机会三个维度的影响，以此作为对理论分析的实证检验以及总结脱贫攻坚经验的现实依据。④经验借鉴。在理论分析和实证分析结论的基础上，从金融财政帮扶的角度提出在乡村振兴背景下可供脱贫县借鉴的经验。

研究结论主要有：①虽然我国脱贫攻坚战略的实施取得了显著成效，各个维度的贫困问题都得到了显著缓解，但提高脱贫县的发展能力与发展机会依然具有客观的必然性和现实的迫切性。其中，县域产业发展水平不高、教育水平低、人口城镇化率低、城乡居民收入差距较大等都是制约脱贫县进一步发展的主要瓶颈因素。②虽然在脱贫攻坚过程中金融资金和财政资金投入不断加大，但金融与财政的协同度依然不高。③金融发展、财政投入以及金融与财政协同对贫困县的多维贫困指数及多维贫困各维度的影响均存在门槛效应，越是多维贫困程度轻、收入水平高、发展能力和发展机会强的贫困县，金融发展、财政投入以及金融与财政协同减贫的积极作用越显著。④金融发展、财政支出以及金融与财政协同对贫困县的多维贫困减缓及对各维度贫困发挥积极作用的范围存在差异，且各具优势。传统金融的优势在于促进农村居民收入增长、教育水平提升以及城镇化率的提高；数字普惠金融的优势在于促进多维贫困指数降低、公路密度提高以及资本形成能力提升；财政投入的优势在于促进城镇化率提高；金融与财政协同作用的优势在于促进农村居民收入增长、城镇居民收入增长、产业升级水平提升以及城乡收入差距缩小。

本文的创新之处在于：①初步构建了金融与财政协同减贫研究框

架。以协同理论为支撑，从金融发展、财政投入以及金融与财政协同的视角出发，探讨金融与财政减贫的作用机理、协同路径与影响效应。②初步构建了县域多维贫困指数。从收入维度、能力维度和机会维度构建指标，在考虑贫困深度和贫困强度的基础上测算了592个国家重点贫困县的多维贫困指数。③度量了县域金融与财政协同度水平。基于协同度模型测算592个国家重点贫困县的金融与财政的直接协同度、离差系数最小化协同度和时间趋势一致化协同度。④在对金融与财政减贫的实证分析中，考虑了相对贫困县自身贫困程度的异质性特征，分别将多维贫困总水平以及各维度设定为门槛变量，讨论不同贫困区间下金融与财政的减贫效应，为总结脱贫攻坚经验提供了更加细化的现实依据。

目　　录

第1章　绪　　论

1.1　研究背景及意义

1.1.1　研究背景

2020年中国如期完成了脱贫攻坚目标任务，全国现行标准下的贫困县全部摘帽。然而脱贫摘帽不是终点，而是新生活、新奋斗的起点。切实做好巩固拓展脱贫攻坚成果同乡村振兴有效衔接，增强脱贫地区和脱贫群众的内生发展动力，不仅仅是要继续提高脱贫人口收入水平，还应包括提高其发展能力，增加其发展机会，只有这样才可以在巩固脱贫攻坚成果的基础上真正实现脱贫县的乡村振兴。

脱贫攻坚和乡村振兴都离不开金融资金和财政资金的支持。从金融的本质来看，金融具有的天然逐利性特征使其更容易在发达地区及高收入人群中发挥积极作用。然而，无论是2020年以前的贫困县还是2020年以后的脱贫县，相较于其他县域来说仍具有一定的弱质性特征，因此仅依赖于市场逻辑是难以使金融资源在这些地区真正发挥积极作用的。从财政的本质来看，财政投入作为政府政策的主要手段，其本质是通过资源配置的优化达到调节收入分配、稳定和发展经济的目的。从这个角度来看，财政无论是作用于贫困县的贫困减缓还是作用于脱贫县的乡村振兴都是具有天然的内在逻辑的。但是，财政的目标最终是否能够实现，还受诸多因素的影响。一方面，财政资源的有限性特征可能限制财政作用的发挥；财政资金的专项化导致财政资金在使用过程中呈现“碎片化”特征，也可能制约财政作用的发挥等。另一方面，财政政策实施过程中存在的诸如财政支农结构偏差、财政扶贫资金配置效率低、地区间财政扶贫差距过大和“精英俘获”等问题也将制约财政作用的有效发挥。由于金融、财政在促推地方发展中的积极作用和存在的不足，使充分发挥财政和金融的互补性功能，发展“财政+金融”的协同模式，不断提高金融与财政协同作用成为必要。在打赢脱贫攻坚战的过程中，金融与财政在减缓贫困方面做了很多有益的尝试，如果能够总结这些实践经验，将有利于切实巩固脱贫攻坚成果，推动脱贫地区的进一步发展，防止大规模返贫的发生。

在此背景下，本文将通过对 2012 年国务院扶贫开发领导小组发布的《国家扶贫开发工作重点县名单》中所列的 592 个国家重点贫困县的收入水平、发展能力和发展机会等维度的贫困程度进行度量，从多角度掌握贫困县的致贫原因，从而为巩固拓展脱贫攻坚成果提供方向；在对 592 个国家重点贫困县的金融发展、财政投入以及金融和财政协同情况进行分析的基础上，通过深入讨论金融发展、财政投入以及金融与财政协同作用对贫困县的多维贫困水平、收入水平、发展能力以及发展机会的影响，了解不同性质的资金投入及投入模式对县域脱贫及发展的作用机制，从而为推进乡村振兴的金融财政措施的制定提供经验借鉴。

1.1.2 研究意义

1. 理论意义

现有的金融与财政减贫理论、金融与财政助力乡村振兴理论均分别从金融和财政两个相分离的视角展开，理论上的分离进一步加重了金融与财政长期各自为政的局面。这种各自为政会放大金融的逐利性特征，也会凸显财政资源有限性导致的诸多问题。本文从金融与财政协同的视角构建研究框架，将有利于丰富金融与财政减贫理论，丰富金融与财政协同助力乡村振兴的理论研究成果，扩大理论的现实适用范围。

2. 现实意义

金融资金和财政资金的大量投入是促成我国贫困县快速脱贫摘帽的重要力量。然而，脱贫摘帽后的贫困县将面临进一步提高收入水平、提升发展能力和增加发展机会的问题。此时，金融资金和财政资金各自为政的粗放式投资模式的促发展效用将会不断降低，通过金融与财政的协同作用优化金融与财政的帮扶效果将成脱贫县发展的重要力量。然而现有研究多是以收入作为标准，忽略了发展的多维性特征，也忽略了通过金融与财政协同作用提高效率这一重要途径。因此，本文从收入维度、能力维度和机会维度构建了县域多维贫困指数，以协同理论为支撑，从金融发展、财政投入以及金融与财政协同的视角出发，探讨金融与财政减贫的作用机理、协同路径及影响效应，为乡村振兴战略实施背景下巩固拓展脱贫攻坚成果的金融财政帮扶措施的制定提供经验借鉴。

1.2　研究思路和研究方法

1.2.1　研究思路

在巩固拓展脱贫攻坚成果的过程中，要着力增强脱贫地区和脱贫群众的内生发展动力，变“输血”为“造血”。在这一现实背景下，总结精准扶贫战略中金融和财政减缓贫困县多维贫困程度，提高贫困县收入水平、发展能力以及发展机会的经验，为巩固拓展脱贫攻坚成果、推动乡村振兴的金融财政帮扶措施的制定提供经验借鉴，是本文研究的核心内容。

本文首先阐述了研究背景、研究意义、研究思路、研究方法、研究内容、框架结构和创新之处。其次，从关于贫困内涵、成因及治理的研究，关于金融减贫的研究，关于财政减贫的研究以及关于金融与财政协同减贫的研究四方面对已有研究进行了文献回顾与评述。第三，在对基本概念界定的基础上，借助数理模型从理论层面分析精准扶贫过程中金融与财政减缓多维贫困，提升县域收入水平、发展能力和发展机会的内在机制，以及金融与财政协同的机理、路径与效应。第四，从多维贫困水平的测度、金融发展和财政投入情况的分析、金融与财政协同度的测算等方面分析 2020 年以前贫困县的发展状况。第五，以贫困县的数据为样本，通过讨论金融发展、财政投入、金融与财政协同作用对县域多维贫困总水平以及收入水平、发展能力和发展机会三个维度的影响，对理论分析进行实证检验。最后，在理论分析和实证分析结论的基础上，总结精准扶贫战略中金融和财政的减贫经验，并提出乡村振兴战略架构下巩固拓展脱贫攻坚成果的政策建议。

1.2.2　研究方法

1. 规范分析法

首先，通过对贫困以及金融与财政减贫相关文献的梳理，结合现有的贫困及贫困治理相关理论，构建本书的研究思路和研究内容。其次，采取逻辑演绎结合数理分析法研究金融与财政减贫的内在机制，并采取归纳分析的方法，对贫困县的多维贫困状况、金融发展和财政投入情况进行分析，为后文的实证分析奠定现实基础。最后，总结精准扶贫过程中金融和财政的减贫经验，并提出巩固拓展脱贫攻坚成果的金融与财政帮扶措施制定的政策建议。

2. 实证分析法

基于研究需要，本书分别采用了如下实证分析方法：

（1）双界限法（A－F方法）。为度量贫困县的多维贫困情况，本文根据贫困概念的演进历程，结合我国国情和数据可得性等因素，从收入贫困、能力贫困和机会贫困三个维度选取指标，借助 Alkire 和 Foster（2007）的双界限法对县域多维贫困进行度量。

（2）协同度模型。本文分别利用直接协同模型、离差系数最小化模型和时间趋势一致化模型测算了金融与财政复合系统的直接协同度水平、离差系数最小化协同度水平以及时间趋势一致化协同度水平。

（3）面板门槛回归法。本书借助 Hansen（1999）的门槛效应模型，分别以多维贫困总水平、收入水平、发展能力水平和发展机会水平为门槛变量构建面板门槛模型，讨论金融发展、财政投入以及金融与财政协同对多维贫困总水平及收入水平、发展能力和发展机会的非线性影响关系。

1.3 研究内容及框架结构

1.3.1 研究内容

本书主要研究内容如下：

第一章，绪论。在选题背景阐述的基础上，归纳本文的研究意义，说明本文的研究思路和研究方法，介绍本文的研究内容和研究框架，总结本文的创新之处。

第二章，文献回顾与评述。首先，对有关贫困内涵、成因及治理的文献进行梳理；随后，分别对金融减贫、财政减贫、金融与财政协同减贫三方面的理论与文献进行归纳；最后，对已有研究进行评述。

第三章，金融与财政对多维贫困影响的理论分析。首先，对贫困和多维贫困两个概念进行界定；其次，通过构建理论模型讨论金融与财政减缓多维贫困的内在机制；最后，分析金融与财政协同减缓多维贫困的机理、路径与效应。

第四章，贫困县的多维贫困状况、金融发展及财政投入分析。首先，借助 Alkire 和 Foster（2007）的双界限法（A－F方法）构建县域多维贫困度量框架，测算我国贫困县的多维贫困深度、强度和指数，根据测算结果对我国贫困县的多维贫困状况进行分析；其次，从金融资产规模、数字普惠金融发展和金融效率三个维度对贫困县的金融发展情况进行分析；第三，从财政投入总量和财政投入结构两个维度对贫困县财政投入情况进行分析；最后，借助系统协同

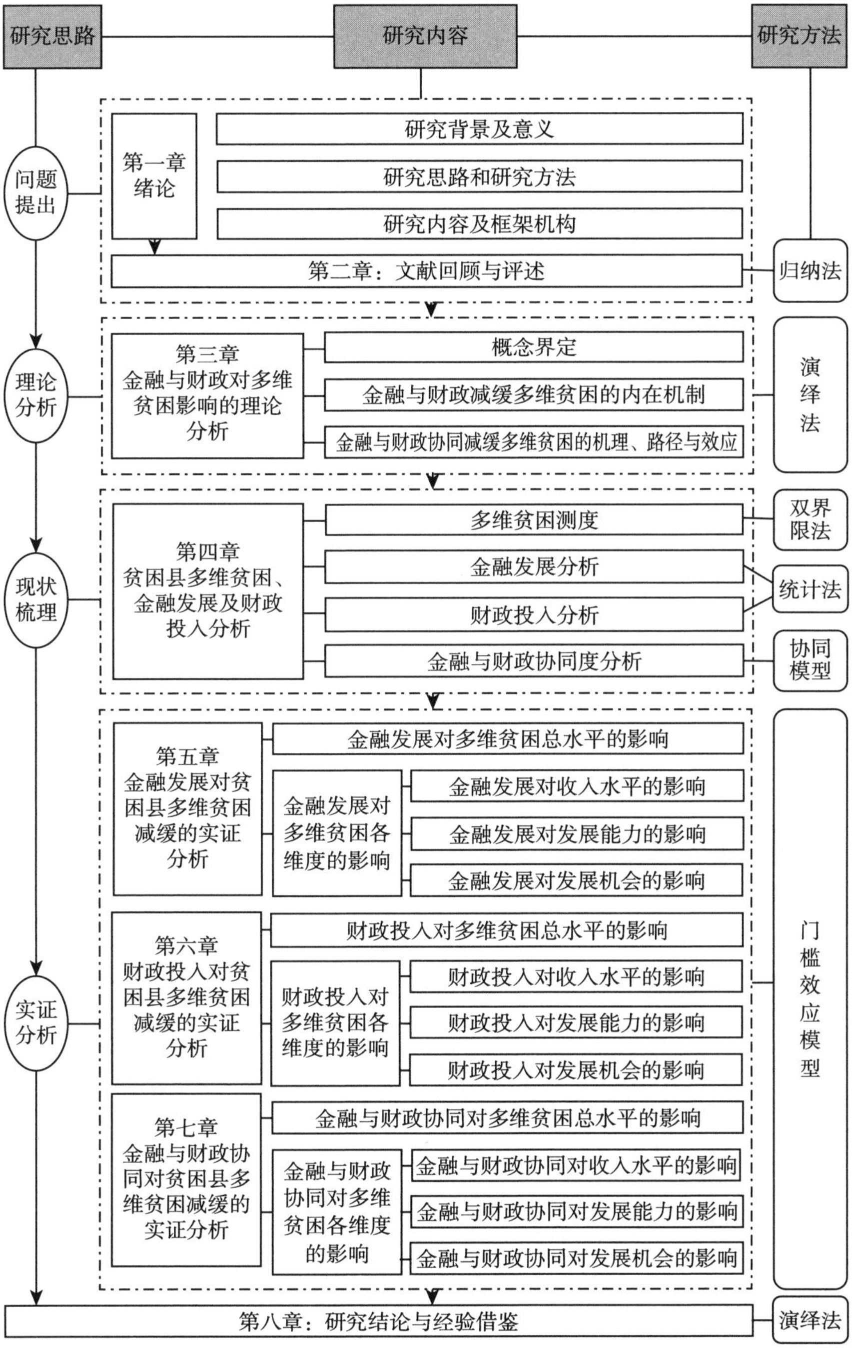
研究思路
研究内容
研究方法
问题提出
第一章 绪论
研究背景及意义
研究思路和研究方法
研究内容及框架机构
第二章：文献回顾与评述
归纳法
理论分析
第三章 金融与财政对多维贫困影响的理论分析
概念界定
金融与财政减缓多维贫困的内在机制
金融与财政协同减缓多维贫困的机理、路径与效应
演绎法
现状梳理
第四章 贫困县多维贫困、金融发展及财政投入分析
多维贫困测度
金融发展分析
财政投入分析
金融与财政协同度分析
双界限法
统计法
协同模型
实证分析
第五章 金融发展对贫困县多维贫困减缓的实证分析
金融发展对多维贫困总水平的影响
金融发展对多维贫困各维度的影响
金融发展对收入水平的影响
金融发展对发展能力的影响
金融发展对发展机会的影响
第六章 财政投入对贫困县多维贫困减缓的实证分析
财政投入对多维贫困总水平的影响
财政投入对多维贫困各维度的影响
财政投入对收入水平的影响
财政投入对发展能力的影响
财政投入对发展机会的影响
第七章 金融与财政协同对贫困县多维贫困减缓的实证分析
金融与财政协同对多维贫困总水平的影响
金融与财政协同对多维贫困各维度的影响
金融与财政协同对收入水平的影响
金融与财政协同对发展能力的影响
金融与财政协同对发展机会的影响
门槛效应模型
第八章：研究结论与经验借鉴
演绎法

图1-1　研究框架

模型测算贫困县金融与财政的直接协同度、离差系数最小化协同度以及时间趋势一致化协同度，并根据测算结果对我国贫困县金融与财政协同情况进行分析。

第五章，金融发展对贫困县多维贫困减缓的实证分析。本章借助门槛效应模型实证讨论传统金融发展和数字普惠金融发展对贫困县多维贫困总水平以及收入水平、发展能力和发展机会三个维度的影响。

第六章，财政投入对贫困县多维贫困减缓的实证分析。本章借助门槛效应模型实证讨论了财政投入对贫困县多维贫困总水平以及收入水平、发展能力和发展机会三个维度的影响。

第七章，金融与财政协同对贫困县多维贫困减缓影响的实证分析。本章利用第四章测算出的金融与财政协同度数据，借助门槛效应模型实证讨论了金融与财政协同对贫困县多维贫困总水平以及收入水平、发展能力和发展机会三个维度的影响。

第八章，研究结论与经验借鉴。在理论分析和实证分析结论的基础上总结精准扶贫过程中金融和财政的减贫经验，并从正确认识脱贫县发展的内涵特征、提升金融帮扶成效、提高财政帮扶效率以及建立金融与财政协同的资金供给格局等四个方面提出乡村振兴战略实施背景下巩固拓展脱贫攻坚成果的政策建议。

1.3.2 框架结构

本书研究框架如图 1－1 所示。

1.4 创新之处

本文的创新之处主要表现在以下几个方面：

第一，构建了金融与财政协同减贫的研究框架。以往研究单独讨论金融减贫、财政减贫的较多，对金融与财政协同减贫的关注不足，为数不多的研究也主要是在模型中引入金融与财政交乘项，通过对交乘项系数的估计来讨论金融与财政协同减贫效应或讨论金融减贫与财政减贫的效果差异。然而，实现财政政策和金融政策的协调配合是提升金融与财政帮扶效率的重要途径。本书以协同理论为支撑，从金融发展、财政投入以及金融与财政协同的视角出发，探讨金融与财政在促进地方发展方面的作用机理、协同路径与影响效应，所得结论为乡村振兴战略实施背景下巩固拓展脱贫攻坚成果的金融财政帮扶政策的制订提供了可参考的依据。

第二，构建并测度了贫困县的多维贫困指数。虽然理论层面早已经从多维视角关注贫困问题，但现有的大部分实证研究仍以收入多少作为度量贫困的指标，为数不多地从多维视角评价我国贫困程度的研究在评价指标选择上也有较大出入。本文从收入维度、能力维度和机会维度构建了贫困县的多维贫困指数，并且，在构建多维贫困指数时，不仅考虑了贫困深度，还将贫困强度纳入考虑范围，精准衡量贫困县的贫困程度。

第三，度量了县域金融与财政协同度水平。现有文献多以定性研究的方式提出金融与财政协同度不高、应该不断提升金融与财政协同水平的建议，但利用定量方法对两者协同水平进行测算的研究仍显不足，个别定量测算金融与财政协同水平的研究也是针对省域单位进行的。本书基于协同度模型测算了贫困县金融与财政的直接协同度，并将“离差最小化”因素和“时间变化趋势”因素考虑在内，进一步测算了贫困县金融与财政离差系数最小化协同度和时间趋势一致化协同度，为后续实证分析金融与财政协同对贫困县多维贫困减缓的影响提供了数据基础。

第四，在对金融与财政减贫的实证分析中，考虑了贫困县自身贫困程度的异质性特征。已有研究在讨论金融减贫或财政减贫异质性特征时，考虑了经济发展水平、制度环境、金融发展水平、社会关系等诸多方面的异质性特征，但往往忽略了贫困县自身贫困程度的异质性对金融与财政减贫效果的影响。事实上，“马太效应”广泛存在于经济发展的各个角落，“‘穷’是因为本身‘穷’”的现象比比皆是。2020 年以前，我国的贫困县分布在全国 20 个省（自治区、直辖市），这些贫困县自身的多维贫困程度以及各个维度上贫困程度都存在较大差异，这种自身发展水平的差异势必导致金融减贫政策和财政减贫政策实施效果的差异。因此，本书在讨论金融与财政对多维贫困总水平以及对各个维度贫困的影响时，分别将多维贫困总水平以及各维度贫困设定为门槛变量，讨论不同贫困区间下金融与财政的减贫效应，为更加细化地了解金融与财政减贫效果提供可能。

第2章 文献回顾与评述

2.1 关于贫困内涵、成因及治理的研究

2.1.1 关于贫困内涵及度量方法的研究

不同发展阶段，贫困标准的确定以及贫困的度量也有所不同。早期的经济学家和社会学家对贫困问题均有所提及（刘纯阳等，2004），但公认的最早对贫困进行定义的人是朗特里，他认为收入不足导致家庭物资短缺就是贫困（Rowntree，1901）。特朗里的观点得到了早期经济学家和社会学家的广泛认可，如Gilin（1937）认为贫困是收入无法维持基本生活的状态，Fairchild（1962）认为贫穷是资源不足的状态。上述这些贫困的定义都是对资源要素贫困、绝对贫困和单维贫困的典型诠释。

随后，Robert（1961）提出了"贫困包括绝对贫困和相对贫困"的观点。其中，绝对贫困是指维持生命的基本要素不足、温饱没有解决、简单再生产难以维持的状态（童星等，1993；黄文平，2002）；相对贫困则是指温饱基本解决、简单再生产能够维持，但低于社会公认的基本生活水平、缺乏扩大再生产能力的状态（黄文平，2002）。因此，相对贫困线一般是与平均水平比较后的一个动态标准，如《贫困与对策》一书中就将平均收入的1/2作为相对贫困线。

20世纪80年代以后，关于贫困的讨论进一步深入，不再局限于单维度的资源要素贫困，而是向多维度、多视角方向发展。与此同时，关于贫困的度量和贫困线的设定也趋于多维化和综合化，具有代表性的学者当属阿玛蒂亚·森（Sen）。20世纪80年代，Sen从能力视角定义了贫困的概念和度量维度。他认为贫困是贫困人群创造收入能力和创造收入机会的贫困，因此在度量贫困程度时应综合考虑物质和非物质因素以及社会机会分布的均等程度等，应突出个人将资源转化为现实价值的能力以及个人从事能产生幸福感活动的机会等。

2007年，由Sen发起创立的牛津贫困与人类发展中心的学者Alkire和Foster提出"Alkire－Foster方法（A－F方法）"，标准化了多维贫困指数（MFI指数）计算方法（Alkire、Foster，2007）。随后，2010年和2011年的《人类发展报告》用该方法测度了发展中国家的多维贫困指数，Alkire和Roche又将该方法应用于儿童贫困的测量（Alkire、Roche，2011）。此外，Bourguignon和Chakravarty于2003年提出的"Bourguignon－Chakravarty方法"也常被用于多维贫困的测算（Atkinson、Bourguignon，1983；Bourguignon、Chakravarty，2003）。

近年来，国内关于多维贫困内涵及度量方法的研究主要包括多维贫困研究方法梳理及比较（邹薇等，2012；丁建军，2014；等等）、国际多维贫困分析（尚卫平等，2005；等等）、多维贫困研究方法的国内应用（陈立中，2008；王小林等，2009；张全红，2015；郭熙宝等，2016；周强等，2017；李博等，2018）、中国特殊地区多维贫困（郑长德等，2016；沈扬扬，2018；等等）、中国特定人群多维贫困（王小林，2011；高明等，2018；王青等，2020；等等）等。

2.1.2　关于贫困成因的研究

从1798年英国经济学家马尔萨斯首次提出人口论以来，学者关于贫困成因的讨论关注到了人口增长引致贫困、制度缺陷引致贫困、资本形成不足引致贫困、可行能力不足引致贫困、权力排斥引致贫困和阶层固化引致贫困等多个维度。

1. 人口增长引致贫困

早在1798年，英国经济学家马尔萨斯就从人口增加角度对贫困产生的原因做出了解释。他认为贫困是不可避免的，原因在于：一方面人类自我繁衍导致人口的增速（几何级数增长）远快于食物等生活必需品的增速（算术级数增长），人口增速与生活必需品供给增速之间的缺口将不可避免的引致饥饿、贫穷甚至是死亡；另一方面，人口数量的几何级数增长大大提高了劳动力的供给，在土地资源等生产资料供给增速缓慢的情况下，势必导致劳动力相对于生产资料的剩余，进而导致劳动力工资下降和失业增加（马尔萨斯，1798）。虽然马尔萨斯的贫困理论具有开创性意义，但现实中马尔萨斯贫困并未真正出现过，这是因为该理论至少忽略了两个重要问题：①科技的飞速发展足以使资源的供应超算数级水平增长；②人类繁衍的速度不仅取决于食物供给的充足程度，还有很多其他因素会影响人口繁殖，在这些因素作用下，人口数量未必会按几何级数增加。

2. 制度缺陷引致贫困

19 世纪 60 年代，马克思从制度层面分析了贫困产生的深层原因。他认为，资本增加能够促进技术进步，技术进步能够促进生产率的提高和资本的进一步积累。在劳动力工资不断增加、市场缺乏政府调控的背景下，资本驱动型生产率的提高使得资本家做出降低劳动力需求而增加资本需求的决策。这一决策的实施一方面导致了无产阶级失业率的提高，进而导致无产阶级可用资源的匮乏；另一方面导致了资本迅速在资本家手中积聚，进而导致资本家和无产阶级之间的贫富差距进一步加大。

3. 资本形成不足引致贫困

1953 年，纳克斯首次从资本形成不足的角度提出了恶性循环理论。他认为，发展中国家资本形成水平低阻碍了生产力的提高，导致产出和收入不足。收入不足导致购买力低，购买力低导致投资力不足，投资能力不足进一步抑制了资本需求和资本形成。1956 年，纳尔逊提出的低水平均衡陷阱理论不仅强调了资本形成的重要作用，还给出了资本形成不足引致贫困的临界点。该理论认为当资本增长率不足导致产出处于较低水平时，增长的产出会被增长的人口抵消，此时一国经济就会陷入“低水平均衡陷阱”中；而只有当较高的人均资本增长率促使人均产出处于较高水平时，增长的产出才能在满足增长的人口需求的同时还有足够的剩余，此时该国才能够跨越贫困陷阱。1957 年，米达尔提出的循环累积因果关系理论在强调资本形成具有重要作用的同时，还强调资本形成不足会引发贫困的循环累积效果。该理论认为发展中国家资本形成的不足和收入分配的不平等以及制度环境、社会观念的相互作用共同导致了低收入的贫困局面，这种低收入的贫困局面进一步固化了发展中国家资本形成不足、收入分配不均、制度环境不佳以及社会观念落后的状态，从而产生贫困的“循环累积”。由此可见，发展中国家通过资本形成促进产出增长是跨越低水平均衡陷阱、打破循环累积因果关系，从而减缓贫困的重要路径。

4. 可行能力不足引致贫困

20 世纪 70 年代，Sen 在对各国饥荒研究的基础上提出“不同阶层对粮食拥有不同的支配和控制能力，低支配能力和低控制能力就会导致贫困和饥荒”的观点。1999 年，Sen 进一步从“可行能力不足”的角度对贫困的成因进行了解释。他认为，“可行能力”是一个人能够完成的各种功能性活动的组合，如有足够的营养、免于受可避免疾病之害、接受教育、参与社区生活和拥有自尊等。如果一个人可行能力不足，他就会贫穷；如果可行能力充足，他就能脱贫致富。王曙光（2018）和王修华（2019）等学者认为贫困人口社会参与、锐意进取、信息利用及技术应用等可行能力的欠缺是我国精准扶贫在“冲刺”阶段遭遇实践困境的重要原因。

5. 权力排斥引致贫困

20 世纪 70 年代，法国学者 Rene Lenoir 提出“权力排斥”的概念。该理论认为主导群体握有社会权力，不愿与别人分享，因此会在不同层面上对边缘化的贫弱群体进行排斥，使其因无法享受应有权力而致贫。国内很多学者也赞同权力排斥引致贫困的观点。例如，田文富（2011）认为弱势群体的贫困不仅是经济和能力的贫困，还包括公平享受社会服务权利等方面的贫困。黄万华等（2014）通过对湖北省鄂东北农村地区进行有针对性的研究后发现，该地区存在组织化程度低、政治参与渠道不畅、政治参与机会少、社会政治权利被剥夺等权力排斥现象，这些现象正是导致农民经济贫困的根源所在。

6. 阶层固化引致贫困

之所以会有阶层贫困，托马斯·戴伊、奥斯卡·刘易斯等学者将其归因于社会最底层的“贫困文化”。这种贫困文化使得最底层的年轻人从很小就认为应该听天由命地安于这种贫困的生活状态，而这种贫困状态持续时间越长就越容易引起贫困的代际传递（艾尔泽，2000）。黄万华等（2014）从贫困的内在关系入手进行分析，认为贫困人口的权利贫困、能力贫困、经济贫困、阶层固化之间存在恶性循环累积关系，即：权利贫困和能力贫困导致经济贫困，经济贫困进一步加剧阶层固化，阶层固化反过来继续强化经济贫困。霍翠芳（2018）则从代际传递的角度分析了贫困人口的阶层固化问题，认为贫困地区和贫困家庭的儿童常处于经济贫困和教育贫困的代际循环链，从而产生了阶层固化的困境。

2.1.3　关于贫困治理的研究

贫困的产生包括资本形成不足、可行能力短缺、权力排斥以及阶层固化等原因，针对这些原因，学者提出了平衡增长、非平衡增长、临界最小努力、人力资本培养和福利治理等贫困治理理论。

1. 平衡增长理论

鉴于“资本形成不足是贫困的原因”的观点，纳克斯和罗森斯坦等提出了均衡增长理论。该理论认为，落后地区应借助政府主动的投资行为引导消费需求，进而创造市场的投资需求。通过增加市场投资需求，提高落后地区的资本形成能力，从而促进经济增长，减少贫困。然而，资本形成是一个逐步积累的过程，投资计划的实施也需要实物资本和人力资本的保障。因此，在实物资本和人力资本短缺的地区强制推行促进资本形成的投资计划也可能适得其反。

2. 非平衡增长理论

落后地区资源短缺的现实使得平衡增长理论在落后地区的减贫效果欠佳。基于此，弗朗索瓦·佩鲁和赫希曼又分别提出优先发展“发展极”的非均衡增长理论。该理论认为，经济发展在时间和空间上处于不平衡状态，一般是从主导区域（部门）到其他区域（部门）的“非均衡链条”。资本与技术的集聚使得发达地区很容易成为“发展极”。“发展极”通过引力作用产生规模效应，促使自身进一步发展；“发展极”通过扩散作用对周边地区和周边产业产生经济辐射，带动周边地区和产业发展。因此，在资源有限的情况下，落后地区应集中资源优先对资本产出率高的部门或产业进行投资，然后通过这些部门或产业的优先发展带动其他地区或产业发展。

3. 临界最小努力理论

针对“资本形成不足引致贫困存在临界点”这一观点，1957 年，勒宾斯坦提出了“临界最小努力”理论。该理论认为，为了避免产出增长被人口增长抵消的“低水平均衡陷阱”状态，发展中国家应确保一定水平的资本形成和投资率，使国民收入增长率至少超过人口增长率，从而打破贫困的“恶性循环”，跳出“低水平均衡陷阱”。

4. 人力资本培养理论

针对“贫困地区人力资本短缺”的事实，1965 年，舒尔茨从人力资本的角度提出了扶贫的人力资本战略。他认为，人力资本投资不仅可以提高穷人的劳动能力，还可以提高穷人抓住机会的能力。因此，发展中国家可以通过“人力资本投资→穷人能力提升→经济水平改善→贫困人口脱贫”这一路径实现减贫和经济增长的目的。该理论为发展中国家实施教育为本、教育先行的减贫战略提供了理论指引。

5. 福利治理理论

福利治理理论认为，帮助贫困人口获得抵御社会风险的能力是应对贫困的关键。该理论的减贫思路包括“有条件的转移支付”“弹性就业政策”和“人力资本投资”三点。第一，政策制定者认为有必要基于详细的家计调查确定谁是“值得帮助的穷人”，即所谓“有条件的转移支付”。第二，通过优化就业的环境、创造就业职位等手段增加就业机会，即所谓“弹性就业政策”。第三，通过承担学费的方式对贫困人口进行“人力资本投资”，以帮助其获得脱贫能力。

2.2　关于金融减贫的研究

2.2.1　关于金融减贫的理论研究

1. 金融深化论和金融抑制论

金融深化论和金融抑制论是 1973 年美国经济学家麦金农、格利和肖在研究发展中国家金融问题时提出的。该理论认为，发达国家存在金融深化，发展中国家存在金融抑制。换句话说，在发达国家，金融发展可以促进经济发展；然而，在发展中国家，由于自然经济比重大，经济货币化和商品化程度低，资本市场和金融体系发展不完善，金融发展会抑制经济发展。

发展中国家在资金供给有限的情况下，资金的过度需求会引致“寻租”行为的发生。一旦出现“寻租”行为，就要求政府加强行政干预，实行信贷配给。而信贷配给会造成“寻租”行为的进一步深化，其结果将是有限的资金未必用在该用的地方。我国的金融抑制主要表现为农村金融与农村经济的恶性循环。一方面，由于农村金融发展滞后，不能有效促进涉农地区的经济发展，从而抑制了农民收入的增长；另一方面，农民收入的有限性减少了其获得金融服务的机会，从而加重了农村地区的贫困。因此，要发挥金融扶贫的作用，就要改变贫困地区金融供给和经济发展、收入提高之间的恶性循环现状。

2. 农业金融政策支持理论和金融市场理论

农业金融政策支持论中最典型的理论是 20 世纪 80 年代提出的农业信贷补贴理论。该理论认为，农民收入水平低，贫富差距小，部分贫困农民甚至不具备基本储蓄能力，整个农村面临资金严重短缺情况。因此，政府应通过政策性金融机构为农村提供一定数量的低利率政策性资金，支持农业生产，发展农村经济，提高农民收入水平。

然而，一些发展中国家的实践证明农村补贴理论是有局限性的。短期内，在获得政府注入的低利率资金后，农村地区确实可以提高农业生产能力，增加农民财富。但是，由于农村金融市场自身的造血功能缺乏，短期繁荣后，储蓄能力不足，过度依赖外部资金，资本回收率低，不利于农村的长期发展。

农村补贴理论的局限性促成了农村金融市场理论的发展。该理论在批判农业信贷补贴理论的基础上，吸收了金融深化论和金融抑制论思想。该理论认为，一方面，农村金融资金的缺乏并不是因为农民没有储蓄能力，而是因为农村金融体系中政府调控、利率控制等不合理的金融安排抑制了农民的发展，因此没有必要从外部向农村注入大量资金；另一方面，政策性金融容易扭曲农村金融市场，低利率会降低农民储蓄的积极性，使农村资本难以形成规模，最终阻碍农村金融经济的发展。因此，利率必须由市场决定（而不是负利率），以实现资金供求平衡，增强储蓄动力。

3. 金融资源论

金融资源论由我国学者白钦先等人提出。该理论认为，金融是一种具有极端战略意义的资源，它既是资源配置的对象，又是资源配置的机制。从其自然属性来看，金融资源是一种稀缺的社会战略资源，这一一般属性使金融资源成为可持续发展功能中的一个重要变量；从社会属性的角度看，金融资源是促进资本形成和配置其他资源的资源，这一属性使得金融资源构成了经济发展的生态环境。因此，金融资源的充裕程度不仅是地区发展的重要决定因素，也是地区发展的重要生态环境。

然而，金融资源的发展受制于经济的发展，具有相对稀缺性，不可能过度供给。一般来说，不发达国家的金融资源稀缺程度高于发达国家，贫困地区的金融资源稀缺程度高于非贫困地区。因此，通过外生力量增加贫困地区的金融资源供给是促进贫困地区发展的一条路径。而外生力量增加的金融供给是否有效发挥了资本形成和资源配置功能，进而实现贫困地区的金融可持续发展是金融促进贫困地区发展这一路径是否通畅的决定因素。

2.2.2 关于金融减贫的实证分析

学术界对金融减贫的实证分析始于 20 世纪 90 年代。主要有以下几类观点：

第一，金融发展有利于贫困减缓。相关研究主要从直接作用和间接作用两方面入手，认为金融发展对贫困减缓具有积极作用（郑长德，2008），并进一步测算得出“金融发展水平每提高 1%，发展中国家穷人的收入将增长

0.25%～0.4%”（Jalilian 等，2002；Burgess，2003；Honohan，2004）的结论。其中，直接作用是指金融发展通过资金配置作用使穷人以获得金融服务（Husain，2004；Jeanneney 等，2005；Bittencourt，2010；吕勇斌等，2014；姚耀军等，2014）的方式平滑消费（Geda 等，2006），实现贫困减缓的目的。间接作用则包括两条具体路径。一是金融发展促进经济增长，经济增长通过“涓滴效应”作用于贫困地区和贫困人口，从而实现贫困减缓的目的（Dollar 等，2002；Honohan，2004）。从多国数据来看，这一作用占到了金融减贫间接效应的 60%（Beck 等，2007）；从中国数据来看，这一作用占到了金融减贫间接效应的 69%（苏基溶等，2009）。二是金融发展在消除信贷约束（Li 等，1998）的同时能提高贫困人口收入水平（Clarke 等，2003；Ang，2010；彭建刚等，2006），从而通过缩小贫富差距（Galor 等，1993；Li 等，1998；Beck 等，2004；苏基溶等，2009）实现贫困减缓的目的。从多国数据来看，这一作用占到了金融减贫间接效应的 40%（Beck 等，2007）；从中国数据来看，这一作用占到了金融减贫间接效应的 31%（苏基溶等，2009）。

第二，金融发展不利于贫困减缓。从金融市场的性质来看，金融发展发挥减贫作用的前提是存在一个完全竞争的金融体系。但在非竞争的金融体系下，金融发展仅能让富人受益，而不利于贫困人口发展（Rajan 等，2000）。这主要是因为在非竞争的金融体系下普遍存在金融排斥现象，这一现象的存在使贫困人口和贫困地区获得金融服务的机会大幅度减少（Arestis 等，2001；米运生，2009；杨丽萍，2005），从而导致其陷入资本匮乏型贫困。从金融的本质来看，金融是趋利避害的，金融资本会天然地选择有能力的而不是有需要的主体，因此形成“有钱人可以利滚利，穷人只能穷上加穷”的“马太效应”（孙倩，2021）。“马太效应”的存在势必会扩大贫富差距，而当金融发展扩大贫富差距的效应完全抵消金融发展促进经济增长的效应后，金融发展加剧贫困就成为必然结果。

第三，金融发展对贫困减缓的影响是非线性的。经济社会满足“低投资低产出、高投资高产出”这一定理，因此在做经济决策时，人们会依据金融服务成本（Aghion 等，1997），在“利用自有资金进行低投资低产出的经济活动”和“借助金融服务进行高投资高产出的经济活动”两者间进行抉择。而金融发展能否使穷人受益，一方面取决于穷人能负担的金融服务成本的大小，另一方面取决于穷人能获得的金融服务机会的多少。当经济发展水平和金融发展水平较低时，一方面贫富差距尤为明显（Matsuyama，2000），相较于富人来说，穷人能负担的金融服务成本十分有限；另一方面道德风险的存在将绝大部分穷人排斥在金融服务之外（Chakraborty 等，2007）。当经济发展水平和金融发展水平较高时，一方面富人的投资惠及更多穷人，穷人负担金融成本的能力有所提高（Greenwood 等，1990）；另一方面穷人逐渐拥有了可进行金融抵押的资产，此时，具备企业家能力的穷人就可以借助金融服务进行经济活动。国内学者通过实证检验验证了这种非线性关系：当人均收入处于较低水平时，金融发展对贫困减缓作用不显著；当人均收入跨越“贫困陷阱”时，金融发展对贫困减缓具有显性加速效应（师荣蓉等，2013）；当农村金融发展处于较低水平时，农村金融的减贫作用不显著；当农村金融发展水平越过阈值、处于较高水平后，农村金融的减贫效果显著增强（傅鹏等，2016）。

2005 年联合国提出普惠金融概念，普惠金融通过降低金融服务成本让更多低收入群体享受到金融服务（Burgess，2005；Barr，2005），从而促进经济增长（Dupas 等，2013；李建军等，2019；李建军等，2020）、帮助贫困人口增收（张立军等，2006），成为金融减贫的新契机。在普惠金融实践过程中，互联网科技的发展通过信息化技术及产品创新进一步降低了普惠金融的服务成本，提高了金融服务惠及的范围，成为农村普惠金融发展的新增长点。因此，有学者认为数字普惠金融将因其数字化特征为农村经济发展带来“数字红利”（郭峰等，2020；陈宝珍，2020；任碧云等，2019；周利等，2020）。然而，数字普惠金融以互联网技术为驱动，其使用过程离不开信息技术的支持。因此，不同知识储备的群体对数字普惠金融产品的选择是不同的。而农村低收入群体受知识储备量的限制，在信息技术和数字金融的利用方面可能存在一定的困难，这就有可能导致这部分群体短期内被排斥在数字金融服务以外，从而产生“数字鸿沟”（陈宝珍，2020；任碧云等，2019；何宗樾，2020）。

近年来，随着多维贫困理论的发展，学者开始从多维视角关注金融发展的减贫效应，得出了以下几类结论：①金融发展对收入贫困、教育贫困和医疗贫困的影响具有非线性效应（苏静，2014）和空间效应（傅鹏等，2018）；②非正规金融发展对农户多维贫困减缓有显著作用（赵洁，2018；黄琦，2018）；③普惠金融发展水平对省域多维度（收入维度、教育维度和权利维度）贫困减缓有积极作用（罗荷花等，2019）；④金融发展对县域多维贫困减缓的直接作用大于间接作用，间接作用中的经济增长效应大于收入分配效应；金融发展对消费贫困的减缓作用大于对医疗贫困和教育贫困的减缓作用（陈银娥等，2018）。

2.3 关于财政减贫的研究

2.3.1 关于财政支出减贫的理论研究

1. 财政支出理论

20 世纪 30 年代，西方经济危机的发生促成了以凯恩斯为代表的财政支出理论的诞生。该理论认为，一方面，政府可以通过增加财政支出创造社会有效需求、吸引民间投资、促进充分就业；另一方面，在投资乘数影响下，政府财政支出的增加提高了边际消费倾向，增加了对产品供给的需求，推动了产出的增长与就业量的增加，从而促进了经济发展，减缓了贫困。

20 世纪 60 年代，西方的滞涨现象进一步促成了以弗里德曼为代表的货币主义学派、以拉弗为代表的供给学派和以萨缪尔森为代表的新古典综合派等新的财政支出理论的发展。货币主义学派认为政府应通过控制货币供应量来调节经济；供给学派认为政府应利用财政政策刺激经济主体的生产活动，通过对利润和报酬的刺激影响经济主体行为；新古典综合学派认为，财政支出因为具有乘数效应而比货币政策更容易刺激经济增长。

2. 财政支出结构论

经济学家很早就对财政支出结构给出了自己的观点。威廉·配第、亚当·斯密、凯恩斯根据自己所处的历史背景，分别提出适用于当时经济社会环境的财政支出结构理论。随后，马斯格雷夫（1969）与罗斯托（1971）将经济发展的阶段考虑在内，认为在经济发展的不同阶段，财政支出结构也应有所差异：在经济发展早期，政府应致力于创造良好的营商环境，因此应将财政支出用于公路、桥梁等基础设施建设；在经济发展中期，基础设施有了一定的积累，生产能力的提升成为发展重点，此时政府应通过增加生产性财政支出引导社会资本流向；在经济发展成熟阶段，经济社会的高质量发展成为政府主要目标，此时财政支出应加大对教育、卫生保健、福利、安全及娱乐等基础设施以及人力资本、社会福利方面的投资，以此提升全民福利水平。财政支出结构论中关于社会救助支出、社会保障支出、基础建设支出、农业支出、教育支出以及卫生保健支出等的论述为财政减贫的属性奠定了理论基础。

3. 公共物品论

财政支出减贫政策或具有非排他性，或具有非竞争性，或两者兼而有之。财政减贫的这种公共物品属性决定了财政减贫在贫困减缓过程中的重要地位。

因此，政府可以通过增加财政支出规模、优化财政支出结构来改善贫困地区基础设施环境，促进贫困地区经济发展。

2.3.2 关于财政支出减贫的实证分析

政府在减贫过程中发挥着主导作用，财政资金投入是贫困减缓过程中不可或缺的资金来源途径。早期研究认为财政在减缓由初始分配环节造成的相对贫困方面的作用非常有限，尤其是医疗卫生支出还会加大相对贫困程度（李永友等，2007）。与此同时，财政分权制度通过加剧地方政府间的竞争扭曲了公共支出结构，进而阻碍了财政减贫目标的实现（张克中等，2010）。但施行“精准扶贫”政策后，财政政策的扶贫效率有了较大提高，对贫困人口的帮扶效果显著提升（苏畅，2018），对农村多维贫困减缓也有积极作用（吴琼，2018）。

第一，转移支付的减贫作用。有学者认为财政转移支付很好地实现了收入贫困和多维贫困减缓的目的（Park 等，1998；倪志良等，2007；陈国强等，2018；苏春红等，2015）。但也有学者认为转移支付在保证贫困家庭基本生存条件的同时，也减少了贫困家庭劳动和投资的激励（刘穷志，2010），从而导致贫困家庭难以真正脱贫致富。也有学者认为虽然转移支付能发挥一定的减贫作用，但其瞄准率较低的事实（李实等，2016）使穷人在转移支付中的受益程度不及富人，导致增加的转移支付会进一步恶化不平等程度（卢现祥等，2009），从而不利于贫困减缓。此外还有学者讨论了转移支付对多维贫困的影响，认为地区公共服务供给能力的提高能够加强转移支付减缓多维贫困的能力（王曦璟等，2017）。

第二，支农支出的减贫作用。有学者认为财政的农业科研支出（Fan 等，2003；樊胜根等，2006；沈能等，2012）、农业保护性补贴（钟春平等，2013）等支农资金项目都会对贫困人口的收入增长产生积极作用，而且还存在一定的空间相关性（黄寿峰，2016），并且发展水平越落后的地区，支农资金的减贫效果越明显（陈鹏等，2018）。但也有学者认为虽然政府支农支出在一定程度上能有效激励农村收入增长、抑制贫困的发生，但其存在一定的结构差异和门槛效应（邹文杰等，2019），并且其对贫困地区的激励效果也不显著（倪志良等，2007）。此外，还有学者研究发现支农支出的减贫作用存在制度环境异质性特征：制度环境较差的地区，财政支农投入的减贫效应不充分，中等制度环境地区还存在“中部塌陷”现象（陈鸣等，2017）。

第三，社会保障支出减贫作用。有学者认为社会保障支出能够显著降低贫困的发生率（Ken，1999；Long 等，2009；Arabaci，2010；杨宜勇等，2016；刘一伟，2017），但也有学者认为社会保障支出的减贫效应具有一定的异质性特征：社会保障支出缓解了城镇居民的经济贫困与精神贫困，缓解了农村居民的经济贫困与健康贫困（刘一伟，2017），但对老年人贫困减缓的影响很微弱（解垩，2015、2013）。

第四，公共投资的减贫作用。学者普遍认为公共投资具有一定的减贫作用（樊胜根等，2002；林伯强，2005；郭宏宝等，2005；韦鸿等，2009；Khandker 等，2009；李盛基等，2016；Dollar 等，2002；王娟等，2012），但要区分具体的投资方向和投向地区（樊胜根等，2002），并且其边际效应也不尽相同（林伯强，2005；郭宏宝等，2005）。一般来说，生产增进型公共投资可以通过促进贫困地区生产率的提高，缩小收入差距，进而减缓贫困（林伯强，2005），基础设施类公共投资对减轻农村贫困有显著作用（韦鸿等，2009；Khandke 等，2009；王娟等，2012），教育类公共投资在发挥减贫效应的同时还具有积极的空间溢出效应（李盛基等，2016；刘建民等，2018），农业性公共支出和社会救济支出能显著减缓贫困（王娟等，2012）。

第五，民生性支出减贫作用。一般认为民生性财政支出对农村家庭的减贫效应高于对城镇家庭的减贫效应，投资性民生支出的减贫效应高于转移性民生支出的减贫效应（李晓嘉等，2019）。

2.4　关于金融与财政协同减贫的研究

2.4.1　关于协同理论与协同模型的研究

德国科学家赫尔曼·哈肯的《协同学导论》（1979）一书首次提出了协同的概念，其于 1983 年出版的另一部作品《高等协同学》成为协同学理论的奠基之作。协同理论的核心思想是各类复合系统均由诸多子系统组成，这些子系统均存在独特的自组织规律，子系统的自组织过程使得复合系统内的不同子系统间产生了竞争与合作的关系（即协同关系），这种子系统间的竞争与合作促使复合系统形成功能、时间和空间上的有序结构。协同理论中的役使原理则进一步认为支撑各个子系统的指标的有序程度决定了子系统间竞争与协同作用的大小。

那么复合系统内子系统的协同关系如何测算呢？赫尔曼·哈肯首先提出了一个测算协同度大小的 Haken 模型，该模型的测算思路如下：首先，用热力学的唯象方法或用微观组分及变元分析法寻找子系统各指标的线性失稳点；其次，构建子系统演化方程；最后，通过构建系统势函数来判断复合系统的稳定性，确定复合系统的协同度水平。后来的学者在测算复合系统协同度时基本沿用了赫尔曼·哈肯的测算思路，但在最后一步复合协同度的合成上有所差异。有的协同度模型直接将子系统有序度进行加权来定义复合系统协同度（韩占兵，2014），有的侧重从子系统有序度的大小差异来定义复合系统协同度（石丹等，2010），有的协同度模型侧重从子系统有序度的时间变化趋势的协同状态（即协同度的优化演进）来定义复合系统协同度（石丹等，2015）。

2.4.2 关于金融与财政协同减贫的理论研究

关于金融与财政协同减贫的理论目前尚不多见，但现有理论已关注到了金融与财政协同支农问题。2008 年彭克强和陈池波提出了财政金融整合支农论，该理论认为，改革开放以来，中国扶持“三农”的财政手段存在支农效率低下问题，扶持“三农”的金融手段存在对农村的金融排斥问题。基于财政与金融支农存在双重困境，支农政策的选择应超越财政或金融的单一视角，着力探索通过财政与金融整合促进两者优势互补的可行路径（彭克强等，2008）。随后，2014 年吉富星又从机制设计理论视角，以提升金融与财政协同度和有效性为目标，提出了金融与财政互补互促、激励相容的制度安排。

2.4.3 关于金融与财政协同度测算的研究

关于金融与财政协同度测算的研究主要集中在利用不同的测度方法对金融与财政协同度进行测算方面，具体包括基于数据包络分析法的金融与财政协同度测算（姜松等，2013；石丹等，2015）和基于系统协同模型的金融与财政协同度测算（韩占兵，2014；石丹等，2015）。测算结果认为我国金融与财政协同支农仍处于无效率或低效率状态（石丹等，2015），并且表现出时空异质性（姜松等，2013）和区域异质性（姜松等，2013；韩占兵，2014）特征。

2.4.4 关于金融与财政协同减贫的实证分析

目前直接研究金融与财政协同作用对贫困减缓的文献尚不多见，为数不多的文献中有的是通过在模型中引入金融与财政的交乘项，通过对交乘项系数的估计来讨论金融财政协同减贫的效应（王汉杰等，2020）；有的是将金融与财政当作贫困地区资金来源的不同渠道，同时将金融发展和财政投入纳入同一模型，然后分别讨论金融减贫作用和财政减贫作用（高远东等，2013）；还有研究着重讨论了金融减贫与财政减贫的效果差异（吴本健等，2019）。

2.5　研究述评

已有研究为我们了解贫困及其度量方法的变迁、金融与财政减贫效应提供了良好的借鉴，但对以下内容的关注仍显不足：

（1）国内关于贫困的研究主要集中在个体层面（家庭层面）和省域层面，对县域层面的讨论仍显不足。然而，一方面，“发展中贫困”往往具有群体性特征，其消除政策必须以某一县域为受众对象才具有较高的政策效率；另一方面，县域是联结城市和乡村的重要纽带，县域发展一定程度上影响市和省的发展，以县为研究对象将有助于各省市对自己所属县有更清楚的认知，便于制定更有效率的县域政策。

（2）理论层面已经从多维视角关注贫困的定义及测度方法，但现有的大部分实证研究仍以收入多少做为度量贫困的指标，为数不多地从多维视角评价贫困程度的研究在评价指标选择上也有较大出入。

（3）单独讨论金融减贫、财政减贫效应的较多，而对金融与财政协同程度以及协同减贫效果的关注不足。然而，无论是精准扶贫战略的实施还是在乡村振兴战略背景下巩固拓展脱贫攻坚成果，实现财政政策和金融政策的协调配合都是至关重要的，只有将两者高效协同才能拥有更好的帮扶效果。其中，财政政策的主要作用是风险分担和资金撬动，金融政策的主要作用是资金投入和服务引导。财政政策通过健全风险补偿机制、完善农业信贷担保体系、落实各种优惠政策等缓解金融机构的扶贫风险，降低业务成本，调动其积极性；金融政策则是在相关配套基础设施建设健全的基础上，加大信贷投放，拓展金融服务。

（4）对金融减贫和财政减贫的研究多关注固定效应，对县域自身异质性特征所导致的金融减贫效应和财政减贫效应的差异关注不够。事实上，2020 年以前，我国的贫困县分布在全国 20 个省（自治区、直辖市），这些贫困县自身的多维贫困程度以及各个维度上贫困程度都存在较大差异，这种自身发展水平的差异势必导致金融减贫政策和财政减贫政策实施效果的差异。即便脱贫后，这些县域的发展仍然存在不同程度的差异，深入了解这种差异对今后制定更精准的金融、财政帮扶政策具有现实意义。

正是基于现有研究的不足，本书将以县域为单位，讨论金融与财政协同作用对贫困县多维贫困及其收入水平维度、发展能力维度和发展机会维度的影响，以及这种影响在自身发展水平差异化条件下的异质性特征。在理论分析的基础上，首先，综合考虑收入水平、发展能力和发展机会等因素，采用A-F法对贫困县的多维贫困水平进行测度；其次，采用协同度模型测度县域金融与财政的协同度水平；最后，分别实证讨论金融发展、财政投入以及金融与财政协同作用对贫困县的多维贫困水平以及收入水平维度、发展能力维度和发展机会维度的作用效果，进而总结精准扶贫战略中金融和财政的减贫经验，并提出巩固拓展脱贫攻坚成果的政策建议。

第3章　金融与财政对多维贫困影响的理论分析

3.1　概念界定

3.1.1　贫困及多维贫困的界定

早期的经济学家和社会学家从自身收入水平入手，认为收入不足导致的家庭物资短缺就是贫困（Rowntree，1901；Gilin，1937；等等）。随后有经济学家认为贫困不仅取决于自身的收入水平，还取决于社会中其他人的收入水平（Calbraith，1958）。由此可见，早期的经济学家和社会学家对贫困的定义以及评判往往是以收入的多少为标准。

然而，用收入定义贫困会忽略至少两个重要问题：

第一，相同的收入在不同地区、不同家庭和不同个人之间的工具性意义是不同的。也就是说，实际收入与运用收入而达到的处境并非等比例关系，而是取决于一系列个人的和社会的具体情况。这些具体情况至少包括五类：其一是个人的异质性。例如，两个相同低收入个体，一个身患重病，一个身体康健，那么这两个个体在同等收入水平上对贫困的感知将是截然不同的。其二是环境的多样性。例如，两个相同低收入个体，一个地处暖和之地，一个地处寒冷之地，那么地处寒冷之地的个体必须要在仅有的低收入中剥离一部分满足取暖需求，因而会感觉更加贫困。其三是社会氛围的差异。例如，两个相同低收入个体，一个地处公共设施健全之地，一个地处公共设施匮乏之地，那么这两个个体的生活便利程度一定大不相同。其四是人际关系的差异。处在富裕社会群体中的低收入人群对贫困程度的感知要强于处在一般收入的社会群体中的低收入人群。其五是家庭内部的分配。家庭内部实行的分配规则会对不同成员产生异质性影响。

第二，收入不是提升贫困人口可行能力的唯一工具，除了收入低下以外，还有其他因素也导致贫困人口可行能力被剥夺，从而影响到其贫困程度，比如接受教育的机会、享受医疗救助的机会、享受金融服务的机会、参与社会事务的机会等。因此，贫困作为一种社会问题，反映的是特定时间段内贫困家庭的生活现状，是一个集经济、社会、文化、环境等各种因素于一体的复杂事务，具有多维的特点。这个多维不仅包括收入维度，还包括能力维度和机会维度等。只有当发展能力、发展机会等多个维度决定的贫困问题都解决之后，贫困问题才会得以解决。否则的话，即使收入暂时脱离贫困线，也会因发展能力不足及发展机会缺失而出现返贫现象。

综上所述，本文将贫困定义为一种短缺或不足的状态，收入的短缺就是收入贫困，发展能力的短缺就是发展能力贫困，发展机会的短缺就是发展机会贫困……而多维贫困则是指包括收入贫困、发展能力贫困和发展机会贫困等多个维度在内的贫困状态。

1. 收入贫困

从收入维度来看，受城乡二元经济结构影响，在讨论县域收入维度的贫困问题时分别用城镇居民收入和农村居民收入两个维度来反映。

2. 发展能力贫困

从能力维度来看，发展经济学家认为经济发展不足的根源在于内生发展能力不足。县域内生发展能力的形成涉及资本形成、产业升级和教育能力等多个方面。其中，资本形成是县域发展的前提，产业升级是县域发展的核心，教育能力则是县域发展的长期保障。因此，本文将发展能力贫困定义为资本形成能力、产业升级能力和教育能力不足的状态。

第一，资本形成能力。区域经济发展一般需要经过从以劳动力和土地为代表的要素驱动向以投资为代表的资本驱动的转变，再向以技术和科技为代表的创新驱动转变的发展过程。我国区域发展不均衡，优先发展起来的城市已经拥有充裕的劳动力要素和资本要素，并且在马太效应和资本逐利性的共同作用下，越是资本充裕的城市越容易将稀缺的资本吸引至本地，从而实现资本驱动向创新驱动的转变。与此同时，在城市集聚效应的作用下，本身资本相对稀缺的县域，资本会更加稀缺，尤其是贫困县的资本会更加匮乏，即使2020年以后这些县域已脱贫摘帽，但仍处于资本驱动发展阶段，此时资本形成能力就是这些县域发展的硬件，资本形成能力越强，实体经济活跃程度越高，其经济增长的动能就越大。因此，资本形成能力的提升是减缓多维贫困、巩固脱贫成效、实现进一步发展的重要支撑。

第二，产业升级能力。产业是一个地区发展的基础，根据产业性质和生产过程可以将产业分为第一产业、第二产业和第三产业，三次产业的比例关系（即产业结构）通常会受到当地要素水平、资本水平和科技水平等经济基础的制约，能够反映一个地区的经济发达程度。在经济发展过程中，产业结构的发展一般遵从低层次向较高层次渐变的演进过程，即：要素和资本优先发展第一产业，当第一产业趋于饱和时，劳动力和资本向二、三产业转移，表现为二、三产业占比不断增大。二、三产业占比的逐步增大就是产业结构逐步升级的过程，不断升级的产业结构是地区发展的软实力，产业结构升级水平越高，吸纳就业人口就会越多，居民收入来源渠道就越多样化，县域发展的潜力也就越大。然而，贫困县在脱贫后仍处于产业发展的低级阶段，因此，县域产业升级水平的提高对于这些县域的发展具有实质性作用。

第三，教育能力。教育能力提升是县域发展的长期保障，是解决贫困代际传递问题的根本手段。相较于全国平均水平，已脱贫地区的教育水平以及低收入人群的受教育程度依然偏低，这种低受教育水平很可能成为返贫的风险点。因此，提升县域教育能力，是解决多维贫困、稳固脱贫成效、提高县域发展能力的重要着力点。

3. 发展机会贫困

对发展机会的理解需要从我国经济发展的历史入手。新中国成立之初，在物质资本匮乏的现实背景下，我国实施了优先发展工业、优先发展城市的非均衡发展策略。非均衡策略的实施使我国迅速形成多个“发展极”，这些“发展极”促成了我国经济的快速增长，并为经济发展积累了大量物质资源。然而，“发展极”在形成过程中，规模效应产生的巨大引力将各种资源加速集中于“发展极”，使得“非发展极”面临结构性资源供给不足的窘境。虽然“发展极”可以通过扩散作用带动周边地区发展，但相较于其本身的高速增长，“非发展极”与“发展极”之间的差距逐步扩大，最终形成了二元经济结构。这种二元结构在县域内部表现为城市与农村之间的机会不均等，在县域之间表现为不同发展水平的县域之间的机会不均等。

第一，城乡之间机会不均等。城乡之间的机会不均等可以细化为均等获得收入机会的不均等和均等享受经济发展成果机会的不均等。其中，均等获得收入机会的不均等可以用城乡收入差距直观反映，均等享受经济发展成果机会的不均等可以用城镇化率直观反映。

第二，不同发展水平的县域之间的机会不均等。不同发展水平的县域之间的机会不均等可以表现为均等享受基础设施机会的差异和均等享受接触外界机会的差异等方面，而无论是基础设施还是接触外界的机会均可以用交通便利程度间接反映。

综上所述，本书将发展机会贫困定义为均等获得收入的机会不足、均等分享经济发展成果的机会不足以及均等享受接触外界的机会不足的状态。为了减缓机会贫困问题，利用平衡增长理论的思想发展“非发展极”具有了时代必要性。2013 年起实施的精准扶贫战略，就是平衡增长理论在中国的实践。在精准扶贫战略推动下，各种倾向性政策和各种资源通过多种渠道汇集至贫困县、贫困村以及贫困人口，为实现贫困县内外部机会均等化做出了努力。

3.1.2 国家重点贫困县及脱贫县的界定

本书所说的国家重点贫困县是指 2012 年国务院扶贫开发领导小组发布的《国家扶贫开发工作重点县名单》中所列的 592 个国家重点贫困县。

3.2 金融与财政减缓多维贫困的内在机制

3.2.1 金融与财政对多维贫困总水平影响的机制分析

无论是 2020 年以前的贫困县还是 2020 年以后的脱贫县，相较于其他县域来说仍具有一定的脆弱性特征。这种脆弱性特征使得自然灾害、疾病、价格波动等突发事件的冲击不仅对低收入家庭的福利水平构成威胁，也会增加脱贫人口返贫的风险，增加低收入家庭陷入贫困恶性循环的可能。此时，金融服务能力的提升可以通过平滑消费帮助低收入者抵御风险、降低脆弱性，维持原有的福利水平。

虽然在理论上看金融服务可以实现贫困减缓的目的，但现实中金融减贫是有条件的。首先，金融借贷行为有成本，也就是说任何借贷都需要“还本付息”。当低收入人口借助金融机构的信贷服务进行平滑消费或要素积累时，其后期收入或是投资利润要能够满足“还本付息”要求，否则提前消费只会破坏低收入人口的原始积累，使低收入人口受利息所累而重新落入贫困陷阱。其次，金融机构信贷服务的供给也是有成本的，这个成本包括信息搜集成本、资金成本等。金融机构作为逐利机构，只会从事收益大于成本的信贷服务，也就是说享受金融机构的信贷服务是有门槛限制的。一般来说，多维贫困程度越轻的县域，越容易满足金融服务减缓县域贫困的门槛要求，而多维贫困程度越严重的县域，越不容易满足金融服务减缓县域贫困的门槛要求。

基于此，本书提出：

假设 1：金融发展促进多维贫困减缓过程中存在以多维贫困水平为门槛的门槛效应，即：当多维贫困程度较严重时，金融发展促进多维贫困减缓的能力较弱；当多维贫困程度较轻时，金融发展促进多维贫困减缓的能力较强。

从县域（尤其是贫困县）自身发展情况来看，金融机构与农户、农村合作组织以及县域企业之间信息不对称，农户、农村合作组织以及县域企业缺乏抵押物，农村土地、住房和农具缺乏抵押物流通市场，加之农业生产的长周期、强自然依赖和低收益的特点，其在发展过程中很难以低成本获得传统金融机构的资金支持。此时，普惠金融的发展成为这些县域发展的新契机。一方面，普惠金融可以通过降低金融服务成本让农户、农村合作组织以及县域企业享受到银行服务；另一方面，普惠金融能够通过促进家庭储蓄汇集更多的金融资源。近年来，迅速发展的数字技术成为推进中国普惠金融发展的重要载体，具有打破时空约束、门槛低、交易便捷、交易成本低等特点，进一步扩大了普惠金融的覆盖面和渗透率（姚耀军等，2017；郭峰等，2020），降低了农村地区面临的金融门槛效应（周利等，2020），缓解了金融排斥效应（陈宝珍，2020），促进了农民创业（Wenwu X，2020），从而推动了县域内生发展能力的形成，促进了居民收入的提高。也就是说，数字普惠金融将因其数字化特征为县域的发展带来“数字红利”。

然而，数字普惠金融以互联网技术为驱动，其使用过程离不开信息技术的支持（Brett，2019）。但是，不同知识储备的群体对信息技术的运用能力是不同的。农村低收入群体受知识储备量的限制，在利用信息技术和数字金融方面可能存在一定的困难，这就有可能导致这部分群体被排斥在数字金融服务以外，使其既没有能力也没有动力享受数字金融服务（Brett，2019），从而产生“数字鸿沟”。此外，从互联网的普及情况来看，中国农村联网基础设施仍比较薄弱，其普及率仍处于较低水平，这就会把未能接触到互联网的居民排斥在数字普惠金融服务之外。也就是说，数字金融发展给能接触到互联网的居民带来的便利以及产生的机会，挤占了未能接触到互联网的居民原先可能获得的资源，这种数字鸿沟使得位于贫困线附近的居民由于数字金融的发展而愈加贫困（何宗樾，2020）。一般来说，多维贫困程度越轻的县域，其互联网技术的普及率越高，对信息技术的运用能力越强，越容易满足数字普惠金融服务减缓县域贫困的门槛要求；而多维贫困程度越严重的县域，其互联网技术的普及率越低，对信息技术的运用能力越弱，越不容易满足数字普惠金融服务减缓县域贫困的门槛要求。由此可见，在多维贫困减缓过程中，数字普惠金融发展虽能直接减缓多维贫困，并能对传统金融进行一定的补充，但其仍然不是万能的，其作用发挥依然是有门槛条件的，这个门槛条件依然是县域自身的多维贫困程度。

基于此，本文提出：

假设 2：数字普惠金融是传统金融的有效补充，但受因技术限制而形成的“数字鸿沟”的影响，数字普惠金融在减贫过程中依然存在以多维贫困水平为门槛的门槛效应。即：当多维贫困程度较严重时，数字普惠金融发展促进多维贫困减缓的能力较弱；当多维贫困程度较轻时，数字普惠金融发展促进多维贫困减缓的能力较强。

从财政减贫角度来看，发展经济学理论认为财政投入可以通过直接补贴、教育卫生支出和涉农财政支出三条路径直接实现贫困地减缓。其中，直接补贴包括直接对低收入人口发放最低生活保障金、消费补贴、直接生产补贴等多种形式，是典型的“输血式”扶贫手段，这种方式在县域处于赤贫时期发挥了不可替代的作用。但是，随着贫困县收入水平的逐步提高、贫困程度的逐步缓解，自我发展能力的培养逐步成为发展的核心要义。此时，直接补贴这种“输血式”的扶贫方式可能会减少低收入家庭的劳动和投资激励，使低收入家庭过度依赖财政的直接补贴，从而阻碍低收入家庭内生发展能力的培养，导致其难以真正脱贫致富，从而引致财政扶贫的“负向激励”问题。不过，随着贫困的进一步减缓，低收入人群内生发展能力的提高，财政扶贫的“负向激励”问题又会逐步减弱。教育卫生支出是指通过义务教育、为低收入家庭学生提供奖助学金、实施医疗保险、实施医疗费用减免等支出直接提高低收入人口的人力资本水平，减缓县域多维贫困。涉农财政支出是指通过合理的涉农财政支出推动农业产值增加，从而实现贫困减缓的目的。教育卫生支出和涉农财政支出是两种典型的财政“造血式”帮扶手段。

基于此，本文提出：

假设 3：财政投入能够促进多维贫困减缓，但因财政“负向激励”问题的存在，在多维贫困较严重时期，可能存在财政投入抑制多维贫困减缓的现象。

3.2.2　金融与财政对多维贫困各维度影响的机制分析

1. 金融与财政对收入影响的机制分析

为了讨论金融与财政对收入的影响机制，本书构建了金融与财政促进收入增长的理论模型。

一个地区居民收入的增长取决于该地区人均产出的增长水平，将地区总产出表示为 Y_t，即：

$$Income_t = \frac{\Delta Y_t}{L_t} \tag{3-1}$$

其中，ΔY_t 表示地区总产出的增加量，L_t 表示劳动力投入量。

借助 Greenwood 和 Jovanvic 的研究思路，在仅考虑资本投入（K_t）和劳动力生产力（L_t）的情况下设定总产出函数：

$$Y_t = f(K_t,\ L_t) = K_t L_t \tag{3-2}$$

其中，劳动力生产力 L_t 由劳动力可供给量（L_{St}）、劳动力市场最大容量（L_{dt}）以及劳动力产出弹性（θ）（劳动力产出弹性包含了技术水平高低）决定，即：

$$L_t = \min(L_{St},\ L_{dt})^{\theta},\ \theta > 0 \tag{3-3}$$

当期资本 K_t 由前一期的资本存量（K_{t-1}）、折旧率（δ）、当期投入资金量（M_t）以及当期投入资金的经济效率（E）决定，即：

$$K_t = (1-\delta)K_{t-1} + E(M_t) \tag{3-4}$$

经济效率 E 可理解为投入资金转化为资本的效率和资本的产出效率。

县域资金来源主要包括金融机构的贷款投入（DK_t）和财政资金投入（CZ_t），因此，上述模型中的 M_t 主要由 DK_t 和 CZ_t 决定，即县域总产出可以表示为：

$$Y_t = L_t(1-\delta)K_{t-1} + L_t E(DK_t,\ CZ_t) \tag{3-5}$$

在对 E 进行一阶泰勒展开的同时得到人均产出增加值（收入增加值）：

$$\frac{\Delta Y_t}{L_t} = -\delta K_{t-1} + E(0,\ 0) + E'_{DK_t}(0,\ 0)DK_t + E'_{CZ_t}(0,\ 0)CZ_t \tag{3-6}$$

由此可见，在县域，若金融财政资金配置是有效的，即 E 足够大，那么随着金融和财政资金投入的增多，县域人均产出（收入水平）也会不断增加。

但是，不同时期的经济效率 E 的大小受资金转化为资本的能力（T_t）以及资本的产出能力（P_t）两方面因素的制约。

$$E_t = f(T_t, P_t) = T_{DKt}P_t + T_{CZt}P_t \quad (3-7)$$

假如市场是有效的，资本可以自由流动，那么不同区域资本的产出能力P_t将趋于一致。因此，本文假定资本的产出能力P_t是大于0的固定值，此时，决定不同区域E_t大小的因素就是资金转化为资本的能力T_t。

进一步将T_t区分为金融资金转化为资本的能力T_{DKt}和财政资金转化为资本的能力T_{CZt}。

对于金融资金来说，在县域收入处于较低水平时，受金融知识匮乏和收入水平低下等多种因素的影响，很多金融借贷资金并没有被用于形成产业资本，而是被用于生活消费，从而得到一个很低的T_{DKt}值，进而缩小了经济效率E，使居民收入处于低水平增长状态甚至是负增长状态。与此同时，受金融机构普惠服务考核要求的双重影响，整体收入水平较低的县域会出现信贷资金的“精英俘获”问题，大量信贷资金控制在少数“精英”手中，“精英”的非理性决策也会造成T_{DKt}的减小。此外，享受金融服务是有成本的，低收入群体在通过金融服务获得收入提升的同时，必须从收入中拿出一部分支付金融服务费，当金融服务费高于收入增长额时，金融服务不但不能促进收入增长，反而会对收入增长产生抑制作用。相反，在收入处于较高水平时，借贷行为会趋于理性，经济决策也更符合市场规律，此时，县域将会获得一个较高的T_{DKt}值，从而增加经济效率E，促进居民收入更高速的增长。

对于财政资金来说，财政资金促进县域收入增长的途径主要有两个：一是通过转移支付的方式直接增加低收入居民收入，二是通过“资金—资本—产出”的方式促进居民收入增长。在县域人口收入处于较低水平时，转移支付是财政资金促进收入增长的首选手段，能够快速精准地提高低收入人口收入水平，但“治标不治本”“脱贫不致富”，甚至有可能通过“养懒”产生财政的负向激励问题。在收入处于较高水平时，迫切需要增加收入的群体在缩小，财政通过“资金—资本—产出”这一路径促进居民收入增长成为优选手段，此时可以通过T_{DKt}值的提高增加经济效率E，促进居民收入更高速的增长，通过造血功能的恢复致富。

基于此，本书提出：

假设4：金融发展促进县域收入水平提升过程中存在以收入水平为门槛的门槛效应。即：当县域收入水平较低时，金融发展促进县域收入水平提升能力较弱；当县域收入水平较高时，金融发展促进县域收入水平提升能力会增强。

假设5：财政投入能够促进县域收入水平提升，在县域收入水平较低时，财政投入通过转移支付的方式直接促进居民收入增长；在县域收入水平较高时，财政投入通过资本形成促进产出增加，进而间接促进贫困县收入水平提升，并且直接作用方式的作用效果小于间接方式。即：财政投入促进县域收入水平提升过程中也存在以收入水平为门槛的门槛效应，当县域收入水平较低时，财政投入促进县域收入水平提升能力较弱；当县域收入水平较高时，财政投入促进县域收入水平提升能力会增强。

2. 金融与财政对发展能力影响的机制分析

（1）金融与财政对县域资本形成影响的机制。从金融发展来看，金融发展能将储蓄转化为投资，通过产生更强的流动性效果来促进资本形成（Merton and Bodie，1995）。与此同时，金融趋利避害和寻求资本高效增值的本性使得金融在将储蓄转化为投资的过程中会将资金从低效率的投资引导至高效率的投资，从而提高资本边际生产率，改变资源配置结果（Walter Bagehot，1873；Beck，Levine and Loayza，2000）。然而，对金融资本来说，所谓高效率的投资是指资本收益率高的投资，而并不一定是资本形成多的投资。但从县域的发展来说，我们期望外生力量增加的金融投入能够促进资本形成进而作用于多维贫困减缓。那么，在县域，金融投资的高收益本能和促进资本形成之间的矛盾在哪呢？从投资收益率来看，当某个县域的投资收益高于其他地区时，金融发展促使资金自愿流向该县域，该县域依托金融发展促进资本形成成为可能；当某县域的投资收益低于其他地区时，金融发展会促使资金流向其他高收益地区，即使政府干预要求增加对本县域的信贷资金供给，增加的信贷供给也会通过诸如“精英俘获”等更加隐蔽的手段流出该县域，此时该县域将很难依托金融发展促进资本形成；当县域实体经济的投资收益率高于虚拟经济时，金融发展促使资金流向实体经济，此时投资有利于资本形成；当县域实体经济的投资收益率低于虚拟经济时，金融发展就有了脱实向虚的动力，此时投资并不利于资本形成。从经济发展阶段来看，当经济发展处于较低水平时，资本形成不足是其重要特征。一方面，因为缺少初始资本的担保，企业或地区难以获得更多金融资金的投入，从而制约了资本形成；另一方面，资本形成不足使得企业或地区处于低水平均衡状态，此时县域投资收益率较低，即使外生力量增加金融资金投入，金融资金投入促进资本形成的收益短期内也难以弥补金融投入成本，金融发展不仅难以促进县域资本形成，反而会对其有抑制作用。反之，当经济发展处于较高水平时，企业或地区已有的资本积累更容易获得新的金融资金的投入，从而进一步促进资本形成，这时的金融发展会加速资本形成，并且资本形成水平越高，这种促进作用越强。

基于此，本书提出：

假设 6：金融发展促进县域资本形成具有门槛效应。即：当县域自身资本形成不足时，财政资金投入不仅难以促进县域资本形成，还有可能因金融资本的寻租行为对资本形成产生抑制作用；当县域自身资本形成能力较强时，财政资金投入可以有效促进县域资本形成。

从财政投入来看，财政投入可以通过财政转移支付、政府采购和政府投资来实现资本形成。虽然理论上认为财政投入可以通过以上三种方式来实现地区发展，但是财政资金的有限性特征以及贫困地区贫困程度的不同使得不同地区财政投入的投向会有所侧重。比如，在最贫困地区，其自身资本形成能力极差，产业发展滞后，此时财政投入会偏重于以转移支付的方式提高低收入人口收入，可以缓解燃眉之急但促进区域发展（资本形成）的效果缓慢；而在相对发达的地区，区域自身已具有一定的资本形成能力和生产能力，此时财政投入进行政府采购和政府投资的比例会增大，是一种造血式帮扶，有利于资本的形成和地区的进一步发展。此外，财政政策实施过程中存在的诸如财政支农结构偏差、财政扶贫资金配置效率低、地区间财政扶贫差距过大和“精英俘获”以及“负向激励”等，制约财政促进资本形成作用的发挥，并且越是贫困的地区，这种制约作用越显著。

基于此，本书提出：

假设 7：财政投入促进县域资本形成过程中具有门槛效应。即：当县域自身资本形成不足时，财政资金投入难以促进县域资本形成；当县域自身资本形成能力较强时，财政资金投入可以有效促进县域资本形成。

（2）金融与财政对县域产业升级影响的机制。关于金融发展与产业结构升级之间关系的讨论始于 Goldsmith（1969），随后的学者在 Goldsmith 的基础上进行了更深入的研究。从金融发展促进产业升级的路径来看，金融发展会通过信贷资金形成机制、信贷导向机制和信用催化机制促进产业结构的优化升级（傅进等，2005）。具体而言，金融发展和金融市场的良序运行在更高效地积累社会闲置资金的同时，会将资金投入到回报率高的领域（信贷资金形成机制）。而不同产业的资本回报率具有显著差异，高增长率的行业一般具有较高的资本回报率，高的资本回报率将吸引更多资本流入该产业，而低增长率的行业一般具有较低的资本回报率，从而受到信贷资金的排斥（信贷导向机制）。高增长率的行业在充裕资金支持下得到充分发展，低增长率行业在金融排斥下逐步萎缩，最终实现了产业结构的优化升级（信用催化机制）。

从财政投入促进产业结构升级来看，财政投入可以从供给和需求两个维度影响产业结构升级。财政投入从供给维度影响产业结构升级主要是通过影响劳动力供给、影响资本供给和影响技术供给三条路径实现。第一，劳动力的质量（即人力资本水平）与产业结构之间具有一定的匹配关系，高人力资本存量的产业和地区不仅可以通过引力作用吸收更多资源，而且可以通过外溢作用诱发进一步的技术升级，从而加速产业结构升级。财政投入恰好可以通过教育支出、科技支出等支出项目来实现人力资本的不断提升，从而实现产业升级的目的。第二，资本在不同产业间的配比会影响产业结构的改变。一方面，财政投入可以通过非价格机制引导资本流动；另一方面，财政投入可以通过价格机制改变资本的相对价格，从而诱导资本在不同产业间重新分配和积累，进而调整产业结构。第三，技术进步因能够提高劳动生产率和全要素生产率而成为产业升级的内在动力，财政投入可以通过提高科研支出的数量和效率引导技术进步，进而实现产业结构升级。财政投入从需求维度影响产业结构升级主要是通过影响需求总量和影响需求结构实现。财政投入可以通过相机抉择和自动稳定器两大机制调节社会需求总量和需求结构，进而促成供给量和供给结构的变化，实现产业结构的优化升级。

然而，从产业发展规律来看，一般是第一产业优先发展，当第一产业发展到一定水平后，各种生产要素逐步向第二产业和第三产业流动，进而促进产业结构升级。对于最贫困的地区来说，其三大产业的发展均处于相对落后状态，金融资金难以找到满意的、可供投资的、高效率的产业，而财政投入则主要通过转移支付方式提高农民收入，促进第一产业的发展，因此金融财政资金将很难促进产业结构升级。但是，随着经济的发展，相对贫困地区有了一定的产业基础，金融财政资金的投入将会有效促进县域的产业结构升级。从资金投入促进产业升级来看，资金存在一个累积过程，在产业发展相对落后的地区，资金积累不足，很难促进产业结构升级；在产业发展水平较高的地区，资金有了一定的累积，进一步投入将有助于产业结构的进一步升级。

基于此，本书提出：

假设 8：金融发展、财政投入促进县域产业升级过程中具有门槛效应。即：当县域自身产业升级水平较低时，金融发展、财政投入难以促进县域产业升级；当县域自身产业升级水平较高时，金融发展、财政投入能有效促进县域产业升级。

（3）金融与财政对县域教育能力影响的机制。县域的教育市场主要包括公办幼儿园、小学和中学，从教育供给方来说，这些机构属于财政全额拨款，一般不会直接受到金融发展水平的影响。但从教育的需求方来说，金融机构各类低利率的教育类信贷供给水平的提高增加了低收入家庭获得教育资金的渠道，降低了低收入人群的教育融资成本，从而提高了低收入人口接受教育的意愿，进而提高了县域的教育能力。然而，县域大多数群体受教育意识淡薄，尤其是自身教育能力落后的地区，很多家庭对上学表现出一种“可上可不上”“别人上我就上，别人不上我也不上”的互相参照、互相学样的状态，即使金融机构提供了各种教育类金融服务，也很难通过需求方的教育需求促进地区教育能力的提升。反之，如果县域已经具备了一定的基础教育能力，已经达成了“读书有用”的共识，这时金融机构提供的各种教育类金融服务才能很好地提高县域居民受教育水平，进而促进本地区教育能力的提升。此外，金融发展在促进县域产业发展的同时，市场会增加对人力资本的需求，这也会倒逼政府增加教育供给、家庭增加教育需求。

基于此，本书提出：

假设9：金融发展可以促进县域教育能力的提升，但受“金融马太效应”和“家庭间学习效应”的影响，金融发展促进县域教育能力提升过程中具有门槛效应。即：当县域自身教育能力较低时，金融发展难以促进县域教育能力提升；当县域自身教育能力较强时，金融发展能更好促进县域教育能力提升。

教育领域存在的市场失灵要求政府必须以教育财政投入的形式对其进行宏观调控，具体通过两种路径实现调控目的。第一，财政的教育投入是九年义务教育以及各种公办学校教育经费的重要来源，财政教育投入规模的增加相应提高了包括办学规模、教学条件和教学质量等因素在内的教育服务供给能力，从供给角度解决了教育能力问题。第二，财政的教育投入是各种奖助学金的重要保障，奖助学金规模的提升有效解决了低收入家庭学生因穷不愿入学的问题，从需求层面促成了县域教育能力的提高。然而，值得注意的是，在减贫初期，受县域扶贫资金不足、教育能力相对薄弱、贫困人口受教育意识淡薄等因素的制约，一方面政府生产性公共服务支出可能会挤占义务教育支出（乔宝云，2005），另一方面，因接受财政转移支付而提高了收入水平的低收入人口可能会在短时间内忽略接受教育的重要意义，这就有可能产生财政投入增加反而抑制教育水平提升的时期，但这个时期不会太长，随着教育供给能力的进一步提高和“读书有用”理念的普及，财政投入促进县域教育能力提升的积极作用会越来越显著。

基于此，本书提出：

假设 10：财政投入是县域教育能力提升的重要力量，但可能存在门槛效应。即：当县域自身教育能力较低时，财政投入的增加会导致短暂的制约教育能力提升阶段的产生；但随着县域自身教育能力的提高，财政投入促进县域教育能力提升的作用会逐渐显现。

3. 金融与财政对发展机会影响的机制分析

我国普遍存在的区域间二元经济结构和城乡间二元结构是造成机会贫困的根本原因，区域间的二元经济结构造成了区域间机会不均等，区域内又嵌套的城乡二元经济结构造成了城乡间的机会不均等，越是欠发达地区，其城乡间差异越大。本文将借助产出函数设定理论模型，讨论金融与财政对机会均等化过程的影响机制。

假设经济体存在非贫困地区 B 和贫困地区 S 两个区域，无论非贫困地区还是贫困地区，其产出水平均受自身技术水平 A、资本存量 K 和人力资本 L 的影响，即：

$$Y_{Bt}=f(A_{Bt},\ K_{Bt},\ L_{Bt}) \tag{3-8}$$

$$Y_{St}=f(A_{St},\ K_{St},\ L_{St}) \tag{3-9}$$

借助柯布道格拉斯生产函数，可以将非贫困地区 B 和贫困地区 S 的产出函数表示为：

$$Y_{Bt}=K_{Bt}^{\alpha}(A_{Bt}L_{Bt})^{1-\alpha} \tag{3-10}$$

$$Y_{St}=K_{St}^{\alpha}(A_{St}L_{St})^{1-\alpha} \tag{3-11}$$

其中，Y_{Bt} 表示非贫困地区在时间 t 的产出，Y_{St} 表示贫困地区在时间 t 的产出；K_{Bt}^{α} 表示非贫困地区在时间 t 的资本投入，K_{St}^{α} 表示贫困地区在时间 t 的资本投入；A_{Bt} 表示非贫困地区在时间 t 的技术水平，A_{St} 表示贫困地区在时间 t 的技术水平；L_{Bt} 表示非贫困地区在时间 t 的劳动力供给，L_{St} 表示贫困地区在时间 t 的劳动力供给。

地区间的机会不均等（机会贫困）是由地区间的产出差异 π 决定：

$$\pi=\frac{Y_{Bt}}{Y_{St}}=\frac{K_{Bt}{}^{\alpha}(A_{Bt}L_{Bt})^{1-\alpha}}{K_{St}{}^{\alpha}(A_{St}L_{St})^{1-\alpha}} \tag{3-12}$$

π 越大，表示地区间的产出差异越大，机会不平等程度越强，贫困地区的机会贫困越严重；反之，π 越小，表示地区间的产出差异越小，机会不平等程度越轻，贫困地区的机会贫困越弱。

贫困地区和非贫困地区在技术水平方面存在一定的传导机制。一般认为，非贫困地区率先使用新技术，随后受技术溢出作用的影响，该技术由非贫困地区转移至贫困地区，非贫困地区采用更新的技术。依据此逻辑，在贫困地区不能实现自我技术创新之前，两区域会保持相对固定的技术水平关系，即 $\gamma=A_{Bt}/A_{St}$，$\gamma>1$。

贫困地区和非贫困地区在劳动力流动方面的特点表现为贫困地区流向非贫困地区，即：$L_{Bt}>L_{St}$，假设 $\vartheta=L_{Bt}/L_{St}$，$\vartheta>1$。

贫困地区和非贫困地区在资本投入方面满足$K_{Bt}>K_{St}$。

分别对K_{Bt}和K_{St}求导，得到如下关系：

$$\frac{\partial\pi}{\partial K_{Bt}}=(\gamma\vartheta)^{1-\alpha}\left[\frac{{K_{Bt}}^{-1}}{K_{St}}\right]^{\alpha}>0 \tag{3-13}$$

$$\frac{\partial\pi}{\partial K_{St}}=-(\gamma\vartheta)^{1-\alpha}\left[\frac{K_{Bt}}{{K_{St}}^{2}}\right]^{\alpha}<0 \tag{3-14}$$

即增加对非贫困地区资金投入的相对规模，会扩大地区间的产出差异，增加机会不平等程度，加重贫困地区的机会贫困；增加对贫困地区资金投入的相对规模，会缩小地区间的产出差异，减少机会不平等程度，减缓贫困地区的机会贫困。也就是说，县域金融的加速发展和财政的加倍投入是可以有效解决机会贫困问题的。

结合 3.2.2 的分析可知，决定是否能加速供给的重要因素是经济效率E，即：

$$E_t=f(T_t,\ P_t)=T_{DKt}P_t+T_{CZt}P_t \tag{3-15}$$

对于金融资金来说，相较于非贫困地区，贫困地区更有可能将金融借贷资金投放于生活消费而非生产投资，从而得到一个较低的T_{DKt}值，缩小了经济效率 E，进而难以解决区域间的机会贫困问题。与此同时，受县域内部城乡二元经济结构影响，在城乡二元经济结构比较严重的情况下，即使县域获得了较充足的资金供给，也会有更大的动机将更多的资金投放至城市而非农村（“发展极”理论可以对这一点做出解释），进而造成县域内部的机会贫困。此外，即便是县域获得了较充足的资金供给，充裕的资金供给增加了农村地区资金投放规模，也会因为贫困地区农村贫困严重性的制约而产生一个较小的 E，这也会造成县域内部的机会贫困的加重。反之，在县域机会贫困较轻微时，贫困地区的资金投入更有可能减缓区域间和区域内部的机会贫困问题。对于财政资金来说亦是如此。

基于此，本书提出：

假设 11：金融发展和财政投入在促进县域发展机会均等化过程中存在以机会贫困水平为门槛的门槛效应。即：当县域机会贫困程度较低时，金融发展和财政投入促进县域发展机会提升的能力较强；当县域机会贫困程度较严重时，金融发展和财政投入可能会加重县域发展机会不均等的程度。

3.3　金融与财政协同减缓多维贫困的机理、路径与效应

3.3.1　金融与财政协同机理

2018 年的《政府工作报告》特别强调要“加强财政政策和金融政策的协调配合”，并通过两者协同作用取得更好的减贫成效。那么，在金融与财政实践中，为什么要进行金融与财政协同，两者实现协同的内在机理是怎样的呢？协同论认为通过复合系统内部协同作用，自发形成时间、空间和功能上有序的结构，可以最大化复合系统的运行效率。金融资金减贫和财政资金减贫就是一个复合系统，如果金融和财政能形成一个在时间、空间和功能上有序的结构，那么金融与财政减贫效率将会得到进一步提升。

金融减贫与财政减贫在实施主体、实施功能以及实施效率等多个方面都存在差异（表 3－1），这些差异就是驱动金融与财政实现协同的内在机理。

表 3－1　金融与财政减贫差异

项目	金融发展	财政投入
实施主体	金融机构（企业/私人属性）	政府及政府职能部门（政府/公共属性）
实施功能	效率优先，兼顾公平	公平优先，兼顾效率
实施手段	通过平滑消费、资源配置、价格发现等机制直接或间接实现贫困减缓目标	①通过购买性支出或转移性支出直接实现减贫目标 ②风险分担机制和资金撬动机制引导金融资金减贫
实施效率	存在规模不经济、收益率低和风险大的特点	财政减贫资金供给不足且使用低效率

从实施主体来看，财政减贫的实施主体是政府及政府职能部门，具有公共属性；金融减贫的实施主体是金融机构，金融机构是企业，具有私人属性。

从实施功能来看，受实施主体不同的影响，金融减贫和财政减贫的实施功能存在差异。财政减贫的实施首先要体现社会公平目标，随后才是经济目标，即“公平优先，兼顾效率”；金融减贫的实施首先是为了实现经济目标，随后才会涉及公平，即“效率优先，兼顾公平”，并且金融的公平仅指获得金融服务机会的均等。

从实施手段来说，财政可以通过购买性支出和转移性支出实现政府的资源配置职能、收入分配职能和稳定发展职能，也可以通过风险分担机制和资金撬动机制引导金融资金减贫。金融则可以通过平滑消费、资源配置、价格发现等机制促进经济增长，实现贫困减缓。

从实施效率来看，受实施主体和实施功能的影响，金融减贫和财政减贫的实施效率存在差异。一方面，我国政府的体制设计可分为中央、省、市、县和乡五级，事权和支出责任大都下沉到县和乡，形成“上面千条线，下面一根针”的“倒挂”的格局，这种格局使得县乡财政自给率很低，财政减贫支出基本依赖上级政府的投入，从而导致财政减贫资金供给不足。从财政减贫资金的使用来看，由于多部门掌握扶贫资金的使用权，使得扶贫资金分配“碎片化”，这种“撒胡椒面”式的资金使用方式造成了财政资金使用的低效率。另一方面，对于金融机构来说，虽然金融发展具有促进经济增长、实现资本积累、调节产业结构等诸多功能，并且金融机构有足够的资金可供投放，但是，在金融机构“效率优先，兼顾公平”的运行机制指引下，金融服务的供给是有成本的，金融机构为符合条件的主体提供金融服务才能实现效率最大化。反之，如果金融机构将资金投向不满足投放要求的地区或企业个人，则会使扶贫信贷资金投放面临规模不经济、收益率低和风险大的特点，会严重制约扶贫资金在贫困地区的投放规模，限制其功能的发挥。

因此，如果金融和财政能够在县域实现高效协同，则会最大化金融与财政减贫复合系统的运行效率。

3.3.2 金融与财政协同路径

县域内生发展能力的形成需要金融和财政在产业发展、基础设施建设、促进消费、提升教育水平等多个维度进行资金投入，但金融与财政自身性质和运作机制存在显著差异，如何从金融减贫与财政减贫的差异中找到金融与财政协同的路径，对乡村振兴战略背景下金融与财政巩固拓展脱贫攻坚成果、更好服务乡村振兴至关重要。

金融与财政的协同体现在分工和合作两个方面。

首先，从分工来看，财政的公共属性决定财政可以通过购买性支出和转移性支出实现政府的资源配置职能、收入分配职能和稳定发展职能。一方面，贫困地区公共产品的供给相对其他县域来说呈现严重不足的状态，而这些公共产品是市场无法提供的，这就亟须财政投入为其供给更多的公共产品。另一方面，贫困地区投资收益较低的领域（如农业）往往是一些尚未发展起来的弱质产业，而不是已没有发展潜力的夕阳产业。这些领域的发展急需资金支持，但由于其自身发展不足的属性，很难获得信贷资金支持，此时财政投入的帮扶作用就显得尤为重要。此外，贫困地区还可能存在一部分老、弱、病、残的弱贫人口，这部分人口自身基本没有发展能力，因此也属于财政投入帮扶的范围。由此可见，财政投入促进贫困地区发展主要是通过购买性支出和转移性支出为其提供公共产品、支持投资收益率低的弱质产业发展和帮扶弱贫人口。金融的私人属性决定了金融只愿在“收益率”大于“成本”的领域进行投资，也只能在“投资收益率”大于“投资成本”的领域发挥积极作用。

其次，从合作来看，金融与财政的协同主要体现在财政的风险分担机制和资金撬动机制两方面。①投资收益较低的领域投资收益低于贷款成本，因此也是受金融排斥的对象，而财政资金的有限性决定了投资收益较低领域完全依靠财政投入进行发展是不现实的。此时财政可以通过财政贴息、风险补偿以及对产业（企业）进行税收减免、补贴等多种方式调整金融服务收益率和金融服务成本之间的关系，从而增加金融资金的投放规模。②有限的财政资金不能很好满足贫困地区对公共产品的需求，此时，政府可以通过向金融机构发行债券的方式筹集资金，并将其引入公共产品供给领域，从而增加贫困地区公共产品供给，改善贫困地区基础设施环境，进而间接提高弱质产业的收益率水平。例如，道路交通基础设施的改善使农产品向区域外运输的成本降低，销量增大，增大的销量反作用于农业生产，使农业产业升级成为可能。产业升级后的农业不再是弱质产业，其资本收益率得到提升，因而很容易得到信贷资金的支持，这就实现了“金融通过政府驱动的信贷支持基础设施建设—基础设施完善提高了资本收益率—信贷促进贫困地区发展的作用范围扩大—信贷促进贫困地区发展的效率提升”的发展路径。

综上所述，财政与金融协同减贫的路径如下：对于不符合金融服务条件的领域和主体，如果该领域和主体完全不具有“造血能力”，则财政投入减贫是主导措施，比如基础教育能力不足、不具有生产能力的低收入人口的基本生活保证问题等都是财政投入责无旁贷的任务；如果该领域和主体具有“弱造血功能”，则可采用“财政＋政策性金融”的减贫措施，比如对农业发展的帮扶就可以采取这种措施；如果该领域和主体具有“造血功能”，但由于自身征信水平的影响使其无法获得金融机构服务时，则可以采用“财政增信＋商业金融”的减贫措施（财政征信手段包括财政贴息、风险补偿，对产业或企业进行税收减免、补贴等多种方式），比如二、三产业的发展和个体经济的发展等都可以采用这种方式。对于事关生产和民生的重要投保项目（比如医疗补充保险和不同种类的农业生产保险等），在人们还没有意识到其重要性或者虽然意识到了其重要性但缺少投保资金时，可以采取“财政＋政策性保险”的助力模式，以财政补贴的方式帮助人们购买相关保险产品，减少可能遭遇的风险。

3.3.3 金融与财政协同效应

前文关于“金融与财政减缓多维贫困的内在机制”部分的分析认为“金融和财政资金投入的增多能够实现多维贫困减缓、收入水平提高、发展能力提升以及发展机会增加。”那么金融与财政协同水平的提升能否增加金融与财政的减贫效果呢？为了讨论该问题，本文依旧借助产出函数设定理论模型，讨论金融与财政协同减贫的作用效果。

前文分析得到县域总产出关系式如下：

$$Y_t = L_t(1-\delta)K_{t-1} + L_tE(DK_t, CZ_t) \tag{3-16}$$

其中，L_t表示劳动力生产力，K_{t-1}表示前一期的资本存量，δ表示折旧率，DK_t表示金融机构的贷款投入，CZ_t表示财政资金投入，E为投入资金转化为资本以及资本转化为产出的能力。

E的大小分别受金融机构资金投入通过转化为资本进而转化为产出的能力和财政资金投入通过转化为资本进而转化为产出的能力这两方面的制约，当金融资金投入与财政资金投入相互独立时，E_t分别取决于金融资金转化为资本的能力、财政资金转化为资本的能力以及资本的产出能力，即：

$$E_t = f(T_t, P_t) = T_{DKt}P_t + T_{CZt}P_t \tag{3-17}$$

其中，T_{DKt}为金融资金转化为资本的能力，T_{CZt}为财政资金转化为资本的能力，P_t为资本的产出能力。此时，从理论上来说，T_{DKt}、T_{CZt}和P_t中任何一个变量的增大都可以促进E_t的增大，任何一个变量的缩小都可以造成E_t的缩小。

然而，将金融与财政作为减贫资金投入到复合系统后，随着金融与财政协同水平的提升，金融资金与财政资金的分工与合作机制更加完善：财政资金主要投向不满足金融服务条件的领域和主体，实现公平优先的目标；金融资金首先投向满足金融条件的领域和主体，实现效率优先的目标；对具有“弱造血功能”或已具有“造血功能”但自身征信水平不足的领域和主体可采用“财政+金融”的模式，一方面财政资金可以通过财政贴息、风险补偿、对产业的税收减免以及补贴等多种方式，通过财政的杠杆效应，用较少的财政资金撬动更多的金融资金投入，从而缓解了财政资金不足和金融机构在贫困地区惜贷的双重问题，另一方面金融资金通过自身资源配置能力和价格发现机制也可以反作用于财政资金，将财政资金引导至高效率的领域。即：

$$E_t=f(T_t, P_t)=T_{DKt}P_t+T_{CZt}P_t+T_{DKt}T_{CZt}P_t' \quad (3-18)$$

也就是说，将金融与财政作为减贫资金投入到复合系统后，系统协同作用的大小不仅取决于金融资金和财政资金分别转化为资本进而转化为产出的能力，还取决于金融资金与财政资金合作的能力，以及金融资金与财政资金合作所导致的资金转化为产出的能力 P_t 提升后的 P_t' 的大小。因此，金融与财政协同度提升后，金融与财政减贫效果的提升不仅可以通过提升金融资金和财政资金转化为资本进而转化为产出的能力实现，也可以通过增大 $T_{DKt}T_{CZt}$ 和 P_t' 实现。然而，值得注意的是，虽然金融与财政协同增加了地区的资金供给，提高了资金配置效率 E，但金融与财政协同减贫效应依然会受到地区自身多维贫困水平的影响。

基于此，本书提出：

假设 12：金融与财政协同度的提升能有效减缓县域的多维贫困水平，促进收入增长、提升发展能力和增多发展机会，但其发挥积极减贫作用范围的大小往往处于金融减贫和财政减贫之间，并且依然会存在以自身发展水平为门槛的门槛效应。

此外，金融减贫政策、财政减贫政策抑或是金融与财政协同的减贫政策对不同贫困维度的作用效果存在差异，有的贫困维度主要需要金融减贫政策的支持，有的贫困维度主要需要财政减贫政策的支持，还有的贫困维度则需要金融与财政协同减贫政策的支持。

基于此，本书提出：

假设 13：金融减贫、财政减贫以及金融与财政协同减贫发挥最优减贫效应的领域存在差异。

第4章　贫困县多维贫困、金融发展及财政投入分析

为了深入了解贫困县的多维贫困状况以及金融发展和财政投入情况，本章将依次完成贫困县多维贫困的测度及演化特征分析、金融发展水平分析、财政投入分析以及金融财政的协同度分析四部分内容。

4.1　贫困县多维贫困的测度及演化特征分析

4.1.1　多维贫困测度方法

本文根据贫困概念的演进历程，结合我国国情和数据可得性等，从收入贫困、能力贫困和机会贫困三个维度定义县域多维贫困，并在这三个维度下选取县域多维贫困度量指标，基于 Alkire 和 Foster（2007）的双界限法（A－F 方法）① 对县域多维贫困进行度量。

1. 县域多维贫困深度

县域多维贫困深度反映县域达到贫困标准的指标数量的多少，即在所有度量贫困的指标中，县域达到贫困标准的指标数越多，则贫困深度越深。此外，由于各指标权重的不同，以及贫困判定临界值的不同，在实际度量过程中将权重大小和贫困判定临界值同时考虑到贫困深度的度量过程，计算出县域贫困深度得分。得分越高者，贫困深度越深，得分为 0 者为非多维贫困。

用x_{ij}^t（$x_{ij}^t \geqslant 0$；$i=1, 2, \cdots, n$；$j=1, 2, \cdots, d$；$t=1, 2, \cdots, T$）表示时间 t 上县域 i 的第 j 项指标的取值；用z_j^t（$z_j^t > 0$）表示在时间 t 上第 j 项指标上的被剥夺临界值。

---

① 所谓双界限法是指在测定某一对象是否是多维贫困时，首先设定各个指标的贫困临界值，如果测定对象在该指标上低于临界值，则认为测定对象在该指标上贫困；其次设定多维贫困门槛 $k \in [0, 100\%]$，即在考虑指标权重的基础上，当测定对象在所有指标中有 k 以上的指标为贫困时，该测量对象就界定为贫困。

用$g_{ij}^{t}(z)$表示县域 i 在指标 j 上是否贫困的指示函数。当$x_{ij}^{t}<z_j$时，赋予$g_{ij}^{t}(z)=1$，表示县域 i 在指标 j 上属于贫困；当$x_{ij}^{t}\geqslant z_j$时，赋予$g_{ij}^{t}(z)=0$，表示县域 i 在指标 j 上属于非贫困。

用$\omega_j\left(0<\omega_j\leqslant 1 \text{ 且} \sum_{j=1}^{d}\omega_j=1\right)$表示指标权重，则$\sum_{j=1}^{d}\omega_j g_{ij}^{t}(z)\in[0,\ 1]$为县域贫困深度得分（即加权后的贫困指标数）。

设定县域多维贫困判定临界值为 k，则县域多维贫困深度为A_i^t，则：

$$A_i^t=\begin{cases}\sum_{j=1}^{d}\omega_j\, g_{ij}^{t}(z)\in[0,\ 1], & A_i^t>k\\ 0, & A_i^t\leqslant k\end{cases} \tag{4-1}$$

若县域 i 的贫困深度A_i^t超过某一剥夺临界值即$A_i^t>k$，则该县域被界定为多维贫困县域，此时令$A_i^t(k)=A_i^t$；若$A_i^t\leqslant k$，则该县域被界定为非多维贫困县域，此时令$A_i^t(k)=0$。A_i^t越大，表示该县域在更多的维度上处于贫困状态，即贫困深度越深。

2. 县域多维贫困强度

县域多维贫困强度是指多维贫困县域达到贫困标准的指标值偏离贫困指标临界值的加权平均程度。

用$h_{ij}^{t}(z)$表示贫困县域 i 在指标 j 上的贫困强度指示函数。当$x_{ij}^{t}<z_j$时，赋予$h_{ij}^{t}(z)=\sqrt{(x_{ij}^{t}-z_j)^2}/z_j$，$h_{ij}^{t}(z)$越大，贫困强度越强；当$x_{ij}^{t}\geqslant z_j$时，赋予$h_{ij}^{t}(z)=0$，表示县域 i 在指标 j 上属于非贫困。

用$\omega_j\left(0<\omega_j\leqslant 1 \text{ 且} \sum_{j=1}^{d}\omega_j=1\right)$表示指标权重，则加权后的贫困县域贫困强度为：

$$G_i^t=\sum_{j=1}^{d}\omega_j\, h_{ij}^{t}(z) \tag{4-2}$$

G_i^t越大，表示该贫困县域在贫困的各维度上距离贫困临界值的距离越远，脱贫难度越大，即贫困强度越强。

3. 县域多维贫困指数

县域多维贫困指数综合反映了县域多维贫困深度和县域多维贫困强度，用县域多维贫困深度与县域多维贫困强度的乘积来表示，即：

$$M_i^t=A_i^t\times G_i^t \tag{4-3}$$

其中，M_i^t为县域 i 的多维贫困指数。

4.1.2 数据来源、指标选取与权重说明

1. 样本选择与数据来源

本文研究的核心在于跟踪贫困县脱贫前的收入贫困、能力贫困、机会贫困等多维贫困的动态演化，并以此确定2020年后应该采取何种政策才能巩固脱贫攻坚成效，有效遏制返贫，提高脱贫质量。为此，我们以2012年国务院扶贫开发领导小组发布的《国家扶贫开发工作重点县名单》中所列的592个国家重点贫困县为研究对象。

本文研究数据来源于《中国县（市）社会经济统计年鉴》、各省（自治区、直辖市）统计年鉴和各县域政府网站。其中《中国县（市）社会经济统计年鉴》覆盖了我国除台湾、香港、澳门外的31个省（自治区、直辖市）的县域（包含县级市）的基本特征和经济、教育、医疗卫生等多方面数据，具有较高的权威性和可靠性；县域道路交通数据来源于各省（自治区、直辖市）统计年鉴，各省（自治区、直辖市）未披露相关数据的，查阅相关地市统计年鉴和相关县（区）政府网站获得。此外，部分缺失数据选用相邻年份数据进行补充。

2. 指标选取

关于多维贫困维度及其度量指标的选择目前尚无统一标准，并且大多指标都以家庭为评判对象，没有可直接用于县域多维贫困度量的指标体系。本文从贫困概念的演进历程入手，结合我国国情和数据可得性等因素，从收入贫困、能力贫困和机会贫困三个维度选取县域多维贫困度量指标。

（1）收入贫困维度。县域收入贫困可理解为县域人均收入不足以维持县域人口发展所需。此外，由于我国存在二元经济，因此本文同时选取城镇以及农村居民人均可支配收入作为度量县域收入的指标。

（2）能力贫困维度。1999年，Sen在其著作《以自由看待发展》一书中正式提出了“将贫困视为‘可行能力’被剥夺”的观点①，即个人或社会群体不具备脱离贫困的基本可行能力是贫困产生的根本原因，这个基本可行能力包括获得足够营养的能力、不受可避免疾病之害的能力、接受教育的能力、参与社区生活的能力和拥有自尊的能力等。沿着该思路，我们将县域能力贫困理解

① 一个人的“可行能力”（Capability）指的是此人有可能实现的、各种可能的功能性活动组合。而“功能性活动”（Functionings）反映了一个人认为值得去做或达到的多种多样的事情或状态。有价值的功能性活动的种类很多，如：有足够的营养、不受可避免的疾病之害、接受教育、参与社区生活和拥有自尊等。

为县域缺乏脱离贫困的内生能力，包括生产能力、教育能力、卫生和社会服务能力等方面。

首先，生产能力是县域脱离贫困走向富足的基本条件，包括农业生产能力和非农生产能力两部分。其中，农业生产能力的提升可以直接增加农民收入；非农生产能力的提升一方面可以吸收农村富余劳动力，另一方面可以通过优化县域产业结构降低县域发展过程中的脆弱性。农业生产能力从产出的角度表现为农业产值和农产品产量，从生产投入角度则表现为农业现代化水平。基于此，本文从生产投入角度选用人均农业机械总动力（即农业现代化水平）反映农业生产能力，选用农业劳动力转移机会和产业关联机会两个指标反映县域非农生产能力。其中，农业劳动力转移机会用第二、三产业从业人数在县域常住人口中的占比表示，产业关联机会用第二、三产业增加值与第一产业增加值之比表示。

其次，教育能力是县域潜在发展机会的重要来源，教育能力的提升可以为县域积攒更多的人力资本，而人力资本的提升是县域持续发展的动力。本文选用中小学密度和中小学师生比两个指标反映县域教育能力。其中，中小学密度用单位区域面积上中小学学校数量来表示，反映县域提供教育的硬件能力；中小学师生比用中小学教师数量/中小学学生数来表示，反映县域提供教育的软实力。

最后，卫生和社会福利能力是县域发展的重要保障。其中，卫生能力的提升一方面可以有效防止因病致贫的风险，另一方面可以提高劳动人口的身体素质，且身体素质的提高是县域生产效率提升的基础。本文选用人均医疗卫生机构床位数来反映县域卫生能力。社会福利能力的提升一方面可以降低因家庭结构变化带来的致贫风险，另一方面可以降低收养儿童非健康发展的风险，为未来劳动力供给做好有效储备。本文选用人均社会福利收养性单位床位数来反映县域福利收养能力。

（3）机会贫困维度。“机会贫困”指经济个体在发展机会获取上的不公平或机会缺失，源自社会生活中普遍存在的“社会排斥”现象，具体包括空间排斥、政治排斥、文化排斥、社会关系排斥等多个方面，可用于对贫困问题的研究。考虑到我国的国情及社会排斥存在的现实，此处将机会贫困区分为内部机会贫困和外部机会贫困两个方面。

内部机会贫困是指县域内部受城乡二元经济结构影响所产生的机会贫困，主要用常住人口城镇化率和城乡收入差距两个指标来反映。

外部机会贫困是指县域间受贫困县与非贫困县二元经济结构影响所产生的机会贫困，主要从空间排斥和自我排斥两个维度反映。其中，空间排斥是指县域在内部之间、内部与外部之间沟通的便利程度，公路网络越发达，其联络沟通越便捷。本文选用道路交通密度（全县公路通车里程/全县面积）来表示县域的空间排斥程度。自我排斥是指县域人口流出的状态。克鲁格曼（1991）提出的“核心-边缘模型”认为劳动力人口由A地区流动至B地区的同时会将自己的消费也带入B地区，消费的增加导致B地区市场规模逐步变大，市场规模的加大又会吸引企业迁入B地区，从而使B地区产业布局不断升级，使该地区更具吸引力，并产生循环累积效果。这种效果会不断加大A、B两地区的差距，也就是说人口流出的县域在放弃自己县域发展的同时促成了人口流入县域的发展，即人口流出县域处于自我排斥状态。基于此思想，本文选用人口流出程度来反映县域的自我排斥程度。

多维贫困指标间可能存在相互解释的现象（李博等，2018），为了避免冗余指标出现，本书使用Spearman秩相关系数分析了除收入能力之外的其他指标间的相关系数①。计算结果显示各指标间相关系数的绝对值均小于0.5，各指标间不存在高度的相关关系，所选指标不存在冗余现象。

3. 权重说明

各维度及各指标设定的具体权重见表4-1。

A-F方法中权重的设定主要包括差异权重法和等权重法两种，等权重法又可分为等指标权重和等维度权重两种。其中，差异权重法根据维度的重要程度赋予不同维度以不同的权重；等指标权重法是赋予不同指标以相等的权重，强调各指标的同等重要性；等维度权重法是目前研究中使用最多的方法，该方法赋予不同维度以相等的权重，强调各维度的同等重要性。2020年我国脱贫攻坚任务基本完成，现行标准下农村贫困人口全部脱贫，贫困县全部摘帽，贫困问题基本得到解决，今后解决发展能力不足和发展机会缺失将成为巩固脱贫攻坚成果、有效遏制返贫的重要举措，因此也应该成为县域经济社会发展的新关注点。基于此，我们放弃了等维度权重而采用维度差异权重，赋予了能力贫困维度和机会贫困维度更大的权重。另外，基于维度内各指标对该维度贫困具

① 本书的目的是比较收入贫困和多维贫困的关系，为2020年以后脱贫县的帮扶工作提供政策支持。因此，即使收入贫困可能同能力贫困和社会排斥有相关关系，我们仍将收入贫困指标纳入分析框架。

有同等影响力的假设，设定各维度内各指标同等权重。

表 4-1　县域多维贫困维度与权重

<table>
<tr><th>主维度</th><th colspan="2">二级维度及指标</th><th>变量权重</th><th>指标权重</th><th>维度权重</th></tr>
<tr><td rowspan="2">收入贫困</td><td colspan="2">城镇居民人均可支配收入</td><td>1/12</td><td rowspan="2">1/6</td><td rowspan="2">1/6</td></tr>
<tr><td colspan="2">农村居民人均可支配收入</td><td>1/12</td></tr>
<tr><td rowspan="7">能力贫困</td><td rowspan="3">生产能力</td><td>人均农业机械总动力</td><td>1/18</td><td rowspan="3">1/6</td><td rowspan="7">1/2</td></tr>
<tr><td>产业关联机会</td><td>1/18</td></tr>
<tr><td>农业劳动力转移机会</td><td>1/18</td></tr>
<tr><td rowspan="2">教育能力</td><td>中小学密度</td><td>1/12</td><td rowspan="2">1/6</td></tr>
<tr><td>中小学师生比</td><td>1/12</td></tr>
<tr><td rowspan="2">卫生和福利收养能力</td><td>人均医疗卫生机构床位数</td><td>1/12</td><td rowspan="2">1/6</td></tr>
<tr><td>人均社会福利收养性单位床位数</td><td>1/12</td></tr>
<tr><td rowspan="4">机会贫困</td><td rowspan="2">内部机会贫困</td><td>常住人口城镇化率</td><td>1/12</td><td rowspan="2">1/6</td><td rowspan="4">1/3</td></tr>
<tr><td>城乡收入差距</td><td>1/12</td></tr>
<tr><td rowspan="2">外部机会贫困</td><td>人口流动程度</td><td>1/12</td><td rowspan="2">1/6</td></tr>
<tr><td>道路交通密度</td><td>1/12</td></tr>
</table>

4. 临界值确定

为了讨论贫困县多维贫困的变化趋势以及同全国其他县域之间的差距，本文以 2013 年各指标（人口流动程度除外）的全国县域（西藏除外）均值作为指标临界值，以 2013 年为基期[①]，分析 2013—2018 年贫困县域多维贫困的特征表现及演变轨迹。若某指标为正向指标（越大越好），则当$x_{ij}^{t}<z_j$时，$g_{ij}^{t}(z)=1$，表示县域 i 在指标 j 上属于贫困；当$x_{ij}^{t}\geqslant z_j$时，赋予$g_{ij}^{t}(z)=0$，表示县域 i 在指标 j 上为非贫困。若该指标为负向指标（越小越好），则当$x_{ij}^{t}<z_j$时，$g_{ij}^{t}(z)=0$，表示县域 i 在指标 j 上为非贫困；当$x_{ij}^{t}\geqslant z_j$时，赋予$g_{ij}^{t}(z)=1$，表示县域 i 在指标 j 上属于贫困。此外，本文设定人口流动程度指标的临界值为 0，当人口流动程度<0 时，表示县域 i 在指标“人口流动程度”上为贫困；当人口流动程度>0 时，表示县域 i 在指标“人口流动程度”上为

① “精准扶贫”于 2013 年 11 月提出，选择以 2013 年为基准点有利于了解贫困县多维贫困变动趋势及政策实施效果。

非贫困。

在各指标贫困临界值确定的基础上，设定 $k=1/3$ 为县域多维贫困临界值，即在考虑指标权重的基础上，当测定县域在所有指标中有 1/3 及以上的指标达到贫困标准时，就将该县域定义为贫困县域。

需要说明的是，本书选择的临界值标准高于一般的贫困标准，因此计算出的各种贫困水平要高于官方公布的贫困水平，但与官方公布的贫困水平并不矛盾，只是在说明问题时的侧重点不同。本文的主要目的在于通过分析贫困县在精准扶贫政策作用下贫困特征的演变，为其寻求未来发展的有效路径提供依据。

4.1.3 多维贫困测度结果及演化特征

1. 贫困县多维贫困总体分析

以 2013 年各指标的全国县域（西藏除外）均值为贫困指标临界值（人口流动程度以 0 为临界值），以 $k=1/3$ 为县域多维贫困临界值，分别计算 592 个国家重点贫困县 2013—2018 年多维贫困深度、多维贫困强度和多维贫困指数（结果见附录 1）。

根据附表 1 进一步统计了 592 个国家重点贫困县 2013—2018 年的多维贫困发生率、平均多维贫困深度、平均多维贫困强度和平均多维贫困指数（表 4 - 2）。

表 4 - 2　多维贫困总体分析

%

	2013 年	2016 年	2018 年	2018 年比 2013 年降低量
多维贫困发生率	100	97.1	95.7	4.3
平均多维贫困深度	73.6	66.2	61.1	12.5
平均多维贫困强度	37.3	31.8	30.6	6.7
平均多维贫困指数	27.5	21.1	18.7	8.8

从测算结果来看，平均多维贫困深度下降了 12.5 个百分点，平均多维贫困强度下降了 6.7 个百分点，平均多维贫困指数下降了 8.8 个百分点。从多维贫困发生率来看，虽然本文标准下的多维贫困的发生率下降了 4.3 个百分点，但多维贫困发生率仍高达 95.7%。这意味着，虽然收入贫困的消除已经获得巨大成就，但从收入、能力和机会等多维度视角定义的多维贫困的消除依然任重道远。

2. 贫困县多维贫困的维度分解

为了进一步掌握样本县多维贫困的贫困特征，本文将多维贫困划分为收入贫困、能力贫困与机会贫困三个维度，分别以 $k=1/3$ 为临界值测度各样本县的收入贫困、能力贫困和机会贫困发生率（表 4－3）。

表 4－3　多维贫困三个维度贫困发生率的比较

%

贫困特征	2013 年	2016 年	2018 年	2018 年比 2013 年降低量
收入贫困	100	72.0	43.1	56.9
能力贫困	95.9	91.9	89.5	6.4
机会贫困	98.6	97.1	93.0	5.6

从计算结果来看，592 个国家重点贫困县中，存在收入贫困的县域从 2013 年的 100%降至 2018 年的 43.1%，下降了 56.9 个百分点；存在能力贫困的县域从 2013 年的 95.9%降至 2018 年的 89.5%，下降了 6.4 个百分点；存在机会贫困的县域从 2013 年的 98.6%降至 2018 年的 93.0%，下降了 5.6 个百分点。这就说明，虽然我国扶贫措施在提高收入、减缓收入贫困等方面取得了显著成效，但县域自身能力较差、发展机会缺乏等问题依然较为严重。由此看出，在巩固拓展脱贫攻坚成果同乡村振兴有效衔接阶段，进一步提高脱贫县的发展能力与发展机会具有客观的必然性和现实的迫切性。

3. 贫困县多维贫困的指标分解与致贫原因分析

以 2013 年各指标的全国县域（西藏除外）均值为贫困指标临界值（人口流动程度以 0 为临界值），分别计算 592 个国家重点贫困县不同年度、不同维度的不同指标的贫困发生率（表 4－4）。

计算结果显示，2013—2018 年间，除中小学密度、中小学师生比和人均农业机械总动力外，其他指标上的贫困发生率均有所降低。具体来看：①收入贫困各指标发生率的降幅最大，平均约为 51.35 个百分点。能力贫困各指标与机会贫困各指标的贫困发生率的降幅较小，平均仅为 6.6%和 11.0%。这一结果说明虽然增加收入是减贫脱贫的核心要义，但提升发展能力、增加发展机会等也应得到重视。②从能力贫困的各指标及其变化来看，对减缓县域能力贫困起到显著作用的是人均医疗卫生机构床位数（贫困发生率下降 33.6%）、农业劳动力转移机会（贫困发生率下降 9.2%）和人均社会福利收养性单位床位数（贫困发生率下降 8.0%），表明我国在精准扶贫过程中，对贫困县域医疗卫生事业发展、农业劳动力转移以及社会福利事业发展给予了积极关注，并取得了显著成效。但同时可以看出，县域产业关联机会、中小学密度、人均农业机械总动力是导致县域能力贫困的三个主要因素，其中尤以产业关联机会缺失排在首位。这表明，要进一步消除能力贫困，需要以提升产业关联机会、提高中小学布局密度、提高农村农业机械化程度为突破口。③从机会贫困各指标的变化来看，常住人口城镇化率的提高以及城乡居民收入差距的缩小对减缓社会排斥起到了重要贡献，这也是近年来我国致力于消除城乡二元制度、实现城乡融合发展所取得的成效的具体体现。但同时也可以看到，人口流动程度小、道路交通密度低以及城乡收入差距过大依然是构成机会贫困的三个重要因素。因此，未来机会贫困的进一步消除还需要以提高人口流动性、改善交通道路设施、进一步缩小城乡居民收入差距为突破口。

表 4-4　多维贫困各维度构成指标贫困发生率及其变化

%

指标			2013 年	2016 年	2018 年	2013—2018 年变化量
收入贫困	城镇居民人均可支配收入		64.4	21.5	12.7	−51.7
	农村居民人均可支配收入		87.6	71.2	36.6	−51.0
能力贫困	生产能力	人均农业机械总动力	72.2	70.0	72.4	0.2
		产业关联机会	86.8	85.8	84.1	−2.7
		农业劳动力转移机会	65.3	61.2	56.1	−9.2
	教育能力	中小学师生比	53.6	55.8	55.6	2.0
		中小学密度	75.9	79.7	80.7	4.8
	卫生福利收养能力	人均医疗卫生机构床位数	65.1	44.1	31.5	−33.6
		人均社会福利收养性单位床位数	67.8	60.7	59.8	−8.0
机会贫困	内部机会贫困	常住人口城镇化率	79.2	65.1	57.1	−22.1
		城乡收入差距	80.7	73.1	63.6	−17.1
	外部机会贫困	人口流动程度	82.2	77.5	78.8	−3.4
		道路交通密度	70.8	69.7	69.3	−1.5

4. 多维贫困程度的演变分析

为了进一步分析不同贫困程度县域的多维贫困特点，本文对 592 个国家重点贫困县给出如下界定：若某县域达到的贫困标准指标不到所有衡量指标的

1/3，将其界定为非贫困县域；达到的贫困标准指标超过 1/3 但不到 2/3，将其界定为轻度贫困县域；达到 2/3 以上的贫困标准指标，但不是所有指标都达到贫困标准，认定其为中度贫困县域；所有指标均达到贫困标准的县域为重度贫困县域。分别测算轻度贫困、中度贫困和重度贫困的发生率、平均贫困深度和平均贫困强度（表 4－5）。

表 4－5　县域多维贫困程度的演变

%

		2013 年	2016 年	2018 年	2018 年比 2013 年变化量
多维贫困发生率	非贫困	0	2.9	4.3	4.3
	轻度贫困	37.9	52.7	64.9	27.1
	中度贫困	58.5	44.4	30.8	−27.7
	重度贫困	3.6	0	0	−3.7
多维贫困平均深度	轻度贫困	58.8	54.4	53.2	−5.6
	中度贫困	81.6	79.6	77.6	−4.0
	重度贫困	100	0	0	−100
多维贫困平均强度	轻度贫困	28.6	26.8	27.9	−0.7
	中度贫困	42.0	38.3	37.8	−4.2
	重度贫困	48.9	0	0	−48.9

计算结果显示：①从多维贫困的发生率来看，2013—2018 年中度贫困县域占比和重度贫困县域占比持续下降。其中，中度贫困县域占比下降了 27.7 个百分点；重度贫困县域占比下降 3.7 个百分点后，于 2016 年基本消除；轻度贫困县域和非贫困县域占比持续增加。其中，轻度贫困县域占比上升了 27.1 个百分点，非贫困县域占比从无到有，增长了 4.3 个百分点。重度贫困县域和中度贫困县域正在向轻度贫困和非贫困转化。②从多维贫困深度来看，轻度贫困县域、中度贫困县域和重度贫困县域的贫困深度均呈下降趋势。其中，轻度贫困县域和中度贫困县域的贫困深度分别下降 5.6 和 4.0 个百分点，贫困深度达到重度标准的县域在 2016 年消失。③从多维贫困强度来看，重度贫困县域、中度贫困县域和轻度贫困县域的贫困强度都呈逐年下降趋势。其中，重度贫困县域的贫困强度下降 48.9 个百分点，轻度贫困县下降 0.7 个百分点，中度贫困县下降了 4.2 个百分点，且贫困强度达到重度标准的县域于 2016 年消失。

上述数据变化说明我国脱贫攻坚战略的实施使贫困县域的贫困程度大幅减轻，并实现了重度贫困→中度贫困→轻度贫困的依次转化，特别是重度贫困县域在2016年就全部消失。此外，在重度贫困县域基本消除的情况下，轻度贫困县域的贫困深度和强度均有较大幅度的下降，这主要是因为轻度贫困县域已逐步具有了造血功能，因此发展速度较快。中度贫困县域的贫困深度和贫困强度的降低速度较慢，这是因为中度贫困县域由两部分构成，一部分是刚刚脱离重度贫困进入中度贫困的县域，还有一部分是一直处于中度贫困的县域。重度贫困县域在2013—2018年间依托各种扶贫政策，重点提高了收入水平（尤其是农村居民人均可支配收入水平），迅速脱离重度贫困范畴，迈入中度贫困，但其能力贫困和机会贫困问题并未得到根本解决，造血功能依然不足，进一步脱贫速度较慢。另一部分一直处于中度贫困的县域，其致贫的主要原因不是收入问题，而是能力贫困和机会贫困。因此，这部分县域即使因收入提升使贫困程度减轻，但依然缺乏造血功能。因此，在收入贫困逐步解决、重度贫困基本消失后，进一步提高脱贫县的发展能力与发展机会无疑将是乡村振兴战略实施阶段工作及政策的着力点。

4.2 贫困县金融发展分析

贫困县在脱贫前具有资金存量有限、信息不充分等特点，因此资金的有效投入和合理配置对贫困县发展就显得尤为重要。金融发展和财政投入是贫困县资金来源的重要途径，因此本节将对贫困县的金融发展和财政投入情况进行分析。

4.2.1 金融资产规模分析

某一地区的金融增加值反映了该地区的金融资产规模，而金融资产规模又可以度量该地区的金融发展水平，因此金融增加值是可以间接反映某一地区金融发展水平的指标。一般来说，金融增加值由银行信贷、IPO、配股、债券和股票市值等组成。在贫困县，金融增加值主要由银行信贷构成，IPO、配股、债券和股票市值等的占比极低，因此本文在讨论贫困县的金融增加值时仅考虑银行信贷这一项内容。

1. 金融资产绝对规模

表4-6报告了2014—2018年贫困县金融资产绝对规模的统计数据。

表 4－6　贫困县 2014—2018 年金融资产绝对规模

项目	2014 年	2016 年	2018 年	年均增长率（%）
全国县域平均余额（亿元）	977 382	1 097 791	1 546 551	12.2
贫困县平均余额（亿元）	441 611	513 032	802 234	16.1
贫困县与全国水平的差额（亿元）	−535 771	−584 759	−744 317	—
贫困县与全国水平的比值（%）	45.2	46.7	51.9	—
东部地区贫困县平均余额（亿元）	489 265	572 749	924 545	17.2
中部地区贫困县平均余额（亿元）	516 288	600 031	950 119	16.5
西部地区贫困县平均余额（亿元）	397 442	460 743	710 845	15.6

数据来源：历年《中国县域统计年鉴》。

从统计数据来看，贫困县以银行信贷表示的金融资产绝对规模有较大幅度的增长，并且年均增长率大于全国县域平均水平。但是从绝对值来看，贫困县的金融资产绝对规模仍远低于全国县域平均水平，仅为全国县域平均水平的 1/2 左右。

从东、中、西三大区域来看，各区域贫困县的金融资产绝对规模均已呈快速扩张趋势。从绝对值来看，中部地区金融资产绝对规模始终大于东部，东部大于西部。从增长率来看，东部地区贫困县金融资产绝对规模的增速大于中部，中部大于西部。

2. 金融资产相对规模

金融资产相对规模$tinf_{it}$可以用公式 4－4 计算得到：

$$tinf_{it}=\frac{\text{金融增加值}_{it}}{GDP_{it}} \tag{4-4}$$

其中，贫困县的金融增加值依然仅考虑银行信贷这一项内容。表 4－7 报告了 2014—2018 年贫困县金融资产相对规模的统计数据。

表 4－7　贫困县 2014—2018 年金融资产相对规模

项目	2014 年	2016 年	2018 年	年均增长率（%）
全国县域平均水平	0.601 4	0.659 6	0.782 0	6.8
贫困县平均水平	0.628 5	0.698 6	0.868 2	8.4
东部地区贫困县平均水平	0.593 2	0.676 7	0.990 4	13.7
中部地区贫困县平均水平	0.617 2	0.702 2	0.849 7	8.3
西部地区贫困县平均水平	0.637 7	0.699 6	0.862 4	7.8

数据来源：历年《中国县域统计年鉴》。

从统计数据来看，贫困县以金融资产相对规模表示的金融发展水平及其年均增长率均高于全国县域平均水平。这主要是因为在精准扶贫政策推动下，金融扶贫力度的加大使大量信贷资金涌入，从而导致了这些县域的金融资产相对规模的不断扩大。

从东、中、西三大区域来看，各区域贫困县的金融资产相对规模均呈快速扩张趋势。从增长率来看，东部地区贫困县金融资产相对规模的增速大于中部，中部大于西部。

4.2.2 数字普惠金融发展分析

本节将利用北京大学数字普惠金融指数来分析贫困县数字普惠金融的发展情况。北京大学数字普惠金融指数度量了 2011—2018 年中国内地 31 个省、337 个地级城市和约 2 800 个县（县级普惠金融指数的时间跨度是 2014—2018 年）的普惠金融指数，该指数包括数字普惠金融发展总指数以及数字金融覆盖广度、数字金融使用深度和普惠金融数字化程度 3 个维度上的分指数，比较全面地反映了我国区域数字普惠金融的发展程度。

表 4－8 报告了贫困县 2014—2018 年数字普惠金融发展的统计数据。

表 4－8　贫困县 2014—2018 年数字普惠金融发展情况

项目		2014 年	2016 年	2018 年	年均增长率（%）
数字普惠金融指数	全国县域平均值	47.2	87.6	101.8	21.2
	贫困县平均值	37.8	84.9	98.2	27.0
	贫困县与全国差额	−9.4	−2.7	−3.6	—
	贫困县与全国比值（%）	80.1	96.9	96.5	—
覆盖广度	全国县域平均值	47.6	89.7	89.3	17.0
	贫困县平均值	34.5	87.4	87.1	26.1
	贫困县与全国差额	−13.1	−2.3	−2.2	—
	贫困县与全国比值（%）	72.5	97.4	97.5	—
使用深度	全国县域平均值	52.1	89.8	120.4	23.3
	贫困县平均值	42.9	84.4	113.0	27.4
	贫困县与全国差额	−9.2	−5.4	−7.4	—
	贫困县与全国比值（%）	82.3	94.0	93.9	—

（续）

项目		2014 年	2016 年	2018 年	年均增长率（%）
数字化程度	全国县域平均值	37.4	76.6	109.5	30.8
	贫困县平均值	40.0	77.6	108.0	28.2
	贫困县与全国差额	2.6	1.0	−1.5	—
	贫困县与全国比值（%）	107.0	101.3	98.6	—

数据来源：通过北京大学数字普惠金融指数计算所得。

从统计数据来看，贫困县平均数字普惠金融指数以及其覆盖广度指数、使用深度指数和数字化程度指数均有较大幅度的增长，且除数字化程度指数外，其他指数的年均增长率均大于全国县域平均水平。从 2018 年的绝对值来看，贫困县平均数字普惠金融指数以及其覆盖广度指数、使用深度指数和数字化程度指数仅略低于全国县域平均水平。

从东、中、西三大区域的比较来看（表 4－9），各区域贫困县平均数字普惠金融指数及其覆盖广度指数、使用深度指数和数字化程度指数均呈快速提高趋势。其中，西部地区贫困县的平均数字普惠金融指数、覆盖广度指数、使用深度指数的增速均快于东部，东部快于中部；但中部地区数字化程度指数的增速快于东部，东部快于西部。从 2018 年的绝对值来看，中部地区贫困县的平均数字普惠金融指数、覆盖广度指数、使用深度指数始终大于西部。

表 4－9　贫困县 2014—2018 年数字普惠金融水平的区域比较

项目		2014 年	2016 年	2018 年	年均增长率（%）
数字普惠金融指数	东部地区贫困县	38.8	83.7	95.6	25.3
	中部地区贫困县	42.1	87.3	100.8	24.4
	西部地区贫困县	35.5	83.7	97.2	28.6
覆盖广度	东部地区贫困县	38.5	88.3	87.1	22.6
	中部地区贫困县	39.1	88.1	87.2	22.2
	西部地区贫困县	31.6	86.9	87.0	28.8
使用深度	东部地区贫困县	40.9	80.7	107.7	27.4
	中部地区贫困县	51.1	90.6	120.0	23.8
	西部地区贫困县	38.8	81.6	110.0	29.8

（续）

项目		2014年	2016年	2018年	年均增长率（%）
数字化程度	东部地区贫困县	36.2	74.1	101.9	29.5
	中部地区贫困县	35.8	78.8	110.5	32.5
	西部地区贫困县	42.5	77.4	107.3	26.1

数据来源：通过北京大学数字普惠金融指数计算所得。

4.2.3 金融效率分析

贫困县金融效率可以用贫困县银行业的贷存比（县域贷款余额/县域存款余额）来反映。表4－10显示，贫困县平均贷存比有逐年增长趋势，且其年均增长量高于全国县域平均水平。

表4－10 贫困县2014—2018年贷存比

%

年份	2014年	2016年	2018年	年均变化量
全国县域平均贷存比	93.6	95.0	95.2	0.4
贫困县平均贷存比	88.1	92.0	93.8	1.4

数据来源：历年《中国县（市）社会经济统计年鉴》。

表4－11报告了东、中、西三大区域贫困县的贷存比数据。从表4－11来看，中部和西部地区贫困县的贷存比呈逐步提升的态势，东部地区贫困县的贷存比先提高后降低。从2018年的数量来看，西部地区贫困县的贷存比最高，中部地区次之，东部地区最小。这可能是因为西部地区是扶贫开发的重点区域，相应的政策优势使其吸引了大量的贷款支持。

表4－11 东、中、西三大区域贫困县2014—2018年贷存比比较

%

年份	2014年	2016年	2018年	年均变化量
东部地区贫困县贷存比	69.2	100.3	76.5	1.8
中部地区贫困县贷存比	69.6	71.5	77.1	1.9
西部地区贫困县贷存比	99.9	101.9	104.6	1.2

数据来源：历年《中国县（市）社会经济统计年鉴》。

4.3　贫困县财政投入分析

财政投入是减贫过程中又一重要的资金来源，本文拟从财政支出总量和财政支出结构两个方面分析贫困县的财政投入情况。

4.3.1　财政投入总量分析

1. 财政投入绝对规模

从 2014—2018 年的数据来看（表 4－12），贫困县平均财政支出略低于全国县域平均水平，但其增长率大于全国县域平均水平。

表 4－12　贫困县 2014—2018 年平均财政支出

项目	2014 年	2016 年	2018 年	年均增长率（%）
全国县域平均值（亿元）	264 497	304 764	388 267	10.1
贫困县平均值（亿元）	221 704	256 211	337 863	11.1
贫困县与全国差额（亿元）	－42 793	－48 553	－50 404	—
贫困县与全国比值（%）	83.8	84.1	87.0	—

数据来源：历年《中国县（市）社会经济统计年鉴》。

从东、中、西三大区域来看（表 4－13），中部地区贫困县的平均财政支出规模始终大于西部，西部大于东部；但从增长率来看，东部地区贫困县平均财政支出规模的增长速度快于中部，中部快于西部。

表 4－13　贫困县 2014—2018 年平均财政支出规模的区域比较

项目	2014 年	2016 年	2018 年	年均增长率（%）
东部地区（亿元）	160 993	191 876	282 114	15.1
中部地区（亿元）	239 603	280 837	379 881	12.2
西部地区（亿元）	219 284	250 650	322 174	10.1

数据来源：历年《中国县（市）社会经济统计年鉴》。

2. 财政投入相对规模

财政投入相对规模exp_{it}可以用公式 4－5 计算得到：

$$exp_{it}=\frac{财政投入总量_{it}}{GDP_{it}} \qquad (4-5)$$

从2014—2018年的数据来看（表4-14），贫困县平均财政投入相对规模及平均财政投入相对规模的年均增长率均高于全国县域平均水平。这主要是因为在精准扶贫政策推动下，政府进一步加大了对贫困地区的财政投入，从而导致其财政投入相对规模在数量和增长率上的双高局面。

从东、中、西三大区域来看，各区域贫困县的平均财政投入相对规模均呈快速扩张趋势。从数量上来看，西部地区贫困县平均财政投入相对规模大于中部，中部大于东部；但从增长率来看，东部地区贫困县平均财政投入相对规模的增速大于中部，中部大于西部。

表4-14　贫困县2014—2018年财政投入相对规模

项目	2014年	2016年	2018年	年均增长率（%）
全国县域平均水平	0.258 9	0.281 4	0.304 0	4.1
贫困县平均水平	0.431 2	0.463 4	0.517 8	4.7
东部地区贫困县平均水平	0.252 2	0.280 8	0.369 7	10.0
中部地区贫困县平均水平	0.320 3	0.359 6	0.390 0	5.0
西部地区贫困县平均水平	0.502 1	0.531 5	0.593 1	4.3

数据来源：历年《中国县域统计年鉴》。

4.3.2　财政投入结构分析

我国政府体系的基本结构是“条块结构”。其中，“条条关系”指的是从中央到地方各级政府业务内容性质相同的职能部门的纵向体系；“块块关系”指的是由不同职能部门组合而成的各个层级政府的横向体系。相较于“块块关系”，“条条关系”中属于同一系统的上级部门能够在工作业务上提供更专业的指导，这就使得“条条关系”在我国政府体系中逐渐占据重要地位。“条条关系”地位的不断稳固，使县域财政资金投入在不断专项化的同时也在不断碎片化。虽然县域是最基本的财政政策落实以及财政资金治理单位，但县政府几乎无法对这些分散的扶贫资源进行统筹配置。因此，本部分在讨论财政支出结构时主要从全国层面和省域层面进行分析。

财政支出中的教育、农林水事务、社会保障和就业、医疗卫生、城乡社区事务和交通运输等项目都与减贫工作有着直接或间接的关系。从全国数据来看（表4-15），各项减贫支出占比均呈逐步扩大趋势。

在农林水事务支出中，又细分出了扶贫支出、农村综合改革支出、农业综合开发支出和引导金融机构支农补助支出（后整合调整为普惠金融发展支出）等子项目。其中，农业综合开发是指在一定的时间和确定的区域内，为全面开发利用农业资源，发展地区农业经济而进行的综合性生产建设活动，开发的主要内容是平整土地、兴修水利、改良土壤、开垦荒地、植树造林、装备机械、改进生产技术、发展多种经营等，它的最终目标是合理配置农业生产要素，提高农业综合生产能力和市场竞争力，推动传统农业向现代农业转变。农业综合改革包括巩固农村税费改革成果、破除城乡二元体制和建设社会主义新农村，积极推进乡镇机构、农村义务教育、县乡财政管理体制和集体林权制度改革，开展清理化解农村义务教育“普九”债务和村级公益事业建设“一事一议”财政奖补试点工作，加强对农业用水负担、村级组织运转经费的保障以及扩大政策性农业保险范围等一系列内容。

表 4－15　全国财政支出结构

%

	2010 年	2012 年	2014 年	2016 年	2018 年
教育支出占比	14.0	16.9	15.2	15.0	14.6
社会保障与就业支出占比	10.2	10.0	10.5	11.5	12.2
医疗卫生支出占比	5.3	5.8	6.7	7.0	7.1
城乡社区事务支出占比	6.7	7.2	8.5	9.8	10.0
农林水事务支出占比	9.0	9.5	9.3	9.9	9.5
交通运输支出占比	6.1	6.5	6.9	5.6	5.1

数据来源：历年《中国财政统计年鉴》。

全国农村综合改革支出为强化农业基础、增加农民收入、促进农村和谐发挥了重要作用。从统计数据来看（表 4－16），在财政支出总额不断增大的同时，除农业综合开发支出占比变化不大外，扶贫支出占比、农村综合改革支出占比和普惠金融发展支出占比变化较明显，均呈增长趋势。这就说明国家在支持农村发展、促进乡村振兴过程中确实投入了大量的财政资金。

表 4－16　全国财政支出中农林水事务支出结构

%

	2010 年	2012 年	2014 年	2016 年	2018 年
扶贫支出占比	0.47	0.55	0.63	1.22	1.30
农村综合改革支出占比	0.68	0.78	0.83	0.80	0.82

（续）

	2010 年	2012 年	2014 年	2016 年	2018 年
农业综合开发支出占比	0.38	0.37	0.37	0.33	0.36
普惠金融发展支出占比	0.03	0.06	0.05	0.24	0.27

数据来源：历年《中国财政统计年鉴》。

4.4 贫困县金融与财政的协同度分析

金融发展和财政投入是支持多维贫困减缓过程中的两个重要子系统，两者相互作用、相互影响，形成了支持多维贫困减缓的复合系统。为了摸清这个复合系统中两个子系统的协同水平（也可以称为“耦合程度”），本节以协同理论为依据，借助不同的协同度模型计算金融发展和财政投入在减缓多维贫困过程中的协同度，对其协同度特征进行分析。

4.4.1 协同度模型构建

协同理论旨在讨论复合系统如何通过内部子系统的协同作用，形成功能、时间和空间上的有序结构。协同理论中的役使原理进一步认为支撑各个子系统指标的有序程度决定了子系统间竞争与协同作用的大小。因此，利用协同度模型测算复合系统协同水平的基本步骤是：先测算指标有序度，接着测算子系统有序度，最后得到复合系统协同度。不同的协同度模型在测算指标有序度和子系统有序度时的方法基本一致，但在复合协同度的测算上有所差异。有的协同度模型直接将子系统有序度进行加权来定义复合系统协同度，本文将这一模型称为“直接协同模型”；有的侧重从子系统有序度的大小差异来定义复合系统协同度，本文将这一模型称为“离差系数最小化模型”；有的协同度模型侧重从子系统有序度的时间变化趋势的协同状态（即协同度的优化演进）定义复合系统协同度，本文将这一模型称为“时间趋势一致化模型”。

1. 指标有序度测算

不同指标对子系统的作用可分为正向作用和负向作用两种类型，其中对子系统运行有正向作用的指标称之为正向指标，对子系统运行有负向作用的指标称之为负向指标。依据役使原理定义指标有序度测算模型：

$$f_{ij}^t=\begin{cases}\dfrac{x_{ij}^t-\alpha_j^t}{\beta_j^t-\alpha_j^t} & x_{ij}^t\text{为正向指标}\\ \dfrac{\beta_j^t-x_{ij}^t}{\beta_j^t-\alpha_j^t} & x_{ij}^i\text{为负向指标}\end{cases}\tag{4-6}$$

其中，f_{ij}^t表示县域i的第j项指标在t时间的有序度，$f_{ij}^t\in[0, 1]$，f_{ij}^t越趋近于 1 表明指标有序度越高，f_{ij}^t越趋近于 0 表明指标有序度越低；x_{ij}^t表示县域i的第j项指标在t时间的取值；α_j^t表示第j项指标在t时间的最小值；β_j^t表示第j项指标在t时间的最大值。

2. 子系统有序度测算

通过指标有序度测算子系统有序度，具体包括算数加权和几何加权两种方式，比较常见的是几何加权法。本文也选用几何加权法定义子系统有序度测算模型：

$$S_{iq}^t=\sqrt[n]{\prod_{j=1}^{n}\omega_j f_{ij}^t}\tag{4-7}$$

其中，S_{iq}^t表示县域i的第q系统在t时间的有序度，q的取值为 1 或 2，$q=1$表示金融子系统，$q=2$表示财政子系统，S_{iq}^t越大表明子系统有序度越高，S_{iq}^t越小表明子系统有序度越低；ω_j表示不同子系统中各指标所占权重。

3. 复合系统协同度测算

不同协同度模型测算复合协同度的方法有所不同。

（1）直接协同模型。直接协同模型是直接将测算出的子系统有序度进行加权得到复合系统协同度，具体包括算数加权和几何加权两种方式。本文选用几何加权法定义复合系统协同度的直接协同模型：

$$COR_i^t=\sqrt[2]{\prod_{q=1}^{2}\varphi_q S_{iq}^t}\tag{4-8}$$

其中，COR_i^t表示县域i在t时间金融发展和财政投入复合系统的直接协同度，$COR_i^t\in[0, 1]$，COR_i^t越大表明复合系统协同度越高，COR_i^t越小表明复合系统协同度越低；φ_q表示不同子系统在复合系统中所占的权重。

由于直接协同模型是直接将测算出的子系统有序度进行加权得到复合系统协同度，因此该方法忽略了子系统间的静态和动态联动关系，一般作为更精确的协同模型的基础出现，如后文提到的离差系数最小化模型就是在直接协同模型中加入了子系统间的静态联动关系（离差系数），而时间趋势一致化模型就是在直接协同模型中加入了子系统间的动态联动关系（时间变量）。

（2）离差系数最小化模型。离差系数最小化模型是在直接协同模型的基础上增加了用离差系数反映的子系统间的有序度差异。

金融发展和财政投入两个子系统间的离差系数可以表示为：

$$\frac{|S_{i1}^t - S_{i2}^t|}{\frac{1}{2}(S_{i1}^t + S_{i2}^t)} = 2\sqrt{1 - \frac{S_{i1}^t S_{i2}^t}{(S_{i1}^t + S_{i2}^t)^2/4}} \quad (4-9)$$

离差系数越小，复合系统协同度越高。而保证离差系数越小越好的充要条件是$\frac{S_{i1}^t S_{i2}^t}{(S_{i1}^t + S_{i2}^t)^2/4}$越大越好。因此，为了便于分析，直接将金融发展和财政投入间的离差系数定义为：

$$A_i^t = \frac{S_{i1}^t S_{i2}^t}{(S_{i1}^t + S_{i2}^t)^2/4} \quad (4-10)$$

其中，A_i^t表示县域i在t时间上金融发展和财政投入两个子系统间的离差系数，A_i^t越大表明两个子系统间的离差系数越小、复合系统协同度越高，A_i^t越小表明两个子系统间的离差系数越大、复合系统协同度越低。

最后，将复合系统的直接协同度和子系统间的离差系数进行综合，得到离差系数最小化模型：

$$CORD_i^t = \sqrt{A_i^t COR_i^t} \quad (4-11)$$

其中，$CORD_i^t$表示县域i在t时间上金融发展和财政投入复合系统的离差系数最小化协同度，$CORD_i^t \in [0,\ 1]$，$CORD_i^t$越大表明复合系统协同度越高，$CORD_i^t$越小表明复合系统协同度越低。

（3）时间趋势一致化模型。时间趋势一致化模型是在直接协同模型基础上增加子系统有序度的时间变化趋势，从子系统有序度的时间变化趋势中得到复合系统的时间趋势一致化模型：

$$CORT_i^t = \gamma\sqrt{\left|\prod_{q=1}^{2}[S_{iq}^t - S_{iq}^{t=1}]\right|} \quad (4-12)$$

其中，$CORT_i^t$表示县域i在t时间金融发展和财政投入复合系统的时间趋势一致化协同度，$CORT_i^t \in [-1,\ 1]$，$CORT_i^t$越大表明复合系统协同度越高，$CORT_i^t$越小表明复合系统协同度越低。$\gamma = \min[S_{iq}^t - S_{iq}^{t=1}]/|\min[S_{iq}^t - S_{iq}^{t=1}]|$，即当$S_{i1}^t > S_{i1}^{t=1}$与$S_{i2}^t > S_{i2}^{t=1}$同时成立时，$\gamma = 1$，$CORT_i^t > 0$，表明金融发展和财政投入两个子系统处于协同演化状态；当$S_{i1}^t > S_{i1}^{t=1}$与$S_{i2}^t > S_{i2}^{t=1}$非同时成立时，

$\gamma=-1$，$CORT_i^t<0$，表明金融发展和财政投入两个子系统处于非协同演化状态。

复合系统协同水平划分的具体标准如表 4-17 所示。

表 4-17　复合系统协同水平划分表

协同水平	协同度		
	COR_i^t	$CORD_i^t$	$CORT_i^t$
高度不协同	—	—	$CORT_i^t\in[-1, -0.666)$
中度不协同	—	—	$CORT_i^t\in[-0.666, -0.333)$
轻度不协同	—	—	$CORT_i^t\in[-0.333, 0)$
轻度协同	$COR_i^t\in[0.0, 0.4)$	$COR_i^t\in[0.0, 0.4)$	$CORT_i^t\in[0, 0.333)$
中度协同	$COR_i^t\in[0.4, 0.7)$	$COR_i^t\in[0.4, 0.7)$	$CORT_i^t\in[0.333, 0.666)$
高度协同	$COR_i^t\in[0.7, 1]$	$COR_i^t\in[0.7, 1]$	$CORT_i^t\in[0.333, 1]$

4.4.2　数据来源、指标选取与权重说明

1. 样本选择与数据来源

我们以 2012 年国务院扶贫开发领导小组发布的《国家扶贫开发工作重点县名单》中所列的 592 个国家重点贫困县为研究对象，相关数据来源于《中国县（市）社会经济统计年鉴》、各省（自治区、直辖市）统计年鉴和各县域政府网站。

2. 指标选取

正所谓“巧妇难为无米之炊”，无论是金融政策还是财政政策的落地实施，规模大小都是起决定作用的重要因素，并且越是小的单位，“规模”的重要性越突出。尤其是在“条条关系”在我国财政体系中占重要地位的背景下，越是小的单位对财政资金的投向越缺乏发言权，此时财政投入规模就显得更为重要了。县域是我国金融政策和财政政策落地的最小单位，金融规模和财政规模对其具有重要的发展意义，本书在讨论贫困县金融发展与财政投入复合系统协同度时，主要从规模视角进行讨论。此外，为了避免不同县域差异化发展水平的干扰，在从规模视角讨论问题时，主要以相对规模为切入点。金融发展子系统用传统金融相对规模和普惠金融水平两个指标反映，传统金融相对规模用“传统金融增加值/GDP”反映，考虑到贫困县金融的真实水平，直接用县域正规金融机构的贷款余额反映传统金融增加值；普惠金融水平直接用北京大学数字

普惠金融指数反映。财政投入子系统选用财政投入相对规模为指标，具体用县域财政支出与县域 GDP 之比表示。具体指标如表 4-18 所示：

表 4-18 指标选取与权重设定

子系统	指标	计算方法	子系统权重	指标权重
金融发展子系统	传统金融相对规模	传统金融增加值/GDP	1/2	1/4
	普惠金融水平	数字普惠金融指数		1/4
财政投入子系统	财政投入相对规模	财政支出/GDP	1/2	1/2

3. 权重说明

金融发展和财政投入对于贫困县的发展来说具有同等重要的作用，故设定金融发展子系统和财政投入子系统为等权重，即各为 1/2。此外，由于目前数字普惠金融已成为传统金融的重要补充，发挥了不可替代的积极作用，因此本文为金融发展子系统中传统金融规模和数字普惠金融发展水平赋了等权重，即各为 1/2。

4.4.3 金融与财政协同度测度结果分析

分别计算 592 个国家重点贫困县 2014—2018 年由金融财政两个子系统组成的复合系统的直接协同度、离差系数最小化协同度和时间趋势一致化协同度（测度结果见附录 2）。根据附表 2 进一步对贫困县金融与财政协同度进行统计分析。

1. 贫困县金融与财政协同度总体分析

从贫困县金融与财政协同度的平均水平来看（表 4-19），金融财政复合系统的离差系数最小化协同度和时间趋势一致化协同度均处于轻度协同状态。将两者结合分析，可以认为虽然贫困县金融财政复合系统处于低度协同状态，但从时间演进角度来看，金融与财政协同度有缓慢向好的趋势，这一点通过平均离差系数最小化协同度的年均变化量也可以得到证实。

表 4-19 2014—2018 年贫困县金融与财政协同度

	2014 年	2016 年	2018 年	年均变化量
平均离差系数最小化协同度	0.191 7	0.223 6	0.237 4	0.011 4
平均时间趋势一致化协同度	—	0.015 6	0.030 2	—

2. 贫困县金融与财政协同度区域比较

从不同区域的贫困县金融与财政协同度的平均水平来看（表 4－20），东部、中部和西部地区的贫困县平均离差系数最小化协同度均表现为轻度协同状态，其中西部地区平均离差系数最小化协同度大于中部地区，中部地区大于东部地区，但东部地区的年均增长量是最大的。

表 4－20　2014—2018 年贫困县金融与财政协同度区域比较

		2014 年	2016 年	2018 年	年均变化量
平均离差系数最小化协同度	东部	0.148 6	0.179 7	0.212 8	0.016 1
	中部	0.186 5	0.207 0	0.218 4	0.008 0
	西部	0.199 6	0.236 4	0.249 0	0.012 4
平均时间趋势一致化协同度	东部	—	0.023 4	0.060 1	—
	中部	—	0.019 3	0.035 5	—
	西部	—	0.012 7	0.023 8	—

然而，值得注意的是，我们不能盲目地认为西部贫困县平均离差系数最小化协同度高于东部和中部就说明西部贫困县金融发展和财政投入的协同性就一定会好一些，也不能盲目地认为东部贫困县平均离差系数最小化协同度低于中部和西部就说明东部贫困县金融发展和财政投入的协同性就一定会更差一些。之所以这样说，是因为西部地区平均离差系数最小化协同度高可能是由于金融发展和财政投入都相对较低，导致这两个系统的离差小，从而促成了高协同度；东部地区平均离差系数最小化协同度低可能是因为金融发展和财政投入发展不均衡，导致这两个系统的离差大，从而造成了低的协同度。结合本章 4.2 和 4.3 关于贫困县金融发展和财政投入分析的结论，可以证实这一推测。因此，在提高金融发展和财政投入协同度的过程中，采取的策略应该是差异化的，东部地区可能要解决的是金融发展和财政投入不均衡导致的低协同度问题，西部地区可能要解决的是金融发展和财政投入低水平均衡问题。

从平均时间趋势一致化协同度来看，东部、中部和西部地区的贫困县平均时间趋势一致化协同度均表现为轻度协同状态。其中，东部地区金融发展和财政投入平均时间趋势一致化协同度大于中部，中部大于西部。也就是说，东部贫困县金融发展和财政投入协同度向好的方向发展的趋势要更强一些，中部次之，而西部最弱。

3. 贫困县金融财政复合系统协同水平划分

根据不同测量方法及协同水平划分标准，依据样本县 2018 年的金融财政复合系统协同度，分类统计不同协同度水平下贫困县的占比（表 4 - 21）。

表 4 - 21　贫困县金融财政复合系统协同水平划分

协同水平	离差系数最小化协同度		时间趋势一致化协同度	
	标准	占比（%）	标准	占比（%）
高度不协同	—	—	$CORT_i^t \in [-1, -0.666)$	0
中度不协同	—	—	$CORT_i^t \in [-0.666, -0.333)$	0
轻度不协同	—	—	$CORT_i^t \in [-0.333, 0)$	26.8
轻度协同	$COR_i^t \in [0.0, 0.4)$	100	$CORT_i^t \in [0, 0.333)$	73.2
中度协同	$COR_i^t \in [0.4, 0.7)$	0	$CORT_i^t \in [0.333, 0.666)$	0
高度协同	$COR_i^t \in [0.7, 1]$	0	$CORT_i^t \in [0.333, 1]$	0

从统计结果来看，截至 2018 年，从离差系数最小化协同度反映的协同水平来看，贫困县的金融发展和财政投入均处于轻度协同状态。从时间趋势一致化协同度反映的协同水平来看，贫困县中有 26.8%的县域金融发展和财政投入处于轻度不协同状态，有 73.2%的县域金融发展和财政投入处于轻度协同状态。也就是说，从动态视角来看，有 73.2%的贫困县金融发展与财政投入在向协同度方向演进，但仍有 26.8%的贫困县金融发展与财政投入有轻微地向更差的协同方向演进的趋势。

4.5　本章小结

本章分析了贫困县多维贫困的演化特征、贫困县金融财政投入状况以及贫困县金融财政投入的协同度，分析结果显示：

(1) 虽然我国脱贫攻坚在提高贫困人口收入、减缓收入贫困等目标上已取得显著成效，但县域发展能力不足、发展机会较少等问题依然较为严重。因此，我国在 2020 年打赢脱贫攻坚战消除绝对贫困之后，在乡村振兴战略实施阶段，进一步提高脱贫县的发展能力、增加发展机会是具有客观必然性和现实迫切性的。从贫困程度来看，脱贫攻坚战略的实施，使贫困县域的贫困程度大幅减轻，并实现重度贫困→中度贫困→轻度贫困的依次转化，其中重度贫困县域在 2015 年就全部消失，轻度贫困县域的贫困深度和强度也有较大幅度的下降，唯有中度贫困县域的贫困深度和贫困强度降低速度较慢。因此，在收入贫困逐步解决、重度贫困基本消失后，进一步提高脱贫县的发展能力、增加发展机会无疑是乡村振兴战略实施阶段工作及政策的着力点。

（2）从金融资产规模来看，贫困县金融资产绝对规模和相对规模均有较大幅度的增长，并且年均增长率均大于全国县域平均水平。将贫困县同全国县域进行比较发现，贫困县金融资产相对规模高于全国县域平均水平，但贫困县的金融资产绝对规模仍远低于全国县域平均水平，仅为全国县域平均水平的 1/2 左右。从东、中、西三大区域来看，东部地区贫困县金融资产绝对规模和相对规模的增长率均大于中部，中部大于西部。从数字普惠金融发展来看，贫困县平均数字普惠金融指数及其覆盖广度指数、使用深度指数和数字化程度指数仅略低于全国县域平均水平，但除数字化程度指数外，其他指数的年均增长率均大于全国县域平均水平。其中，中部地区贫困县的平均数字普惠金融指数、覆盖广度指数、使用深度指数始终大于西部和东部，但西部地区和东部地区的增速较快。从金融发展效率来看，贫困县的资金转化能力有逐年增长趋势，且西部地区贫困县的贷存比最高，中部地区次之，东部地区最小。这可能是因为西部地区是扶贫开发的重点区域，相应的政策优势使其吸引了大量的贷款支持。

（3）从财政支出绝对量来看，贫困县平均财政支出略低于全国县域平均水平，但其增长率大于全国县域平均水平。从三大区域来看，中部地区贫困县的平均财政支出规模始终大于西部，西部大于东部；从增长率来看，东部地区贫困县平均财政支出规模的增长速度快于中部，中部快于西部。从财政投入相对规模来看，贫困县平均财政投入相对规模及年均增长率均高于全国县域平均水平。从东、中、西三大区域来看，各区域贫困县的平均财政投入相对规模均呈快速扩张趋势；从数量上来看，西部地区贫困县平均信贷投入相对规模大于中部，中部大于东部；从增长率来看，东部地区贫困县平均信贷投入相对规模的增速大于中部，中部大于西部。

（4）整体来看，贫困县金融财政复合系统处于轻度协同状态，但已表现出向更高协同方向演进的特征。分区域来看，东部、中部和西部地区的贫困县金融财政复合系统的平均离差系数最小化协同度和平均时间趋势一致化协同度均表现为轻度协同状态。其中，西部地区平均离差系数最小化协同度大于中部，中部地区大于东部地区；东部贫困县金融发展和财政投入协同度向好的方向发展的趋势要更强一些，中部次之，而西部最弱。也就是说，虽然静态的协同度上西部优于中部，中部优于东部，但从演进趋势上来看，东部贫困县金融发展和财政投入协同度向好的方向发展的趋势要更强一些，中部次之，而西部最弱。从单个贫困县来看，截至 2018 年，各贫困县金融发展与财政投入的平均离差系数最小化协同度均处于轻度协同状态，但从动态视角来看，有 73.2%的贫困县金融发展与财政投入在向协同度提升的方向演进，有 26.8%的贫困县金融发展与财政投入有轻微地向更差的协同方向演进的趋势。

第5章　金融发展对贫困县多维贫困减缓的实证分析

2013年后，在金融扶贫政策推动下，传统金融机构将大量信贷资金投入贫困县，加速了这些地区的传统金融发展，与此同时，数字普惠金融的发展也为县域金融市场注入了新的活力。那么，传统金融发展和数字普惠金融发展是否有效减缓了这些地区的多维贫困程度呢？传统金融发展和数字普惠金融发展在减缓这些地区的多维贫困过程中是否会因该地区身贫困程度的差异而有所差异呢？

5.1　研究设计

5.1.1　研究思路及模型设定

为了讨论开篇提出的两个问题，本章依据 Hansen（1999）的研究方法，分别以县域多维贫困指数和多维贫困各维度指标为门槛变量展开讨论。具体模型如下：

$$pov_{it}=\alpha+\mu_i+\varphi_t+inf_{it}\beta_1(pov_{it}\leqslant\gamma_{11})+inf_{it}\beta_2(\gamma_{11}<pov_{it}\leqslant\gamma_{12})+\cdots$$
$$+inf_{it}\beta_3(\gamma_{1n}\leqslant pov_{it})+X_{it}\gamma+\mu_i+\varphi_t+\varepsilon_{it} \qquad (5-1)$$

其中，pov_{it}表示县域多维贫困情况，具体包括：①多维贫困总水平，用多维贫困指数（M_i^t）反映；②收入水平，用县域城镇居民人均可支配收入（$tincom_{it}$）和农村居民人均可支配收入（$rincom_{it}$）两个指标反映；③发展能力，用资本形成能力（$asset_{it}$）、产业升级能力（isu_{it}）和教育能力（edu_{it}）三个指标反映；④发展机会，用城乡收入差距（gap_{it}）、交通便利程度（$road_{it}$）和城镇化水平（$urban_{it}$）三个指标反映①。

① 为了使研究结论更具有普适性，本章所选用的能力贫困指标和机会贫困指标与第四章计算多维贫困指数时所选用的指标略有不同。也就是说，此处pov_{it}并非完全由$tincom_{it}$、$rincom_{it}$、$asset_{it}$、isu_{it}、edu_{it}、gap_{it}、$road_{it}$和$urban_{it}$等指标组合。如果这样处理后仍能得到基本一致的结论，则从指标变换角度证明了实证结论的稳健。

inf_{it}表示县域金融发展水平，是模型的核心解释变量，具体包括传统金融发展水平（$tinf_{it}$）和数字普惠金融发展水平（$dinf_{it}$）两个维度。其中，$tinf_{it}$的度量结果见第四章，$dinf_{it}$用北京大学数字普惠金融指数[①]反映。

μ_i为模型控制变量中不随时间变化的个体特征；φ_t为模型控制变量中同一年度不随个体变化的外部冲击。

X_{it}为随时间和个体变化的控制变量，在讨论不同问题时所用控制变量有所差异，具体如表 5－1 所示。

表 5－1　不同模型下的控制变量

<table>
<tr><th colspan="2">被解释变量</th><th>解释变量</th><th>控制变量</th></tr>
<tr><td colspan="2">多维贫困总水平</td><td rowspan="9">传统金融发展</td><td>经济发展水平、数字普惠金融发展水平、财政支出规模、资本形成水平、产业升级水平、教育水平、城乡收入差距、交通便利程度和城镇化水平</td></tr>
<tr><td rowspan="2">收入水平</td><td>城镇居民收入</td><td rowspan="2">经济发展水平、数字普惠金融发展水平、财政支出规模、教育水平、资本形成水平和产业升级水平</td></tr>
<tr><td>农村居民收入</td></tr>
<tr><td rowspan="3">发展能力</td><td>资本形成</td><td>经济发展水平、数字普惠金融发展水平、财政支出规模、城乡收入差距、教育水平和产业升级水平</td></tr>
<tr><td>产业升级</td><td>经济发展水平、数字普惠金融发展水平、财政支出规模、城乡收入差距、教育水平和资本形成水平</td></tr>
<tr><td>教育水平</td><td>经济发展水平、数字普惠金融发展水平、财政支出规模、资本形成水平和产业升级水平</td></tr>
<tr><td rowspan="3">发展机会</td><td>城乡收入差距</td><td>经济发展水平、数字普惠金融发展水平、财政支出规模、教育水平、城镇化水平、交通便利程度、资本形成水平和产业升级水平</td></tr>
<tr><td>城镇化水平</td><td>经济发展水平、数字普惠金融发展水平、财政支出规模、教育水平、城乡收入差距、交通便利程度和产业升级水平</td></tr>
<tr><td>公路密度</td><td>经济发展水平、数字普惠金融发展水平、财政支出规模、教育水平、城镇化水平、城乡收入差距和产业升级水平</td></tr>
</table>

① 北京大学数字普惠金融指数度量了中国内地 31 个省、337 个地级城市约 2 800 个县 2011—2018 年（县域的普惠金融指数的时间跨度是 2014—2018 年）的普惠金融指数。

（续）

被解释变量		解释变量	控制变量
多维贫困总水平		数字普惠金融发展	经济发展水平、传统金融发展水平、财政支出规模、城乡收入差距、教育水平、资本形成水平和产业升级水平
收入水平	城镇居民收入		经济发展水平、传统金融发展水平、财政支出规模、教育水平、资本形成水平和产业升级水平
	农村居民收入		
发展能力	资本形成		经济发展水平、传统金融发展水平、财政支出规模、城乡收入差距、教育水平和产业升级水平
	产业升级		经济发展水平、传统金融发展水平、财政支出规模、城乡收入差距、教育水平和资本形成水平
	教育水平		经济发展水平、传统金融发展水平、财政支出规模、资本形成水平和产业升级水平
发展机会	城乡收入差距		经济发展水平、传统金融发展水平、财政支出规模、教育水平、城镇化水平、交通便利程度、资本形成水平和产业升级水平
	城镇化水平		经济发展水平、传统金融发展水平、财政支出规模、教育水平、城乡收入差距、交通便利程度和产业升级水平
	公路密度		经济发展水平、传统金融发展水平、财政支出规模、教育水平、城镇化水平、城乡收入差距和产业升级水平

各变量计算方法如表 5－2 所示。

表 5－2　变量名称及计算方法

变量	符号	计算方法
多维贫困指数	M_i^t	见第四章
城镇居民人均可支配收入	$tincom_{it}$	ln（城镇居民人均可支配收入）
农村居民人均可支配收入	$rincom_{it}$	ln（农村居民人均可支配收入）
资本形成	$asset_{it}$	县域固定资产投资/GDP
产业升级	isu_{it}	$isu_{it}=\sum_{\tau=1}^{3} I_\tau \times \tau$ I_τ表示县域第 τ 产业产值与 GDP 的比值
教育水平	edu_{it}	（小学在校生数量×6＋普通中学在校生人数×9）/户籍人口×15
城乡收入差距	gap_{it}	$tincom_{it}/rincom_{it}$

（续）

变量	符号	计算方法
城镇化水平	$urban_{it}$	城镇人口/常住人口
交通便利程度	$road_{it}$	全县公路通车里程/全县面积
传统金融发展水平	$tinf_{it}$	县域贷款余额/GDP
数字普惠金融发展指数	$dinf_{it}$	北京大学数字普惠金融指数
财政支出规模	exp_{it}	县域财政支出额/GDP
经济发展水平	GDP_{it}	ln（GDP）

5.1.2 样本选择、数据来源及描述性统计分析

本章以 2012 年国务院扶贫开发领导小组发布的《国家扶贫开发工作重点县名单》中的 592 个国家重点贫困县为研究对象展开研究，相关数据主要来源于 2015—2019 年《中国县（市）社会经济统计年鉴》、各省（自治区、直辖市）2015—2019 年统计年鉴和各县域政府网站。

表 5－3 报告了样本的描述性统计结果。从描述性统计结果来看，样本县多维贫困总指数不断减小，表明样本县的多维贫困程度逐年降低；城镇居民人均可支配收入、农村居民人均可支配收入、资本形成水平、产业升级水平、公路密度、城镇化水平、传统金融发展水平、数字普惠金融发展水平、财政投入规模、经济发展水平均不断提升，表明样本县的收入水平、发展能力和发展机会均有所提高。但值得注意的是，统计年份内样本县的教育水平变化不大，城乡收入差距有扩大趋势，这就说明在贫困县多维贫困总水平不断减缓过程中，虽然收入水平、发展能力和发展机会中的绝大部分指标有向好的趋势，但仍有一些指标未发生明显改善，甚至出现恶化，这些问题很容易被多数指标的向好趋势所掩盖，值得我们重点关注。

表 5－3　样本描述性统计

变量名称	均值	标准差	最小值	最大值	2014 年 均值	2018 年 均值	年均变化率（%）
M_i^t	0.141 4	0.100 7	0.000 0	0.493 7	0.185 9	0.106 4	−13.0
$tincom_{it}$	10.056 0	0.200 6	9.003 4	10.786 0	9.958 5	10.225 0	0.7
$rincom_{it}$	8.969 5	0.315 7	7.718 2	10.047 0	8.837 4	9.188 5	1.0

（续）

变量名称	均值	标准差	最小值	最大值	2014 年	2018 年	年均变化率（%）
					均值	均值	
$asset_{it}$	1.224 9	0.588 7	0.037 1	7.047 4	1.155 3	1.223 2	1.4
isu_{it}	2.165 0	0.154 3	1.438 5	2.709 2	2.120 2	2.208 9	1.0
edu_{it}	11.697 0	0.307 1	10.136 0	12.495 0	11.700 0	11.697 7	0.0
$road_{it}$	0.657 0	0.500 1	0.023 8	2.972 2	0.630 3	0.705 3	2.9
$urban_{it}$	35.359 0	9.018 5	7.940 0	63.010 0	32.908 2	39.415 0	4.6
$tinf_{it}$	0.746 3	0.410 9	0.004 8	3.554 9	0.628 5	0.868 2	8.4
$dinf_{it}$	7.612 5	2.537 8	1.024 0	11.507 0	3.700 8	9.787 1	27.5
exp_{it}	0.473 3	0.363 4	0.005 0	4.121 3	0.431 2	0.517 8	4.7
GDP_{it}	13.347 0	0.834 6	10.130 0	16.221 0	13.231 0	13.497 0	0.5
gap_{it}	0.351 9	0.086 2	0.142 6	1.094 1	0.338 5	0.362 0	1.7
样本量		2 960			592	592	

5.2　金融发展对多维贫困总水平的影响

本节将以多维贫困指数M_i^t为门槛变量讨论金融发展对贫困县多维贫困总水平影响的门槛效应。

首先通过自举法（bootstrap）获得多维贫困指数（M_i^t）这一门槛变量在不同核心解释变量下的检验统计量的显著性水平（表 5－4）。

表 5－4　门槛效应检验

核心解释变量	门槛数检验	F 统计量	P 值	10%	5%	1%
$tinf_{it}$	单门槛	1 555.26	0.000 0	15.165 8	18.672 4	25.435 8
	双门槛	632.95	0.000 0	15.431 4	18.307 8	24.562 8
	多门槛	536.13	0.527 0	647.740 0	682.650 0	752.951 0
$dinf_{it}$	单门槛	1 459.46	0.000 0	13.496 4	16.776 0	21.798 6
	双门槛	908.21	0.000 0	12.406 8	14.322 3	20.464 3
	多门槛	339.97	0.500 0	398.781 0	414.231 0	447.824 0

检验结果显示，传统金融发展对贫困县多维贫困总水平影响过程中，以多维贫困指数为门槛变量的检验统计量通过了单门槛和双门槛的显著性检验；数字普惠金融发展对贫困县多维贫困总水平影响过程中，以多维贫困指数为门槛变量的检验统计量也通过了单门槛和双门槛的显著性检验。因此，本节使用双门槛模型进行估计。

门槛估计值如表 5 - 5 所示。

表 5 - 5　门槛值估计

核心解释变量	门槛值	95%置信区间
$tinf_{it}$	0.150 4	[0.149 8，0.150 9]
	0.273 9	[0.288 4，0.293 8]
$dinf_{it}$	0.147 0	[0.145 7，0.147 4]
	0.273 9	[0.271 8，0.274 9]

5.2.1　传统金融发展对多维贫困总水平影响的门槛效应

表 5 - 6 报告了基于模型 5 - 1 的传统金融发展对贫困县多维贫困总水平影响的门槛效应。

表 5 - 6　门槛估计结果

门槛变量及门槛区间	估计结果
$M_i^t(M_i^t \leqslant 0.150\ 4)$	-0.082^{***} (−12.49)
$M_i^t(0.150\ 4 < M_i^t \leqslant 0.273\ 9)$	0.027^{***} (4.06)
$M_i^t(M_i^t > 0.273\ 9)$	0.114^{***} (15.03)
控制变量	控制
个体效应	控制
年份效应	控制
样本量	2 575

注：() 内为统计 t 值；*** 表示在 1%水平上具有统计显著性，** 表示在 5%水平上具有统计显著性，* 表示在 10%水平上具有统计显著性。

从估计结果来看，当贫困县多维贫困指数高于 0.273 9 时，传统金融发展对贫困县多维贫困减缓的影响系数为 0.114，在 1%统计水平上显著，即传统金融发展对贫困县多维贫困减缓表现出显著的抑制作用。当贫困县多维贫困指数低于 0.273 9 高于 0.150 4 时，传统金融发展对贫困县多维贫困减缓依然表现出抑制作用，但是抑制作用有所降低。当贫困县多维贫困指数低于 0.150 4 时，传统金融发展在 1%统计水平上能显著减缓多维贫困水平，其影响系数为−0.082。由此可见，传统金融发展在促进贫困县多维贫困减缓过程中存在显著的“马太效应”：只有当贫困县多维贫困程度较轻时，传统金融发展才能显著减缓县域多维贫困程度，而当贫困县多维贫困程度较高时，传统金融发展不仅不能减缓贫困，反而会加大贫困县的多维贫困程度。这一结论恰好证明了前文关于“金融发展能够减缓多维贫困，但减贫过程中可能存在以多维贫困水平为门槛的门槛效应”这一猜想。进一步统计发现，截至 2018 年，贫困县中已有 72%的县域多维贫困指数低于 0.150 4，有 23.9%的县域多维贫困指数在 0.150 4～0.273 93 之间，仅有 4.1%的县域多维贫困指数高于 0.273 9。因此，贫困县中 72%的县是可以借助传统金融发展实现多维贫困减缓的，而剩余 28%的多维贫困指数较高的县，则不能依赖传统金融服务实现贫困减缓的目的。

5.2.2　数字普惠金融发展对多维贫困总水平影响的门槛效应

表 5－7 报告了基于模型 5.1 的数字普惠金融发展对贫困县多维贫困总水平影响的门槛效应。

表 5－7　门槛估计结果

门槛变量及门槛区间	估计结果
$M_i^t(M_i^t \leqslant 0.1470)$	−0.016*** (−9.37)
$M_i^t(0.1470 < M_i^t \leqslant 0.2739)$	−0.005*** (−2.79)
$M_i^t(M_i^t > 0.2739)$	0.011*** (6.62)
控制变量	控制

（续）

门槛变量及门槛区间	估计结果
个体效应	控制
年份效应	控制
样本量	2 575

注：() 内为统计 t 值；*** 表示在 1%水平上具有统计显著性，** 表示在 5%水平上具有统计显著性，* 表示在 10%水平上具有统计显著性。

从估计结果来看，当贫困县多维贫困指数高于 0.273 9 时，数字普惠金融发展会显著加重多维贫困程度；当贫困县多维贫困指数在 0.147～0.273 9 之间时，数字普惠金融发展在 1%统计水平上能够显著减缓多维贫困，其影响系数为－0.005；随着贫困县多维贫困程度的继续降低，当贫困县多维贫困指数低于 0.147 0 后，数字普惠金融发展促进贫困县多维贫困减缓的作用进一步加强，其影响系数进一步提升为－0.016。由此可见，数字普惠金融促进贫困县多维贫困减缓过程中也存在显著的“马太效应”：当贫困县多维贫困程度较高时，数字普惠金融不仅不能减缓贫困，反而会加大贫困县的多维贫困程度，但当贫困县多维贫困程度较轻时，数字普惠金融能减缓多维贫困，并且贫困县的多维贫困程度越轻，数字普惠金融的减贫效果越显著。这一结论恰好证明了前文关于“数字普惠金融能够减缓多维贫困，但减贫过程中可能存在‘数字鸿沟’”的猜想。进一步统计发现，截至 2018 年，贫困县中已有 95.9%的县域多维贫困指数低于 0.273 9，仅剩 4.1%的县域多维贫困指数高于 0.273 9。也就是说，贫困县中 95.9%的县域是可以借助数字普惠金融发展实现多维贫困减缓的，而仅有 4.1%的贫困县会受到“数字鸿沟”的制约。

5.2.3　传统金融及数字普惠金融对多维贫困总水平影响结果比较

将传统金融发展对贫困县多维贫困的影响和数字普惠金融发展对贫困县多维贫困的影响进行综合得到表 5－8。

从综合结果来看，传统金融发展不能有效减缓多维贫困指数大于 0.147 0 的县域的多维贫困，数字普惠金融仅不能有效减缓多维贫困指数大于 0.273 9 的县域的多维贫困。也就是说多维贫困水平处于 0.147 0～0.273 9 的县，虽不能通过传统金融发展减缓多维贫困，但却可以通过数字普惠金融的发展减缓多维贫困。因此，我们认为数字普惠金融确实是传统信贷服务的有效补充，数字普惠金融的发展提高了县域金融服务能力。

表 5-8　传统金融发展、数字普惠金融发展对多维贫困总水平影响结果比较

<table>
<tr><th>门槛变量及门槛区间</th><th>传统金融发展（$tinf_{it}$）</th><th>数字普惠金融发展（$dinf_{it}$）</th></tr>
<tr><td>$M_i^t(M_i^t \leqslant 0.147\,0)$</td><td rowspan="2">−0.082***
（−12.49）</td><td>−0.016***
（−9.37）</td></tr>
<tr><td>$M_i^t(0.147\,0 < M_i^t \leqslant 0.150\,4)$</td><td rowspan="2">−0.005***
（−2.79）</td></tr>
<tr><td>$M_i^t(0.150\,4 < M_i^t \leqslant 0.273\,9)$</td><td>0.027***
（4.06）</td></tr>
<tr><td>$M_i^t(M_i^t > 0.273\,9)$</td><td>0.114***
（15.03）</td><td>0.011***
（6.62）</td></tr>
</table>

注：() 内为统计 t 值；*** 表示在 1%水平上具有统计显著性，** 表示在 5%水平上具有统计显著性，* 表示在 10%水平上具有统计显著性。

5.3　金融发展对多维贫困各维度的影响

5.3.1　金融发展对收入水平的影响

本节将分别以城镇居民收入水平（$tincom_{it}$）和农村居民收入水平（$rincom_{it}$）为门槛变量，讨论金融发展对贫困县收入水平维度中的城镇居民收入和农村居民收入影响的门槛效应。

首先通过自举法分别获得传统金融发展和数字普惠金融发展对贫困县城镇居民收入影响过程中城镇居民收入这一门槛变量的检验统计量的显著性水平，以及传统金融发展和数字普惠金融发展对贫困县农村居民收入影响过程中农村居民收入这一门槛变量的检验统计量的显著性水平（表 5-9）。

表 5-9　门槛效应检验

被解释变量	解释变量	门槛变量	门槛数检验	F 统计量	P 值	10%	5%	1%
$tincom_{it}$	$tinf_{it}$	$tincom_{it}$	单门槛	596.25	0.000	13.811	16.896	23.350
			双门槛	410.00	0.000	12.922	16.502	27.828
			多门槛	276.20	0.566	355.310	372.680	422.340
	$dinf_{it}$		单门槛	476.39	0.000	13.942	15.988	24.754
			双门槛	423.54	0.000	12.643	14.911	22.873
			多门槛	289.33	0.548	367.610	386.080	429.590

（续）

被解释变量	解释变量	门槛变量	门槛数检验	F统计量	P值	10%	5%	1%
$rincom_{it}$	$tinf_{it}$	$rincom_{it}$	单门槛	1 333.40	0.000	15.260	18.157	23.876
			双门槛	405.70	0.000	15.171	19.276	26.621
			多门槛	338.54	0.376	465.960	537.480	591.900
	$dinf_{it}$		单门槛	667.28	0.000	16.621	18.158	26.371
			双门槛	260.05	0.000	15.963	19.546	26.593
			多门槛	226.44	0.910	693.380	730.890	786.030

检验结果显示，传统金融发展、数字普惠金融发展对贫困县城镇居民收入影响过程中城镇居民收入水平门槛变量的检验统计量和传统金融发展、数字普惠金融发展对贫困县农村居民收入影响过程中农村居民收入水平门槛变量的检验统计量均通过了单门槛和双门槛的显著性检验。因此，本文使用双门槛模型进行估计。门槛估计值如表 5－10 所示。

表 5－10　门槛值估计

被解释变量	解释变量	门槛变量	门槛值	95%置信区间
$tincom_{it}$	$tinf_{it}$	$tincom_{it}$	9.928 0	[9.926 1，9.928 4]
			10.132 0	[10.119，10.132]
	$dinf_{it}$		9.769 9	[9.765 4，9.774 0]
			10.064 0	[10.063，10.065]
$rincom_{it}$	$tinf_{it}$	$rincom_{it}$	9.127 4	[9.125 7，9.129 2]
			9.465 7	[9.460 5，9.487 6]
	$dinf_{it}$		9.240 9	[9.238 1，9.243 8]
			9.558 9	[9.535 4，9.576 2]

1. 金融发展对贫困县城镇居民收入影响的门槛效应

（1）传统金融发展对贫困县城镇居民收入影响的门槛效应。表 5－11 报告了模型 5－1 关于传统金融发展对贫困县城镇居民收入影响的门槛效应。

估计结果显示，当贫困县城镇居民人均可支配收入的自然对数低于 9.928 0（即城镇居民人均可支配收入低于 20 496 元）时，传统金融发展显著抑制了贫困县城镇居民人均可支配收入的增长；当贫困县城镇居民人均可支配收入的自然对数处于9.928 0～10.132之间（即城镇居民人均可支配收入处于20 496～25 135元）时，传统金融发展对城镇居民人均可支配收入没有显著影响；当贫困县城镇居民人均可支配收入的自然对数高于10.132（即城镇居民人均可支配收入高于25 135元）后，传统金融发展对城镇居民人均可支配收入增长的影响在1%的统计水平上显著为正，影响系数为0.094。由此可见，传统金融发展在促进贫困县城镇居民人均可支配收入增长过程中存在显著的非线性关系，表现为典型的“马太效应”：当贫困县城镇居民人均可支配收入处于较低水平时，传统金融发展会抑制收入增长，当贫困县城镇居民人均可支配收入水平较高时，传统金融发展会促进收入增长。这一结论恰好证明了前文关于“金融发展能够促进贫困县收入水平提升，但存在以收入水平为门槛的门槛效应”的猜想。

表5-11　门槛估计结果

门槛变量及门槛区间	估计结果
$tincom_{it}$（$tincom_{it}$≤9.928 0）	−0.088*** （−9.45）
$tincom_{it}$（9.928 0<$tincom_{it}$≤10.132）	−0.009 （−0.99）
$tincom_{it}$（$tincom_{it}$>10.132）	0.094*** （11.06）
控制变量	控制
个体效应	控制
年份效应	控制
样本量	2 610

注：（）内为统计t值；***表示在1%水平上具有统计显著性，**表示在5%水平上具有统计显著性，*表示在10%水平上具有统计显著性。

进一步统计发现，截至2018年，在贫困县中仅有4.8%的县域城镇居民人均可支配收入的自然对数不足9.928，有22.4%的县域城镇居民人均可支配收入的自然对数在9.928到10.132之间，有72.8%的县域城镇居民人均可支配收入的自然对数高于10.132。由此可见，目前约72.8%的贫困县已经满足了传统金融发展促进城镇居民人均可支配收入增长的门槛。因此，传统金融发展促进贫困县城镇居民人均可支配收入增长已经成为有效手段。

为了验证上述结论的稳健性，在贫困县样本中加入非贫困县样本，使县域样本数达到 1 668 个，利用这些县域 2014—2018 年的样本进行门槛估计。门槛变量的检验统计量的显著性水平显示单门槛和双门槛检验通过了显著性检验，双门槛的门槛值分别为 9.955 7 和 10.131。

表 5-12 报告了 1 668 个样本的估计结果。估计结果显示，当城镇居民人均可支配收入的自然对数低于 10.131 时，传统金融发展显著抑制了城镇居民人均可支配收入的增长；当城镇居民人均可支配收入的自然对数高于 10.131 时，传统金融发展显著促进了城镇居民人均可支配收入的增长。这一结果同前文 10.132 的门槛值极为接近，这就说明前文门槛估计结果具有稳健性。

表 5-12　门槛估计结果的稳健性检验

门槛变量及门槛区间	估计结果
$tincom_{it}(tincom_{it} \leqslant 9.955\,7)$	-0.145^{***} (−19.55)
$tincom_{it}(9.955\,7 < tincom_{it} \leqslant 10.131)$	-0.046^{***} (−6.87)
$tincom_{it}(tincom_{it} > 10.131)$	0.055^{***} (8.81)
控制变量	控制
个体效应	控制
年份效应	控制
样本量	8 430

注：() 内为统计 t 值；*** 表示在 1%水平上具有统计显著性，** 表示在 5%水平上具有统计显著性，* 表示在 10%水平上具有统计显著性。

(2) 数字普惠金融发展对贫困县城镇居民收入影响的门槛效应。表 5-13 报告了模型 5-1 关于数字普惠金融发展对贫困县城镇居民收入影响的门槛效应估计结果。

表 5-13　门槛估计结果

门槛变量及门槛区间	估计结果
$tincom_{it}(tincom_{it} \leqslant 9.769\,9)$	-0.025^{***} (−9.77)
$tincom_{it}(9.769\,9 < tincom_{it} \leqslant 10.064)$	−0.002 (−0.89)

（续）

门槛变量及门槛区间	估计结果
$tincom_{it}$（$tincom_{it}$＞10.064）	0.008*** （3.51）
控制变量	控制
个体效应	控制
年份效应	控制
样本量	2 610

注：() 内为统计 t 值；*** 表示在 1%水平上具有统计显著性，** 表示在 5%水平上具有统计显著性，* 表示在 10%水平上具有统计显著性。

从估计结果来看，当贫困县城镇居民人均可支配收入的自然对数低于 9.769 9（即城镇居民人均可支配收入低于 17 499 元）时，数字普惠金融发展显著抑制了贫困县城镇居民人均可支配收入的增长；当贫困县城镇居民人均可支配收入的自然对数处于 9.769 9～10.064（即城镇居民人均可支配收入处于 17 499～23 482 元）之间时，数字普惠金融发展对城镇居民人均可支配收入没有显著影响；当贫困县城镇居民人均可支配收入的自然对数高于 10.064（即城镇居民人均可支配收入高于 23 482 元）时，数字普惠金融发展对城镇居民人均可支配收入的增长的影响在 1%统计水平上显著为正，其影响系数为 0.008。由此可见，数字普惠金融发展在促进贫困县城镇居民人均可支配收入增长过程中也存在"马太效应"：当贫困县城镇居民人均可支配收入处于较低水平时，数字普惠金融发展依然会抑制收入增长；当贫困县城镇居民人均可支配收入水平较高时，数字普惠金融发展才会促进收入增长。这一结论恰好证明了前文关于"数字普惠金融发展能够促进贫困县收入水平提升，但存在以收入水平为门槛的门槛效应"的猜想。进一步统计发现，截至 2018 年，在贫困县中仅有 1.3%的县域城镇居民人均可支配收入的自然对数不足 9.769 9，有 13.3%的县域城镇居民人均可支配收入的自然对数在 9.769 9 到 10.064 之间，有 85.4%的县域城镇居民人均可支配收入的自然对数高于 10.064。由此可见，目前约 85.4%的贫困县已经满足了数字普惠金融发展促进城镇居民人均可支配收入增长的门槛。因此，数字普惠金融确实发挥了促进贫困县城镇居民人均可支配收入增长的积极作用。

为了验证上述结论的稳健性，在贫困县样本中加入非贫困县样本，使县域样本数达到 1 668 个，利用这些县域 2014—2018 年的样本进行门槛估计。估计结果如表 5－14 所示。

表 5-14　门槛估计结果的稳健性检验

门槛变量及门槛区间	估计结果
$tincom_{it}(tincom_{it} \leqslant 10.033)$	-0.011^{***} (−9.35)
$tincom_{it}(10.033 < tincom_{it} \leqslant 10.274)$	0.002^{**} (2.15)
$tincom_{it}(tincom_{it} > 10.274)$	0.010^{***} (8.63)
控制变量	控制
个体效应	控制
年份效应	控制
样本量	8 430

注：() 内为统计 t 值；*** 表示在 1%水平上具有统计显著性，** 表示在 5%水平上具有统计显著性，* 表示在 10%水平上具有统计显著性。

估计结果显示，当城镇居民人均可支配收入的自然对数低于 10.033 时，数字普惠金融发展显著抑制了城镇居民人均可支配收入的增长；当城镇居民人均可支配收入的自然对数高于 10.033 时，数字普惠金融发展显著促进了城镇居民人均可支配收入的增长。这一结果同前文 10.064 的门槛值极为接近，这就说明前文的门槛估计结果稳健。

（3）传统金融发展、数字普惠金融发展对贫困县城镇居民收入影响结果的比较。将传统金融发展对城镇居民人均可支配收入影响效果和数字普惠金融发展对城镇居民人均可支配收入影响效果进行比较（表 5-15）。

表 5-15　传统金融发展、数字普惠金融发展对城镇居民收入影响效果比较

<table>
<tr><th>门槛变量及门槛区间</th><th>传统金融发展（$tinf_{it}$）</th><th>数字普惠金融发展（$dinf_{it}$）</th></tr>
<tr><td>$tincom_{it}(tincom_{it} \leqslant 9.769\ 9)$</td><td rowspan="2">$-0.088^{***}$
(−9.45)</td><td>-0.025^{***}
(−9.77)</td></tr>
<tr><td>$tincom_{it}(9.769\ 9 < tincom_{it} \leqslant 9.928\ 0)$</td><td rowspan="2">−0.002
(−0.89)</td></tr>
<tr><td>$tincom_{it}(9.928\ 0 < tincom_{it} \leqslant 10.064)$</td><td rowspan="2">−0.009
(−0.99)</td></tr>
<tr><td>$tincom_{it}$ $(10.064 < tincom_{it} \leqslant 10.132)$</td><td rowspan="2">$0.008^{***}$
(3.51)</td></tr>
<tr><td>$tincom_{it}$ $(tincom_{it} > 10.132)$</td><td>0.094^{***}
(11.06)</td></tr>
</table>

注：() 内为统计 t 值；*** 表示在 1%水平上具有统计显著性，** 表示在 5%水平上具有统计显著性，* 表示在 10%水平上具有统计显著性。

从比较结果来看，数字普惠金融缓解了城镇居民人均可支配收入的自然对数处于 10.064～10.132 之间的县域在城镇居民人均可支配收入增长方面受到的传统金融排斥，成为传统金融的有效补充。这恰好验证了前文关于“数字普惠金融是传统金融的有效补充”的猜想。

2. 金融发展对贫困县农村居民收入影响的门槛效应

（1）传统金融发展对贫困县农村居民收入影响的门槛效应。表 5－16 报告了模型 5－1 关于传统金融发展对贫困县农村居民收入影响的门槛效应估计结果。

表 5－16　门槛估计结果

门槛变量及门槛区间	估计结果
$rincom_{it}$（$rincom_{it} \leqslant 9.127\,4$）	0.040*** （2.68）
$rincom_{it}$（$9.127\,4 < rincom_{it} \leqslant 9.465\,7$）	0.172*** （11.78）
$rincom_{it}$（$rincom_{it} > 9.465\,7$）	0.672*** （31.89）
控制变量	控制
个体效应	控制
年份效应	控制
样本量	2 610

注：() 内为统计 t 值；*** 表示在 1%水平上具有统计显著性，** 表示在 5%水平上具有统计显著性，* 表示在 10%水平上具有统计显著性。

估计结果显示，传统金融发展能够显著促进农村居民收入增长，但是依然呈非线性关系，表现出“马太效应”的特征。具体来看，当贫困县农村居民人均可支配收入的自然对数低于 9.127 4（即农村居民人均可支配收入低于 9 204 元）时，传统金融发展对贫困县农村居民人均可支配收入增长的影响系数为 0.04，在 1%统计水平上显著；当贫困县农村居民人均可支配收入的自然对数处于 9.127 4～9.465 7（即农村居民人均可支配收入处于 9 204～12 909 元）之间时，传统金融发展对农村居民人均可支配收入的影响系数提升为 0.172，在 1%统计水平上显著；当贫困县农村居民人均可支配收入的自然对数高于 9.465 7（即农村居民人均可支配收入高于 12 909 元）时，传统金融发展对农村居民人均可支配收入的影响进一步提升为 0.672，在 1%统计水平上显著。

由此可见，传统金融发展在促进贫困县农村居民收入增长过程中发挥了积极的作用，但依然存在以收入水平为门槛的门槛效应。

为了验证上述结论的稳健性，在贫困县样本中加入非贫困县样本，使县域样本数达到 1 668 个，利用这 1 668 个县域 2014—2018 年的样本进行门槛估计。

表 5-17　门槛估计结果

门槛变量及门槛区间	估计结果
$rincom_{it}$ ($rincom_{it} \leqslant 9.0198$)	0.025*** (10.30)
$rincom_{it}$ ($9.0198 < rincom_{it} \leqslant 9.4954$)	0.042*** (3.96)
$rincom_{it}$ ($rincom_{it} > 9.4954$)	0.207*** (18.44)
控制变量	控制
个体效应	控制
年份效应	控制
样本量	8 430

注：() 内为统计 t 值；*** 表示在 1%水平上具有统计显著性，** 表示在 5%水平上具有统计显著性，* 表示在 10%水平上具有统计显著性。

门槛变量的检验统计量的显著性水平显示单门槛和双门槛检验通过了显著性检验，双门槛的门槛值分别为 9.019 8 和 9.495 4。表 5-17 的报告了 1 668 个样本的估计结果，估计结果依然显示传统金融发展能够显著促进各个门槛区间的农村居民收入增长，这就说明前文分析的结论是稳健的。

（2）数字普惠金融发展对贫困县农村居民收入影响的门槛效应。表 5-18 报告了模型 5-1 关于数字普惠金融发展对贫困县农村居民收入影响的门槛效应估计结果。估计结果显示，数字普惠金融发展能够显著促进农村居民人均可支配收入增长，但是依然呈非线性关系，表现出“马太效应”的特征。具体来看，当贫困县农村居民人均可支配收入的自然对数低于 9.240 9（即农村居民人均可支配收入低于 10 310 元）时，数字普惠金融发展对贫困县农村居民人均可支配收入增长的影响系数为 0.001，但不具有统计上的显著性；当贫困县农村居民人均可支配收入的自然对数处于 9.240 9～9.558 9 之间（即农村居民人均可支配收入处于 10 310～14 170 元）时，数字普惠金融发展对农村居民人均可支配收入的影响系数提升为 0.013，在 1%的统计水平上显著；当贫困县农村居民人均可支配收入的自然对数高于 9.558 9（即农村居民人均可支配收入高于 14 170 元）时，数字普惠金融发展对农村居民人均可支配收入的影响进一步提升为 0.062，在 1%的统计水平上显著。由此可见，数字普惠金融发展在促进贫困县农村居民收入增长过程中发挥了积极的作用，但依然存在以收入水平为门槛的门槛效应。

表 5-18　门槛估计结果

门槛变量及门槛区间	估计结果
$rincom_{it}$（$rincom_{it} \leqslant 9.2409$）	0.001 (0.25)
$rincom_{it}$（$9.2409 < rincom_{it} \leqslant 9.5589$）	0.013*** (3.00)
$rincom_{it}$（$rincom_{it} > 9.5589$）	0.062*** (12.75)
控制变量	控制
个体效应	控制
年份效应	控制
样本量	2 610

注：() 内为统计 t 值；*** 表示在 1%水平上具有统计显著性，** 表示在 5%水平上具有统计显著性，* 表示在 10%水平上具有统计显著性。

为了验证上述结论的稳健性，在贫困县样本中加入非贫困县样本，使县域样本数达到 1 668 个，利用这 1 668 个县域 2014—2018 年的样本进行门槛估计。门槛变量的检验统计量的显著性水平显示单门槛和双门槛检验通过了显著性检验，双门槛的门槛值分别为 9.019 8 和 9.476 4。表 5-19 的报告了 1 668 个样本的估计结果，估计结果依然显示与前文差异不大，因此认为前文估计的结论稳健。

表 5-19　门槛估计结果

门槛变量及门槛区间	估计结果
$rincom_{it}$（$rincom_{it} \leqslant 9.0198$）	0.001 (0.30)
$rincom_{it}$（$9.0198 < rincom_{it} \leqslant 9.4764$）	0.004** (1.94)

（续）

门槛变量及门槛区间	估计结果
$rincom_{it}(rincom_{it}>9.4764)$	0.016*** (7.79)
控制变量	控制
个体效应	控制
年份效应	控制
样本量	8 430

注：() 内为统计 t 值；*** 表示在 1%水平上具有统计显著性，** 表示在 5%水平上具有统计显著性，* 表示在 10%水平上具有统计显著性。

（3）传统金融发展、数字普惠金融发展对贫困县农村居民收入影响结果的比较。将传统金融发展对农村居民收入影响的效果和数字普惠金融发展对农村居民收入影响的效果进行比较（表 5 - 20）。

表 5 - 20　传统金融发展、数字普惠金融发展对农村居民收入影响效果比较

<table>
<tr><th>门槛变量及门槛区间</th><th>传统金融发展（$tinf_{it}$）</th><th>数字普惠金融发展（$dinf_{it}$）</th></tr>
<tr><td>$rincom_{it}(rincom_{it}\leqslant 9.1274)$</td><td>0.040***
(2.68)</td><td rowspan="2">0.001
(0.25)</td></tr>
<tr><td>$rincom_{it}(9.1274<rincom_{it}\leqslant 9.2409)$</td><td rowspan="2">0.172***
(11.78)</td></tr>
<tr><td>$rincom_{it}(9.2409<rincom_{it}\leqslant 9.4657)$</td><td rowspan="2">0.013***
(3.00)</td></tr>
<tr><td>$rincom_{it}$ $(9.4657<rincom_{it}\leqslant 9.5589)$</td><td rowspan="2">0.672***
(31.89)</td></tr>
<tr><td>$rincom_{it}$ $(rincom_{it}>9.5589)$</td><td>0.062***
(12.75)</td></tr>
</table>

注：() 内为统计 t 值；*** 表示在 1%水平上具有统计显著性，** 表示在 5%水平上具有统计显著性，* 表示在 10%水平上具有统计显著性。

从比较结果来看，传统金融发展促进农村居民收入增长的效果明显优于数字普惠金融。究其原因，可能是数字普惠金融在发展过程中对农村地区产生了“数字鸿沟”这种新的金融排斥问题，从而使其促进农村居民人均可支配收入增长的作用效果不及传统金融。

5.3.2　金融发展对发展能力的影响

本节讨论金融发展对贫困县发展能力各指标（资本形成$asset_{it}$、产业升级isu_{it}以及教育水平edu_{it}）影响的门槛效应，门槛效应检验如表 5－21 所示。

表 5－21　门槛效应检验

被解释变量	解释变量	门槛变量	门槛数检验	F 统计量	P 值	10%	5%	1%
$asset_{it}$	$tinf_{it}$	$asset_{it}$	单门槛	833.04	0.000	15.147	17.885	25.259
			双门槛	566.02	0.000	15.272	17.975	28.374
			多门槛	343.61	0.996	797.650	842.080	929.750
isu_{it}		isu_{it}	单门槛	588.53	0.000	23.673	29.800	45.725
			双门槛	379.69	0.000	22.363	26.758	40.421
			多门槛	333.04	0.466	409.890	434.190	497.120
edu_{it}		edu_{it}	单门槛	575.87	0.000	23.037	27.199	43.348
			双门槛	310.26	0.000	21.807	24.942	30.514
			多门槛	258.48	0.534	342.340	366.380	434.600
$asset_{it}$	$dinf_{it}$	$asset_{it}$	单门槛	821.66	0.000	16.274	18.803	26.709
			双门槛	419.18	0.000	15.341	18.380	24.222
			多门槛	316.98	0.946	587.060	631.170	734.790
isu_{it}		isu_{it}	单门槛	329.45	0.000	21.670	24.970	31.917
			双门槛	250.12	0.000	20.604	24.578	30.890
			多门槛	235.19	0.468	300.940	318.940	348.610
edu_{it}		edu_{it}	单门槛	582.70	0.000	19.719	23.633	31.764
			双门槛	259.90	0.000	20.535	23.932	31.278
			多门槛	197.77	0.638	301.890	325.890	361.820

检验结果显示，传统金融发展、数字普惠金融发展对贫困县资本形成（$asset_{it}$）、产业升级（isu_{it}）以及教育水平（edu_{it}）影响过程中的门槛变量的检验统计量均通过了单门槛和双门槛的显著性检验。因此，本文使用双门槛模型进行估计。门槛估计值如表 5－22 所示。

1. 金融发展对贫困县资本形成影响的门槛效应

（1）传统金融发展对贫困县资本形成影响的门槛效应。表 5－23 报告了基于模型 5－1 的传统金融发展对贫困县资本形成影响的门槛效应的估计结果。

表 5-22　门槛值估计

被解释变量	解释变量	门槛变量	门槛值	95%置信区间
$asset_{it}$	$tinf_{it}$	$asset_{it}$	1.401 5	[1.391 9，1.408 2]
			2.578 1	[2.501 9，2.644 3]
isu_{it}		isu_{it}	2.093 5	[2.092 6，2.095 9]
			2.246 6	[2.244 8，2.247 2]
edu_{it}		edu_{it}	11.633 0	[11.629，11.635]
			11.903 0	[11.902，11.903]
$asset_{it}$	$dinf_{it}$	$asset_{it}$	1.507 6	[1.497 4，1.526 9]
			2.578 1	[2.501 9，2.644 3]
isu_{it}		isu_{it}	2.088 3	[2.087 2，2.089 1]
			2.238 0	[2.236 5，2.239 8]
edu_{it}		edu_{it}	11.204 0	[11.201，11.295]
			11.741 0	[11.739，11.743]

表 5-23　门槛估计结果

门槛变量及门槛区间	估计结果
$asset_{it}(asset_{it}\leqslant 1.401\ 5)$	-0.067^{**} (−2.11)
$asset_{it}(1.401\ 5<asset_{it}\leqslant 2.578\ 1)$	0.385^{***} (11.54)
$asset_{it}(asset_{it}>2.578\ 1)$	1.288^{***} (24.50)
控制变量	控制
个体效应	控制
年份效应	控制
样本量	2 610

注：() 内为统计 t 值；*** 表示在 1%水平上具有统计显著性，** 表示在 5%水平上具有统计显著性，* 表示在 10%水平上具有统计显著性。

估计结果显示，当贫困县资本形成水平低于 1.401 5（即固定资产投资/GDP 小于 1.401 5）时，传统金融发展显著抑制了贫困县的资本形成。这一结果可以利用 Kapur（1998）、Levine（2002，2004）等提出的金融协调理论加以解释。他们认为金融发展、经济运行和社会发展之间存在一定的匹配关系，当三者的发展水平不匹配时，金融发展不但不能促进资本形成，还会阻碍资本形成和经济增长。此处的结果表明，在资本形成水平较低的县域，金融的规模经济效应很难发挥，金融发展、经济增长和社会发展之间存在一定程度的不协调，这种不协调阻碍了县域资本形成。当贫困县资本形成水平高于1.401 5（即固定资产投资/GDP大于1.401 5）时，金融发展对资本积累的影响在1%的统计水平上显著为正，其影响系数为0.385；随着资本形成水平的继续提高，当贫困县资本形成水平超过2.578 1（即固定资产投资/GDP大于2.578 1）时，金融发展对资本形成的影响在1%的统计水平上显著为正，其影响系数进一步提升为1.288。由此可见，传统金融发展促进贫困县资本形成过程中存在显著的非线性关系，表现为典型的“马太效应”：当贫困县资本形成水平较低时，传统金融发展不仅不能促进资本形成，反而会对其产生抑制作用；当贫困县资本形成水平较高时，传统金融发展会加速促进资本形成，并且贫困县资本形成水平越高，这种促进作用越强。这一结论恰好证明了前文关于“金融发展促进贫困县资本形成具有门槛效应”的猜想。进一步统计发现，截至2018年，在贫困县中有85.4%的县域资本形成水平不足1.401 5，有12.9%的县域资本形成水平在1.401 5到2.578 1之间，有1.7%的县域资本形成水平大于2.578 1。也就是说，目前约85.4%的贫困县尚未越过传统金融发展抑制资本形成的门槛。因此，这部分县域的产业升级问题仍需借助其他力量来实现。

为了验证上述结论的稳健性，在贫困县样本中加入非贫困县样本，使县域样本数达到1 152个，利用这1 152个县域2014—2018年的样本进行门槛估计。门槛变量的检验统计量的显著性水平显示单门槛和双门槛检验通过了显著性检验，双门槛的门槛值分别为1.370 7和2.742 2。表5-24报告了1 152个样本的估计结果。

表5-24　门槛估计结果的稳健性检验

门槛变量及门槛区间	估计结果
$asset_{it}(asset_{it} \leqslant 1.3707)$	-0.179^{***} (−6.76)
$asset_{it}(1.3707 < asset_{it} \leqslant 2.7422)$	0.277^{***} (14.31)
$asset_{it}(asset_{it} > 2.7322)$	1.208^{***} (26.08)

（续）

门槛变量及门槛区间	估计结果
控制变量	控制
个体效应	控制
年份效应	控制
样本量	5 760

注：（）内为统计 t 值；*** 表示在 1%水平上具有统计显著性，** 表示在 5%水平上具有统计显著性，* 表示在 10%水平上具有统计显著性。

估计结果显示，当样本县资本形成水平低于 1.370 7 时，传统金融发展显著抑制了县域的资本形成；当样本县资本形成水平高于 1.370 7 时，传统金融发展显著促进了县域的资本形成。这一结果同前文 1.401 5 的门槛值极为接近，这说明前文估计结果是稳健的。

（2）数字普惠金融发展对贫困县资本形成影响的门槛效应。表 5－25 报告了基于模型 5.1 的数字普惠金融发展对贫困县资本形成影响的门槛效应的估计结果。

表 5－25　门槛估计结果

门槛变量及门槛区间	估计结果
$asset_{it}(asset_{it} \leqslant 1.5076)$	0.010* （1.77）
$asset_{it}(1.5076 < asset_{it} \leqslant 2.5781)$	0.065*** （7.61）
$asset_{it}(asset_{it} < 2.5781)$	0.174*** （17.27）
控制变量	控制
个体效应	控制
年份效应	控制
样本量	2 610

注：（）内为统计 t 值；*** 表示在 1%水平上具有统计显著性，** 表示在 5%水平上具有统计显著性，* 表示在 10%水平上具有统计显著性。

从估计结果来看，当贫困县资本形成水平低于 1.507 6（即固定资产投资/GDP 小于 1.507 6）时，数字普惠金融发展对资本形成的影响系数为

0.010，在10%的统计水平上显著；当贫困县资本形成水平超过1.507 6（即固定资产投资/GDP大于1.507 6）时，数字普惠金融发展对资本形成的影响在1%的统计水平上显著为正，其影响系数为0.065；随着资本形成水平的继续提高，当贫困县资本形成水平超过2.578 1（即固定资产投资/GDP大于2.578 1）时，其影响系数进一步提升为0.174。由此可见，数字普惠金融能促进贫困县资本形成，但依然存在"马太效应"：当贫困县资本形成水平较低时，数字普惠金融促进贫困县资本形成的能力较弱；当贫困县资本形成水平较高时，数字普惠金融促进资本形成的能力会提升，并且贫困县资本形成水平越高，这种促进作用越强。这一结论再次证明了前文关于"金融发展能够促进贫困县资本形成，并且具有门槛效应"的猜想。进一步统计发现，截至2018年，在贫困县中有91.4%的县域资本形成水平不足1.507 6，有6.9%的县域资本形成水平在1.507 6到2.578 1之间，有1.7%的贫困县资本形成水平大于2.578 1。

为了验证上述结论的稳健性，在贫困县样本中加入非贫困县样本，使县域样本数达到1 685个，利用这1 685个县域2014—2018年的样本进行门槛估计。门槛变量的检验统计量的显著性水平显示单门槛和双门槛检验通过了显著性检验，双门槛的门槛值分别为1.508 1和2.577 9。表5-26报告了1 685个样本的估计结果。

表5-26　门槛估计结果

门槛变量及门槛区间	估计结果
$asset_{it}(asset_{it} \leqslant 1.508\ 1)$	0.009* (1.78)
$asset_{it}(1.508\ 1 < asset_{it} \leqslant 2.577\ 9)$	0.064*** (4.31)
$asset_{it}\ (asset_{it} < 2.577\ 9)$	0.171*** (16.67)
控制变量	控制
个体效应	控制
年份效应	控制
样本量	8 425

注：() 内为统计t值；*** 表示在1%水平上具有统计显著性，** 表示在5%水平上具有统计显著性，* 表示在10%水平上具有统计显著性。

估计结果显示，当样本县资本形成水平低于 1.508 1 时，数字普惠金融发展对县域资本形成的作用较弱；当样本县资本形成水平高于 1.508 1 时，数字普惠金融发展促进县域资本形成的作用加强；当样本县资本形成水平高于 2.245 5 时，数字普惠金融发展促进资本形成的能力进一步提升。这一结果同前文以贫困县为样本测算出的 1.507 6 和 2.578 1 两个门槛值极为接近，并且在不同门槛区间的估计系数也与前文趋同，说明前文分析结论是稳健的。

（3）传统金融发展、数字普惠金融发展对贫困县资本形成影响结果的比较。将传统金融发展对资本形成影响的效果和数字普惠金融发展对资本形成影响的效果进行比较（表 5 - 27）。

表 5 - 27　传统金融发展、数字普惠金融发展对资本形成影响效果比较

<table>
<tr><th>门槛变量及门槛区间</th><th>传统金融发展（$tinf_{it}$）</th><th>数字普惠金融发展（$dinf_{it}$）</th></tr>
<tr><td>$asset_{it}(asset_{it}\leqslant 1.401\ 5)$</td><td>−0.0.067**
(−2.11)</td><td rowspan="2">0.010*
(1.77)</td></tr>
<tr><td>$asset_{it}(1.401\ 5<asset_{it}\leqslant 1.507\ 6)$</td><td rowspan="2">0.385***
(11.54)</td></tr>
<tr><td>$asset_{it}(1.507\ 6<asset_{it}\leqslant 2.578\ 1)$</td><td>0.065***
(7.61)</td></tr>
<tr><td>$asset_{it}(asset_{it}<2.578\ 1)$</td><td>1.288***
(24.50)</td><td>0.174***
(17.27)</td></tr>
</table>

注：() 内为统计 t 值；*** 表示在 1%水平上具有统计显著性，** 表示在 5%水平上具有统计显著性，* 表示在 10%水平上具有统计显著性。

从比较结果来看，传统金融发展在资本形成水平低于 1.401 5 时会抑制资本形成，但数字普惠金融发展不存在抑制资本形成的情况；传统金融发展对资本形成水平高于 1.401 5 的县域的资本形成有显著促进作用，但数字普惠金融发展对任一门槛区间的资本形成水平均有显著促进作用。由此可见，数字普惠金融发展在促进贫困县资本形成过程中发挥积极作用的范围大于传统金融，也就是说数字普惠金融的发展在促进资本形成方面对传统金融起到了补充作用。

2. 金融发展对贫困县产业升级影响的门槛效应

（1）传统金融发展对贫困县产业升级影响的门槛效应。表 5 - 28 报告了基于模型 5 - 1 的传统金融发展对贫困县产业升级影响的门槛效应。

表 5-28　门槛估计结果

门槛变量及门槛区间	估计结果
$isu_{it}(isu_{it} \leqslant 2.0935)$	−0.086*** (−12.73)
$isu_{it}(2.0935 < isu_{it} \leqslant 2.2466)$	0.010* (1.67)
$isu_{it}(isu_{it} > 2.2466)$	0.066*** (12.46)
控制变量	控制
个体效应	控制
年份效应	控制
样本量	2 610

注：() 内为统计 t 值；*** 表示在 1%水平上具有统计显著性，** 表示在 5%水平上具有统计显著性，* 表示在 10%水平上具有统计显著性。

估计结果显示，当贫困县产业结构升级水平低于 2.093 5 时[①]，传统金融发展显著抑制了贫困县的产业结构升级；当贫困县产业结构升级水平高于 2.093 5 后，传统金融发展对县域产业结构升级的影响在 10%统计水平上显著为正，其影响系数为 0.010；随着县域产业结构升级水平的继续提高，当贫困县产业结构升级水平超过 2.246 6 后，传统金融发展对产业结构升级水平的影响在 1%的统计水平上显著为正，其影响系数进一步提升为 0.066。由此可见，传统金融发展在促进贫困县产业结构升级过程中也存在“马太效应”：当贫困县产业结构升级水平较低时，传统金融发展不仅不能促进产业结构升级，反而会抑制产业结构升级；当贫困县产业结构升级水平较高时，传统金融发展会加速促进产业结构升级，并且贫困县产业结构升级水平越高，这种促进作用越强。这一结论证明了前文关于“金融发展能够促进贫困县产业升级，但具有门槛效应”的猜想。进一步统计发现，截至 2018 年，在贫困县中有 19.1%的县域产业结构升级水平不足 2.093 5，有 40.4%的县域产业结构升级水平在 2.093 5 到 2.246 6 之间，有 40.5%的县域产业结构升级水平大于 2.246 6。由此可见，在统计年份内约 80.9%的贫困县已越过了传统金融发展抑制产业结

① 产业升级水平利用如下公式计算所得：$isu_{it} = \sum_{\tau=1}^{3} I_\tau \times \tau$，$I_\tau$表示县域第 τ 产业产值与 GDP 的比值。

构升级的门槛，剩余 19.1%的处于传统金融发展抑制产业结构升级门槛以下的贫困县应成为产业扶贫的重点对象。

为了验证上述结论的稳健性，在贫困县样本中加入非贫困县样本，使县域样本数达到 1 686 个，利用这 1 686 个县域 2014—2018 年的样本进行门槛估计。门槛变量的检验统计量的显著性水平显示单门槛和双门槛检验通过了显著性检验，双门槛的门槛值分别为 2.097 5 和 2.245 5。表 5－29 报告了 1 686 个样本的估计结果。

表 5－29　门槛估计结果

门槛变量及门槛区间	估计结果
$isu_{it}(isu_{it}<2.0975)$	−0.089*** (−21.32)
$isu_{it}(2.0975<isu_{it}\leqslant 2.2455)$	0.004*** (18.07)
$isu_{it}(isu_{it}\geqslant 2.2455)$	0.063*** (18.75)
控制变量	控制
个体效应	控制
年份效应	控制
样本量	8 430

注：() 内为统计 t 值；*** 表示在 1%水平上具有统计显著性，** 表示在 5%水平上具有统计显著性，* 表示在 10%水平上具有统计显著性。

估计结果显示，当样本县产业升级水平低于 2.097 5 时，传统金融发展显著抑制了县域的产业结构升级；当样本县产业结构升级水平在 2.097 5～2.245 5 之间时，传统金融发展显著促进了县域的产业结构升级；当样本县产业结构升级水平高于 2.245 5 时，传统金融发展促进产业结构升级的能力进一步提升。这一结果同前文以贫困县为样本测算出的 2.093 5 和 2.246 6 两个门槛值极为接近，并且在不同门槛区间的估计系数也与前文趋同，说明前文分析结论稳健。

（2）数字普惠金融发展对贫困县产业升级影响的门槛效应。表 5－30 报告了基于模型 5－1 的数字普惠金融发展对贫困县产业升级影响的门槛效应的估计结果。

从估计结果来看，数字普惠金融发展对产业升级指数小于 2.088 3 的贫困县的产业结构升级有显著抑制作用；当产业升级指数大于 2.088 3 小于 2.238 0 时，数字普惠金融发展在 1%的统计水平上显著促进县域产业结构升级，影响系数为 0.004；当产业结构升级指数大于 2.238 0 时，数字普惠金融发展在 1%的统计水平上显著促进县域产业结构升级，并且其影响系数提升为 0.009。也就是说，数字普惠金融发展在促进贫困县产业结构升级过程中也存在“马太效应”：当贫困县产业结构升级水平较低时，数字普惠金融发展并不能促进其产业结构升级；当贫困县产业结构升级水平较高时，数字普惠金融发展能进一步促进其产业结构升级，并且贫困县产业升级水平越高，这种促进作用越强。进一步统计发现，截至 2018 年，在贫困县中仍有 18%的县域产业升级指数小于 2.088 3，有 39.5%的县域产业升级指数在 2.088 3～2.238 0 之间，有 42.5%的县域产业升级指数大于 2.238 0。因此，18%的产业升级指数不足 2.088 3 的贫困县应引起政策制定者的重视。

表 5 - 30　门槛估计结果

门槛变量及门槛区间	估计结果
$isu_{it}(isu_{it} \leqslant 2.088\ 3)$	−0.003* (−1.81)
$isu_{it}(2.088\ 3 < isu_{it} \leqslant 2.238\ 0)$	0.004*** (2.72)
$isu_{it}(isu_{it} \geqslant 2.238\ 0)$	0.009*** (5.65)
控制变量	控制
个体效应	控制
年份效应	控制
样本量	2 610

注：() 内为统计 t 值；*** 表示在 1%水平上具有统计显著性，** 表示在 5%水平上具有统计显著性，* 表示在 10%水平上具有统计显著性。

为了验证上述结论的稳健性，在贫困县样本中加入非贫困县样本，使县域样本数达到 1 685 个，利用这 1 685 个县域 2014—2018 年的样本进行门槛估计。门槛变量的检验统计量的显著性水平显示单门槛和双门槛检验通过了显著性检验，双门槛的门槛值分别为 2.089 9 和 2.237 8。表 5 - 31 的报告了 1 685 个样本的估计结果。

表 5-31 门槛估计结果

门槛变量及门槛区间	估计结果
$isu_{it}(isu_{it} \leqslant 2.0899)$	-0.002^{**} (−2.48)
$isu_{it}(2.0899 < isu_{it} \leqslant 2.2378)$	0.005^{***} (8.56)
$isu_{it}(isu_{it} \geqslant 2.2378)$	0.010^{***} (15.79)
控制变量	控制
个体效应	控制
年份效应	控制
样本量	8 425

注：() 内为统计 t 值；*** 表示在 1%水平上具有统计显著性，** 表示在 5%水平上具有统计显著性，* 表示在 10%水平上具有统计显著性。

估计结果显示，当样本县产业升级水平低于 2.089 9 时，数字普惠金融发展显著抑制了县域的产业结构升级；当样本县产业结构升级水平高于 2.208 9 时，数字普惠金融发展显著促进了县域的产业结构升级；当样本县产业结构升级水平高于 2.237 8 时，数字普惠金融发展促进产业结构升级的能力进一步提升。这一结果同前文以贫困县为样本测算出的 2.088 3 和 2.238 0 两个门槛值极为接近，并且在不同门槛区间的估计系数也与前文趋同，说明前文分析结论稳健。

(3) 传统金融发展、数字普惠金融发展对贫困县产业升级影响结果的比较。将传统金融发展对产业升级影响的效果和数字普惠金融发展对产业升级影响的效果进行比较（表 5-32）。

从比较结果来看，传统金融发展对产业升级水平低于 2.093 5 的县域的产业升级有抑制作用，对产业升级水平高于 2.093 5 的县域的产业升级有促进作用；但数字普惠金融发展仅对产业升级水平低于 2.088 3 的县域的产业升级有抑制作用，对产业升级水平高于 2.088 3 的县域的产业升级有促进作用。由此可见，在产业升级水平处于 2.088 3～2.093 5 之间时，数字普惠金融对传统金融起到了有效的修正作用。

表 5 - 32　传统金融发展、数字普惠金融发展对产业升级影响效果比较

<table>
<tr><th>门槛变量及门槛区间</th><th>传统金融发展（$tinf_{it}$）</th><th>数字普惠金融发展（$dinf_{it}$）</th></tr>
<tr><td>isu_{it}（isu_{it}≤2.088 3）</td><td rowspan="2">−0.086***
（−12.73）</td><td>−0.003*
（−1.81）</td></tr>
<tr><td>isu_{it}（2.088 3<isu_{it}≤2.093 5）</td><td rowspan="2">0.004***
（2.72）</td></tr>
<tr><td>isu_{it}（2.093 5<isu_{it}≤2.238 0）</td><td rowspan="2">0.010*
（1.67）</td></tr>
<tr><td>isu_{it}（2.238 0<isu_{it}≤2.246 6）</td><td rowspan="2">0.009***
（5.65）</td></tr>
<tr><td>isu_{it}（isu_{it}>2.246 6）</td><td>0.066***
（12.46）</td></tr>
</table>

注：() 内为统计 t 值；*** 表示在 1%水平上具有统计显著性，** 表示在 5%水平上具有统计显著性，* 表示在 10%水平上具有统计显著性。

3. 金融发展对贫困县教育水平影响的门槛效应

（1）传统金融发展对贫困县教育水平影响的门槛效应。表 5 - 33 报告了基于模型 5 - 1 的传统金融发展对贫困县教育水平影响的门槛效应的估计结果。

估计结果显示，当贫困县教育水平低于 11.633 时①，传统金融发展对贫困县教育水平的提升有显著抑制作用。当贫困县教育水平高于 11.633 以后，传统金融发展对贫困县教育水平的提升在 10%的统计水平上有显著促进作用。并且，随着贫困县教育水平的继续提高，当贫困县教育水平超过 11.903 以后，传统金融发展对教育水平提升的影响进一步增加到 0.169。这一结论证明了前文关于“金融发展能够促进贫困县教育水平提升，但具有门槛效应”的猜想。进一步统计发现，截至 2018 年，在贫困县中有 35.7%的县域教育水平不足 11.633，有 40.4%的县域教育水平在 11.633 到 11.903 之间；有 40.5%的县域教育水平大于 11.903。也就是说，在统计年份内尚有约 35.7%的贫困县未跨越传统金融发展抑制教育水平提升的门槛。

为了验证上述结论的稳健性，在贫困县样本中加入非贫困县样本，使县域样本数达到 1 685 个，利用这 1 685 个县域 2014—2018 年的样本进行门槛估计。表 5 - 34 的报告了 1 685 个样本的估计结果。

① 贫困县教育水平计算公式：教育水平＝(小学在校生数量×6＋普通中学在校生人数×9)/户籍人口×15。

表 5-33　门槛估计结果

门槛变量及门槛区间	估计结果
$edu_{it}(edu_{it}<11.633)$	-0.101*** (-8.93)
$edu_{it}(11.633<edu_{it}\leqslant 11.903)$	0.030*** (2.64)
$edu_{it}(edu_{it}\geqslant 11.903)$	0.169*** (13.19)
控制变量	控制
个体效应	控制
年份效应	控制
样本量	2 605

注：() 内为统计 t 值；*** 表示在 1%水平上具有统计显著性，** 表示在 5%水平上具有统计显著性，* 表示在 10%水平上具有统计显著性。

表 5-34　门槛估计结果

门槛变量及门槛区间	估计结果
$edu_{it}(edu_{it}<11.261)$	-0.302*** (-25.23)
$edu_{it}(11.261<edu_{it}\leqslant 11.717)$	-0.018** (-2.16)
$edu_{it}(edu_{it}\geqslant 11.717)$	0.137*** (16.04)
控制变量	控制
个体效应	控制
年份效应	控制
样本量	8 425

注：() 内为统计 t 值；*** 表示在 1%水平上具有统计显著性，** 表示在 5%水平上具有统计显著性，* 表示在 10%水平上具有统计显著性。

估计结果显示，当样本县教育水平低于 11.717 时，传统金融发展显著抑制了县域教育水平的提升；当样本县教育水平高于 11.717 时，传统金融发展显著促进了县域教育水平的提高。这一结果同前文以贫困县为样本测算出的 11.633 的门槛值极为接近，并且在不同门槛区间的估计系数也与前文趋同，说明前文分析结论稳健。

（2）数字普惠金融发展对贫困县教育水平影响的门槛效应。表 5 - 35 报告了基于模型 5 - 1 的数字普惠金融发展对贫困县教育水平影响的门槛效应的估计结果。从估计结果来看，在任何门槛区间数字普惠金融发展对贫困县教育水平均不存在显著的促进作用。究其原因，一方面，传统金融机构（包括政策性金融机构）提供的各类低利率的教育类信贷基本满足了贫困家庭获得教育资金的需求，因此贫困人口一般不需要通过数字普惠金融发展满足教育资金的需求；另一方面，在教育水平较低的地区，数字普惠金融的发展在便捷了资金获得渠道的同时，反而降低了贫困人口通过接受教育提升自身发展能力进而实现贫困减缓的欲望。

表 5 - 35　门槛估计结果

门槛变量及门槛区间	估计结果
$edu_{it}(edu_{it}<11.204)$	-0.035^{***} (−11.05)
$edu_{it}(11.204<edu_{it}\leqslant 11.741)$	-0.015^{***} (−5.14)
$edu_{it}(edu_{it}\geqslant 11.741)$	−0.001 (−0.23)
控制变量	控制
个体效应	控制
年份效应	控制
样本量	2 605

注：() 内为统计 t 值；*** 表示在 1%水平上具有统计显著性，** 表示在 5%水平上具有统计显著性，* 表示在 10%水平上具有统计显著性。

为了验证上述结论的稳健性，在贫困县样本中加入非贫困县样本，使县域样本数达到 1 685 个，利用这 1 685 个县域 2014—2018 年的样本进行门槛估计。门槛变量的检验统计量的显著性水平显示单门槛和双门槛检验通过了显著性检验，双门槛的门槛值分别为 11.261 和 11.717。表 5 - 36 的报告了 1 685 个样本的估计结果。

从估计结果来看，1 685 个样本的估计结果依然显示在任何门槛区间数字普惠金融发展对县域教育水平均不存在显著的促进作用。

表 5-36　门槛估计结果

门槛变量及门槛区间	估计结果
$edu_{it}(edu_{it}<11.261)$	-0.034^{***} (-20.47)
$edu_{it}(11.261<edu_{it}\leqslant 11.717)$	-0.011^{***} (-7.19)
edu_{it} $(edu_{it}\geqslant 11.717)$	-0.003 (1.15)
控制变量	控制
个体效应	控制
年份效应	控制
样本量	8 425

注：() 内为统计 t 值；*** 表示在 1%水平上具有统计显著性，** 表示在 5%水平上具有统计显著性，* 表示在 10%水平上具有统计显著性。

（3）传统金融发展、数字普惠金融发展对贫困县教育水平影响结果的比较。将传统金融发展对教育水平影响的效果和数字普惠金融发展对教育水平影响的效果进行比较（表 5-37）。

表 5-37　传统金融发展、数字普惠金融发展对教育水平影响效果比较

<table>
<tr><th>门槛变量及门槛区间</th><th>传统金融发展（$tinf_{it}$）</th><th>数字普惠金融发展（$dinf_{it}$）</th></tr>
<tr><td>$edu_{it}(edu_{it}<11.204)$</td><td rowspan="2">$-0.101^{***}$
(-8.93)</td><td>-0.035^{***}
(-11.05)</td></tr>
<tr><td>$edu_{it}(11.204<edu_{it}\leqslant 11.633)$</td><td rowspan="2">$-0.015^{***}$
(-5.14)</td></tr>
<tr><td>$edu_{it}(11.633<edu_{it}\leqslant 11.741)$</td><td rowspan="2">$0.030^{***}$
(2.64)</td></tr>
<tr><td>$edu_{it}(11.741<edu_{it}\leqslant 11.903)$</td><td rowspan="2">$-0.001$
(-0.23)</td></tr>
<tr><td>$edu_{it}(edu_{it}\geqslant 11.903)$</td><td>$0.169^{***}$
(13.19)</td></tr>
</table>

注：() 内为统计 t 值；*** 表示在 1%水平上具有统计显著性，** 表示在 5%水平上具有统计显著性，* 表示在 10%水平上具有统计显著性。

从比较结果来看，传统金融发展在教育水平低于 11.204 时会抑制教育水平提升，在教育水平高于 11.204 后就能显著促进教育水平提升；数字普惠金融发展在教育水平低于 11.741 时会显著抑制教育水平提升，在教育水平高于 11.741 后依然不能促进教育水平提升。因此，在促进贫困县教育水平提升方面，数字普惠金融的作用效果是不及传统金融的。

5.3.3　金融发展对发展机会的影响

本节将分别以城乡收入差距（gap_{it}）、城镇化水平（$urban_{it}$）以及公路密度（$road_{it}$）为门槛变量，讨论金融发展对贫困县发展机会维度中的城乡收入差距、城镇化水平以及公路密度影响的门槛效应。

首先通过自举法分别获得传统金融发展和数字普惠金融发展对贫困县城乡收入差距影响过程中城乡收入差距这一门槛变量的检验统计量的显著性水平，传统金融发展和数字普惠金融发展对贫困县城镇化水平影响过程中城镇化水平这一门槛变量的检验统计量的显著性水平，传统金融发展和数字普惠金融发展对贫困县公路密度影响过程中公路密度这一门槛变量的检验统计量的显著性水平（表 5-38）。

检验结果显示，传统金融发展、数字普惠金融发展对贫困县发展机会影响过程中以各种机会水平为门槛变量的检验统计量均通过了单门槛和双门槛的显著性检验。因此，使用双门槛模型进行估计。门槛估计值如表 5-39 所示。

表 5-38　门槛效应检验

被解释变量	解释变量	门槛变量	门槛数检验	F 统计量	P 值	10%	5%	1%
gap_{it}	$tinf_{it}$	gap_{it}	单门槛	4 231.690	0.000	16.683	22.118	30.934
			双门槛	1 316.860	0.000	16.661	21.015	36.758
			多门槛	445.100	0.962	716.800	756.900	826.370
$urban_{it}$		$urban_{it}$	单门槛	33.520	0.028	24.136	28.873	43.661
			双门槛	45.010	0.010	21.114	26.127	44.667
			多门槛	32.920	0.508	57.442	66.661	86.469
$road_{it}$		$road_{it}$	单门槛	402.710	0.000	28.503	36.061	52.418
			双门槛	228.560	0.000	25.717	31.185	51.986
			多门槛	61.440	0.628	127.210	156.800	235.650

（续）

被解释变量	解释变量	门槛变量	门槛数检验	F统计量	P值	10%	5%	1%
gap_{it}	$dinf_{it}$	gap_{it}	单门槛	2 555.290	0.000	16.926	20.273	28.645
			双门槛	720.450	0.000	18.114	20.991	29.418
			多门槛	325.280	0.898	572.580	599.130	692.910
$urban_{it}$		$urban_{it}$	单门槛	27.810	0.040	22.505	26.245	36.254
			双门槛	23.870	0.070	21.383	25.772	44.169
			多门槛	10.750	0.638	24.775	29.174	39.641
$road_{it}$		$road_{it}$	单门槛	297.060	0.000	25.433	34.761	49.727
			双门槛	83.520	0.006	24.904	31.508	52.940
			多门槛	50.300	0.230	81.313	102.330	179.370

表 5－39　门槛值估计

被解释变量	解释变量	门槛变量	门槛值	95%置信区间
gap_{it}	$tinf_{it}$	gap_{it}	1.564 9	[1.543 8，1.579 7]
			2.072 5	[2.033 3，2.092 9]
$urban_{it}$		$urban_{it}$	28.130 0	[28.080，28.540]
			36.240 0	[36.175，36.310]
$road_{it}$		$road_{it}$	1.259 0	[1.240 3，1.290 7]
			1.943 7	[1.904 0，1.968 4]
gap_{it}	$dinf_{it}$	gap_{it}	1.564 9	[1.543 8，1.579 7]
			1.989 3	[1.927 9，2.033 3]
$urban_{it}$		$urban_{it}$	30.410 0	[29.445，30.430]
			36.240 0	[35.770，36.310]
$road_{it}$		$road_{it}$	1.174 5	[1.135 6，1.176 1]
			1.904 0	[1.885 9，1.943 7]

1. 金融发展对贫困县城乡收入差距影响的门槛效应

（1）传统金融发展对贫困县城乡收入差距影响的门槛效应。表 5－40 报告了基于模型 5－1 的传统金融发展对贫困县城乡收入差距影响的门槛效应。

表 5-40　门槛估计结果

门槛变量及门槛区间	估计结果
$gap_{it}(gap_{it}\leqslant 1.5649)$	-0.468^{***} (−60.78)
$gap_{it}(1.5649<gap_{it}\leqslant 2.0725)$	-0.186^{***} (−30.14)
gap_{it} $(gap_{it}>2.0725)$	−0.005 (−1.23)
控制变量	控制
个体效应	控制
年份效应	控制
样本量	2 610

注：() 内为统计 t 值；*** 表示在 1%水平上具有统计显著性，** 表示在 5%水平上具有统计显著性，* 表示在 10%水平上具有统计显著性。

估计结果显示，只有当贫困县城乡收入差距小于 2.072 5 时，传统金融发展能显著缩小贫困县城乡收入差距，并且贫困县本身城乡收入差距越小，传统金融发展缩小城乡收入差距的能力越强；当贫困县城乡收入差距大于 2.072 5 后，传统金融发展对贫困县城乡收入差距的影响不再显著。这一结论恰好证明了前文关于“金融发展能够促进贫困县机会均等化，但具有门槛效应”的猜想。遗憾的是，进一步统计发现，截至 2018 年，在贫困县中有 95.6%的县域城乡收入差距大于 2.072 5，也就是说，传统金融依然对 95.6%的贫困县的城乡收入差距问题是无能为力的。

（2）数字普惠金融发展对贫困县城乡收入差距影响的门槛效应。表 5-41 报告了基于模型 5-1 的数字普惠金融发展对贫困县城乡收入差距影响的门槛效应。

表 5-41　门槛估计结果

门槛变量及门槛区间	估计结果
$gap_{it}(gap_{it}\leqslant 1.5649)$	-0.050^{***} (−28.54)
$gap_{it}(1.5649<gap_{it}\leqslant 1.9893)$	-0.020^{***} (−12.43)

（续）

门槛变量及门槛区间	估计结果
$gap_{it}(gap_{it}>1.9893)$	−0.001 (−0.74)
控制变量	控制
个体效应	控制
年份效应	控制
样本量	2 610

注：() 内为统计 t 值；*** 表示在 1%水平上具有统计显著性，** 表示在 5%水平上具有统计显著性，* 表示在 10%水平上具有统计显著性。

估计结果显示，只有当贫困县城乡收入差距小于 1.989 3 时，数字普惠金融发展能显著缩小贫困县城乡收入差距，并且贫困县本身城乡收入差距越小，传统金融发展缩小城乡收入差距的能力越强；而当贫困县城乡收入差距大于 1.989 3 以后，数字普惠金融发展对贫困县的城乡收入差距影响就不再显著。进一步统计发现，截至 2018 年，在贫困县中有 96.6%的县域城乡收入差距大于 1.989 3，也就是说数字普惠金融依然对 96.6%的贫困县的城乡收入差距问题无能为力。

(3) 传统金融发展、数字普惠金融发展对贫困县城乡收入差距影响结果比较。将传统金融发展对贫困县城乡收入差距影响的效果和数字普惠金融发展对贫困县城乡收入差距影响的效果进行比较（表 5 - 42）。

表 5 - 42　传统金融发展、数字普惠金融发展对城乡收入差距影响效果比较

<table>
<tr><th>门槛变量及门槛区间</th><th>传统金融发展（$tinf_{it}$）</th><th>数字普惠金融发展（$dinf_{it}$）</th></tr>
<tr><td>$gap_{it}(gap_{it}\leqslant 1.5649)$</td><td>−0.468***
(−60.78)</td><td>−0.020***
(−12.43)</td></tr>
<tr><td>$gap_{it}(1.5649<gap_{it}\leqslant 1.9893)$</td><td rowspan="2">−0.186***
(−30.14)</td><td>−0.050***
(−28.54)</td></tr>
<tr><td>$gap_{it}(1.9893<gap_{it}\leqslant 2.0725)$</td><td rowspan="2">−0.001
(−0.74)</td></tr>
<tr><td>$gap_{it}(gap_{it}>2.0725)$</td><td>−0.005
(−1.23)</td></tr>
</table>

注：() 内为统计 t 值；*** 表示在 1%水平上具有统计显著性；** 表示在 5%水平上具有统计显著性；* 表示在 10%水平上具有统计显著性。

从比较结果来看，传统金融发展对城乡收入差距大于 2.072 5 的贫困县的城乡收入差距缩小没有显著作用，数字普惠金融发展对城乡收入差距大于 1.989 3 的贫困县的城乡收入差距缩小没有显著作用。换言之，传统金融发展能显著促进城乡收入差距小于 2.072 5 的贫困县的城乡收入差距缩小，而数字普惠金融发展仅能显著促进城乡收入差距小于 1.989 3 的贫困县的城乡收入差距缩小。也就是说，数字普惠金融在促进贫困县城乡收入差距缩小过程中，并未起到对传统金融的补充作用，这很可能还是因技术限制导致的“数字鸿沟”使数字普惠金融未能很好地发挥作用。

2. 金融发展对贫困县城镇化水平影响的门槛效应

（1）传统金融发展对贫困县城镇化水平影响的门槛效应。表 5-43 报告了基于模型 5-1 的传统金融发展对贫困县城镇化水平影响的门槛效应的估计结果。

估计结果显示，当贫困县城镇化水平低于 36.240%时，传统金融发展对贫困县的城镇化水平提升有显著的抑制作用，并且城镇化水平越低，这种抑制作用越强；当贫困县城镇化水平高于 36.240%时，传统金融发展对贫困县城镇化水平提升有显著促进作用。进一步统计发现，截至 2018 年，在贫困县中有 28.8%的县域城镇化水平不足 36.240%。也就是说，在统计年份内传统金融发展约对 71.2%的贫困县的城镇化水平提升有积极作用。

表 5-43 门槛估计结果

门槛变量及门槛区间	估计结果
$urban_{it}(urban_{it}<28.130)$	-2.901^{***} (−4.69)
$urban_{it}(28.130<urban_{it}\leqslant 36.240)$	-0.712^{*} (−1.82)
$urban_{it}(urban_{it}\geqslant 36.240)$	0.840^{*} (2.05)
控制变量	控制
个体效应	控制
年份效应	控制
样本量	2 400

注：() 内为统计 t 值；*** 表示在 1%水平上具有统计显著性，** 表示在 5%水平上具有统计显著性，* 表示在 10%水平上具有统计显著性。

（2）数字普惠金融发展对贫困县城镇化水平影响的门槛效应。表 5-44 报告了基于模型 5－1 的数字普惠金融发展对贫困县城镇化水平影响的门槛效应。

表 5－44　门槛估计结果

门槛变量及门槛区间	估计结果
$urban_{it}(urban_{it}<30.410)$	−0.313*** (−3.22)
$urban_{it}(30.410<urban_{it}\leqslant 36.240)$	−0.168 (−1.63)
$urban_{it}(urban_{it}\geqslant 36.240)$	0.071 (0.65)
控制变量	控制
个体效应	控制
年份效应	控制
样本量	2 400

注：() 内为统计 t 值；*** 表示在 1%水平上具有统计显著性，** 表示在 5%水平上具有统计显著性，* 表示在 10%水平上具有统计显著性。

从估计结果来看，当贫困县城镇化水平低于 30.410%时，数字普惠金融发展对贫困县的城镇化水平提升有显著的抑制作用；当贫困县城镇化水平高于 30.410%时，数字普惠金融发展对贫困县城镇化水平提升不存在显著作用。

（3）传统金融发展、数字普惠金融发展对贫困县城镇化水平影响结果的比较。将传统金融发展对城镇化水平影响的效果和数字普惠金融发展对城镇化水平影响的效果进行比较（表 5－45）。

表 5－45　传统金融发展、数字普惠金融发展对城镇化水平影响效果比较

<table>
<tr><th>门槛变量及门槛区间</th><th>传统金融发展（$tinf_{it}$）</th><th>数字普惠金融发展（$dinf_{it}$）</th></tr>
<tr><td>$urban_{it}(urban_{it}<28.130)$</td><td>−0.290 1***
(−4.69)</td><td rowspan="2">−0.313***
(−3.22)</td></tr>
<tr><td>$urban_{it}(28.130<urban_{it}\leqslant 30.410)$</td><td rowspan="2">−0.712*
(−1.82)</td></tr>
<tr><td>$urban_{it}(30.410<urban_{it}\leqslant 36.240)$</td><td>−0.168
(−1.63)</td></tr>
<tr><td>$urban_{it}(urban_{it}\geqslant 36.240)$</td><td>0.840*
(2.05)</td><td>0.071
(0.65)</td></tr>
</table>

注：() 内为统计 t 值；*** 表示在 1%水平上具有统计显著性，** 表示在 5%水平上具有统计显著性，* 表示在 10%水平上具有统计显著性。

从比较结果来看，在促进贫困县城镇化水平提升方面，传统金融发展的作用效果优于数字普惠金融发展。

3. 金融发展对贫困县公路密度影响的门槛效应

（1）传统金融发展对贫困县公路密度影响的门槛效应。表 5－46 报告了基于模型 5－1 的传统金融发展对贫困县公路密度影响的门槛效应的估计结果。

表 5－46　门槛估计结果

门槛变量及门槛区间	估计结果
$road_{it}(road_{it} \leqslant 1.2590)$	－0.002 （－0.13）
$road_{it}(1.2590 < road_{it} \leqslant 1.9437)$	0.373*** （11.23）
$road_{it}(road_{it} > 1.9437)$	1.016*** （22.10）
控制变量	控制
个体效应	控制
年份效应	控制
样本量	2 610

注：() 内为统计 t 值；*** 表示在 1%水平上具有统计显著性，** 表示在 5%水平上具有统计显著性，* 表示在 10%水平上具有统计显著性。

估计结果显示，当贫困县公路密度低于 1.259 0 时，传统金融发展对贫困县的公路密度提升没有显著影响；当贫困县公路密度高于 1.259 0 时，传统金融发展对县域公路密度的提升有显著促进作用，并且贫困县公路密度越大，这种促进作用越强。进一步统计发现，截至 2018 年，在贫困县中有 83.3%的县域公路密度不足 1.259 0。也就是说，在统计年份内传统金融发展对 83.3%的贫困县的公路密度提升没有显著影响。

（2）数字普惠金融发展对贫困县公路密度影响的门槛效应。表 5－47 报告了基于模型 5－1 的数字普惠金融发展对贫困县公路密度影响的门槛效应。

表 5－47　门槛估计结果

门槛变量及门槛区间	估计结果
$road_{it}(road_{it} \leqslant 1.1745)$	－0.005 （－0.95）

（续）

门槛变量及门槛区间	估计结果
$road_{it}(1.1745<road_{it}\leqslant 1.9040)$	0.017*** (2.70)
$road_{it}(road_{it}>1.9040)$	0.056*** (8.37)
控制变量	控制
个体效应	控制
年份效应	控制
样本量	2 610

注：() 内为统计 t 值；*** 表示在 1%水平上具有统计显著性，** 表示在 5%水平上具有统计显著性，* 表示在 10%水平上具有统计显著性。

估计结果显示，当贫困县公路密度低于 1.174 5 时，数字普惠金融发展对贫困县的公路密度提升没有显著影响；当贫困县公路密度高于 1.174 5 时，数字普惠金融发展对县域公路密度的提升有显著促进作用，并且贫困县公路密度越大，这种促进作用越强。进一步统计发现，截至 2018 年，在贫困县中有 80.9%的县域公路密度不足 1.174 5。也就是说，在统计年份内数字普惠金融发展对 80.9%的贫困县的公路密度提升没有显著影响。

（3）传统金融发展、数字普惠金融发展对贫困县公路密度影响结果的比较。将传统金融发展对公路密度影响的效果和数字普惠金融发展对公路密度影响的效果进行比较（表 5－48）。

表 5－48　传统金融发展、数字普惠金融发展对公路密度影响效果比较

<table>
<tr><th>门槛变量及门槛区间</th><th>传统金融发展（$tinf_{it}$）</th><th>数字普惠金融发展（$dinf_{it}$）</th></tr>
<tr><td>$road_{it}(road_{it}\leqslant 1.1745)$</td><td rowspan="2">−0.002
(−0.13)</td><td>−0.005
(−0.95)</td></tr>
<tr><td>$road_{it}(1.1745<road_{it}\leqslant 1.2590)$</td><td rowspan="2">0.017***
(2.70)</td></tr>
<tr><td>$road_{it}(1.2590<road_{it}\leqslant 1.9040)$</td><td rowspan="2">0.373***
(11.23)</td></tr>
<tr><td>$road_{it}(1.9040<road_{it}\leqslant 1.9437)$</td><td rowspan="2">0.056***
(8.37)</td></tr>
<tr><td>$road_{it}$ ($road_{it}>1.9437$)</td><td>1.016***
(22.10)</td></tr>
</table>

注：() 内为统计 t 值；*** 表示在 1%水平上具有统计显著性，** 表示在 5%水平上具有统计显著性，* 表示在 10%水平上具有统计显著性。

从比较结果来看，传统金融发展对公路密度低于 1.259 0 的县域的公路密度提升没有显著作用，对公路密度高于 1.259 0 的县域的公路密度提升有促进作用；数字普惠金融发展对公路密度低于 1.174 5 的县域的公路密度提升作用不显著，对公路密度高于 1.174 5 的县域的公路密度提升有促进作用。由此可见，在公路密度处于 1.174 5～1.259 0 之间时，数字普惠金融对传统金融起到了有效的补充作用。

5.4　本章小结

本章基于门槛效应模型分别讨论了传统金融发展和数字普惠金融发展对贫困县多维贫困总水平及多维贫困各维度的影响。研究发现：

（1）传统金融发展和数字普惠金融发展对贫困县多维贫困总水平及多维贫困各维度的影响普遍存在门槛效应。越是多维贫困程度轻、收入水平高、发展能力强和发展机会多的贫困县，传统金融发展和数字普惠金融发展促进贫困县多维贫困减缓的积极作用越显著。

（2）传统金融发展在减贫过程中对多维贫困指数、收入水平以及发展能力中的产业升级、教育水平提升的作用效果要优于对发展机会以及发展能力中的资本形成的作用效果。从 2018 年数据来看，传统金融发展能够促进近 72%的贫困县的多维贫困指数降低；能够促进 72.8%的贫困县的城镇居民人均可支配收入增长；能够促进 100%的贫困县的农村居民人均可支配收入增长；能够促进 80.9%的贫困县的产业升级；能够促进 64.3%的贫困县的教育水平提升；能够促进 71.2%的贫困县的城镇化水平提升。但传统金融发展仅能够促进 14.6%的贫困县的资本形成；仅能够促进 4.4%的贫困县的城乡收入差距缩小；仅能促进 16.7%的贫困县的公路密度提升。

（3）数字普惠金融发展在减贫过程中对多维贫困指数、收入水平以及发展能力中的产业升级的作用效果要优于对发展机会以及发展能力中的资本形成、教育水平提升的作用效果。从 2018 年数据来看，数字普惠金融发展能够促进 100%的贫困县的资本形成；能够促进 95.9%的贫困县的多维贫困指数降低；能够促进 85.4%的贫困县的城镇居民人均可支配收入增长；能够促进 82%的贫困县的产业升级。但数字普惠金融发展仅能够促进 44.3%的贫困县的农村居民人均可支配收入增长；仅能够促进 3.4%的贫困县的城乡收入差距缩小；仅能促进 19.1%的贫困县的公路密度提升；对任何门槛区间的教育水平和城镇化水平提高均无显著促进作用。

（4）从传统金融及数字普惠金融发挥减贫积极作用的广度来看，在降低贫困县多维贫困指数、提高贫困县城镇居民收入、促进贫困县资本形成、促进贫困县产业升级、提高贫困县公路密度过程中，数字普惠金融发挥积极作用的范围大于传统金融。但是在受“数字鸿沟”干扰较大的领域，数字普惠金融的作用广度是不及传统金融的，具体表现在提高贫困县农村居民收入、提升贫困县教育水平、缩小贫困县城乡收入差距以及推进贫困县城镇化水平等方面。

第6章 财政投入对贫困县多维贫困减缓的实证分析

财政投入作为政府政策的主要手段，其本质是通过资源配置的优化达到调节收入分配、稳定和发展经济的目的。从这个角度来看，财政投入作用于贫困减缓具有天然的内在逻辑。事实是否如此呢？财政投入影响贫困县多维贫困过程中是否会因贫困县自身贫困程度的差异而有所差异呢？

6.1 研究设计

6.1.1 研究思路及模型设定

为了讨论开篇提出的问题，本章将分别以县域多维贫困指数以及多维贫困各维度为门槛变量，验证财政投入对贫困县多维贫困以及多维贫困各维度影响的门槛效应。具体模型如下：

$$pov_{it}=\alpha+\mu_i+\varphi_t+exp_{it}\beta_1(pov_{it}\leqslant\gamma_{11})+exp_{it}\beta_2(\gamma_{11}<pov_{it}\leqslant\gamma_{12})+\cdots+exp_{it}\beta_3(\gamma_{1n}\leqslant pov_{it})+X_{it}\gamma+\varepsilon_{it} \quad (6-1)$$

其中，pov_{it}表示贫困县多维贫困情况，具体包含内容及度量与第五章相同；exp_{it}表示县域财政投入水平，是模型的核心解释变量，用县域财政投入规模反映；μ_i为模型控制变量中不随时间变化的个体特征；φ_t为模型控制变量中同一年度不随个体变化的外部冲击；X_{it}为随时间和个体变化的控制变量，其选取思路与第五章相同，此处不再赘述。

6.1.2 样本选择、数据来源及描述性统计分析

样本选择、数据来源及描述性统计分析与前文一致，此处不再做赘述。

6.2 财政投入对多维贫困总水平的影响

首先通过自举法获得多维贫困指数（M_i^t）这一门槛变量的显著性水平

（表 6－1）。

检验结果显示，以多维贫困指数为门槛变量时，单门槛和双门槛检验通过了显著性检验。门槛估计值如表 6－2 所示。

表 6－1　门槛效应检验

门槛数检验	F 统计量	P 值	10%	5%	1%
单门槛	1 322.420	0.000	14.816	16.918	22.264
双门槛	552.900	0.000	14.350	16.134	24.083
多门槛	601.930	0.518	726.720	754.600	806.460

表 6－2　门槛值估计

门槛值	95%置信区间
0.140 9	[0.139 6，0.141 3]
0.276 7	[0.261 4，0.278 5]

表 6－3 报告了基于模型 6－1 的财政投入对贫困县多维贫困总水平影响的门槛效应的估计结果。

表 6－3　门槛估计结果

门槛变量及门槛区间	估计结果
$M_i^t(M_i^t \leqslant 0.140\,9)$	−0.111*** (−8.41)
$M_i^t\ (0.140\,9 < M_i^t \leqslant 0.276\,7)$	0.061*** (4.71)
$M_i^t\ (M_i^t > 0.276\,7)$	0.205*** (14.52)
控制变量	控制
个体效应	控制
年份效应	控制
样本量	2 575

注：() 内为统计 t 值；*** 表示在 1%水平上具有统计显著性，** 表示在 5%水平上具有统计显著性，* 表示在 10%水平上具有统计显著性。

估计结果显示，当贫困县多维贫困程度高于 0.276 7 时，财政投入对贫困县多维贫困减缓的影响系数为 0.205，在 1%的统计水平上显著，即财政投入对贫困县多维贫困减缓表现出显著的抑制作用；当贫困县多维贫困程度低于 0.276 7 高于 0.140 9 时，财政投入对贫困县多维贫困减缓依然表现出抑制作用，只是抑制作用有所降低；当贫困县多维贫困程度低于 0.140 9 时，财政投入在 1%的统计水平上能显著减缓多维贫困，其影响系数为−0.111。由此可见，财政投入促进贫困县多维贫困减缓过程中也存在显著的“马太效应”，并且在最贫困的县域出现了“负向激励”问题，具体表现为：当贫困县多维贫困程度较轻时，财政投入显著减缓县域多维贫困；当贫困县多维贫困程度较高时，财政投入不仅不能减缓贫困，反而会加大贫困县的多维贫困程度。这很可能是因为在多维贫困最严重的县域，财政投入往往用于输血式扶贫，即用转移支付的方式来提高居民可支配收入，往往忽略了县域多维贫困的治理，从而使县域发展过度依赖财政投入，进而产生负向激励问题。只有当贫困程度有所缓解以后，财政投入的帮扶才会从输血式扶贫向造血式帮扶转变，此时，财政投入才能对多维贫困减缓起到积极作用。这一结论恰好证明了前文关于“财政投入能够减缓多维贫困，但因财政‘负向激励’问题的存在，在多维贫困较严重时期，可能存在财政投入抑制多维贫困减缓现象的发生”的猜想。进一步统计发现，截至 2018 年，贫困县中已有 69.3%的县域的多维贫困指数低于 0.140 9，有 26.6%的县域的多维贫困指数在 0.140 9～0.276 7 之间，仅有 4.1%的县域的多维贫困指数高于 0.276 7。也就是说，财政投入对贫困县中 69.3%的多维贫困指数低于 0.140 9 的县域发挥了积极的减贫作用，但对剩余 30.7%的多维贫困指数高于 0.140 9 的贫困县产生了财政投入的负向激励。

6.3　财政投入对多维贫困各维度的影响

6.3.1　财政投入对收入水平的影响

本节将分别以城镇居民收入水平（$tincom_{it}$）和农村居民收入水平（$rincom_{it}$）为门槛变量，讨论财政投入对贫困县收入水平维度中的城镇居民收入和农村居民收入影响的门槛效应。

门槛效应检验如表 6 - 4 所示。

检验结果显示，财政投入对贫困县城镇居民收入影响过程中城镇居民收入水平门槛变量的检验统计量，以及财政投入对贫困县农村居民收入影响过程中农村居民收入水平门槛变量的检验统计量均通过了单门槛和双门槛的显著性检验。因此，本文使用双门槛模型进行估计。

表 6-4 门槛效应检验

被解释变量	门槛变量	门槛数检验	F 统计量	P 值	10%	5%	1%
$tincom_{it}$	$tincom_{it}$	单门槛	348.71	0.000	15.470	19.120	35.294
		双门槛	278.91	0.000	13.704	16.344	25.300
		多门槛	131.80	0.552	180.850	196.540	219.200
$rincom_{it}$	$rincom_{it}$	单门槛	1 342.30	0.000	15.814	18.054	24.791
		双门槛	436.02	0.000	16.244	19.170	24.927
		多门槛	239.56	0.554	303.680	331.910	357.640

门槛估计值如表 6-5 所示。

表 6-5 门槛值估计

被解释变量	门槛变量	门槛值	95%置信区间
$tincom_{it}$	$tincom_{it}$	9.928 0	[9.924 7，9.928 4]
		10.118 0	[10.117，10.119]
$rincom_{it}$	$rincom_{it}$	9.240 9	[9.238 1，9.243 8]
		9.465 7	[9.460 5，9.487 6]

1. 财政投入对贫困县城镇居民收入影响的门槛效应

表 6-6 报告了模型 6-1 关于财政投入对贫困县城镇居民收入影响的门槛效应估计结果。

表 6-6 门槛估计结果

门槛变量及门槛区间	估计结果
$tincom_{it}(tincom_{it} \leqslant 9.928\ 0)$	-0.183^{***} (−8.65)
$tincom_{it}(9.928\ 0 < tincom_{it} \leqslant 10.118)$	-0.065^{***} (−3.54)
$tincom_{it}(tincom_{it} > 10.118)$	0.076^{***} (4.56)
控制变量	控制

（续）

门槛变量及门槛区间	估计结果
个体效应	控制
年份效应	控制
样本量	2 610

注：（）内为统计 t 值；*** 表示在 1%水平上具有统计显著性，** 表示在 5%水平上具有统计显著性，* 表示在 10%水平上具有统计显著性。

估计结果显示，当贫困县城镇居民人均可支配收入的自然对数低于 9.928 0（即城镇居民人均可支配收入低于 20 496 元）时，县域财政投入规模显著抑制了贫困县城镇居民人均可支配收入的增长；当贫困县城镇居民人均可支配收入的自然对数处于 9.928 0～10.118 之间（即城镇居民人均可支配收入处于 20 496～24 785 元）时，县域财政投入规模的抑制作用得到了缓解；当贫困县城镇居民人均可支配收入的自然对数高于 10.118（即城镇居民人均可支配收入高于 24 785 元）时，县域财政投入规模对城镇居民人均可支配收入增长的影响在 1%统计水平下显著为正，其影响系数为 0.076。由此可见，财政投入在促进贫困县城镇居民收入增长过程中存在显著的非线性关系：当贫困县城镇居民人均可支配收入处于较低水平时，县域财政投入表现出“负向激励”的特征，这很可能是因为在人均收入水平较低的县域，财政投入往往用于输血式扶贫，即直接用转移支付方式来提高居民收入水平，此时以“懒惰”换取财政补贴成为部分低收入群体的最优决策，从而导致“财政养懒”问题的出现；当贫困县城镇居民人均可支配收入水平较高时，以“懒惰”换取财政补贴已不再是最优决策，此时财政投入的帮扶也从输血式扶贫逐步转向造血式帮扶，从而使财政投入表现出“正向激励”的特征。这一结论恰好证明了前文关于“财政投入能够促进贫困县收入水平提升，但存在以收入水平为门槛的门槛效应”的猜想。进一步统计发现，截至 2018 年，在贫困县中仅有 4.8%的县域城镇居民人均可支配收入的自然对数不足 9.928，有 19.9%的县域城镇居民人均可支配收入的自然对数在 9.928 到 10.118 之间，有 75.3%的县域城镇居民人均可支配收入的自然对数高于 10.118。由此可见，在统计年份内财政投入在收入水平最低的 24.7%的贫困县产生了“负向激励”问题，这些贫困县应成为扶贫过程中被重点关注的对象。

2. 财政投入对贫困县农村居民收入影响的门槛效应

表 6－7 报告了模型 6－1 关于财政投入对贫困县农村居民收入影响的门槛

效应估计结果。

表 6－7　门槛估计结果

门槛变量及门槛区间	估计结果
$rincom_{it}(rincom_{it} \leqslant 9.2409)$	0.013 (0.49)
$rincom_{it}(9.2409 < rincom_{it} \leqslant 9.4657)$	0.264*** (9.09)
$rincom_{it}(rincom_{it} > 9.4657)$	0.842*** (25.20)
控制变量	控制
个体效应	控制
年份效应	控制
样本量	2 610

注：() 内为统计 t 值；*** 表示在 1%水平上具有统计显著性，** 表示在 5%水平上具有统计显著性，* 表示在 10%水平上具有统计显著性。

估计结果显示，当贫困县农村居民人均可支配收入的自然对数低于 9.240 9（即农村居民人均可支配收入低于 10 310 元）时，财政投入对贫困县农村居民人均可支配收入增长的影响不显著；当贫困县农村居民人均可支配收入的自然对数高于 9.240 9（即农村居民人均可支配收入高于 10 310 元）时，财政投入在 1%统计水平上能显著促进农村居民人均可支配收入的增长，并且随着农村居民收入的进一步提高，财政投入对农村居民人均可支配收入增长的促进作用会进一步增大。由此可见，财政投入在促进贫困县农村居民收入增长过程中依然存在显著的非线性关系，这一结论再次证明了前文关于“财政投入能够促进贫困县收入水平提升，但存在以收入水平为门槛的门槛效应”的猜想。进一步统计发现，截至 2018 年，在贫困县中有 55.7%的县域农村居民人均可支配收入的自然对数不足 9.240 9，也就是说，在统计年份内财政投入对农村居民人均可支配收入最低的 55.7%的贫困县的农村居民收入增长作用不显著。

6.3.2　财政投入对发展能力的影响

本节将分别以资本形成（$asset_{it}$）、产业升级（isu_{it}）以及教育水平（edu_{it}）为门槛变量，讨论财政投入对贫困县发展能力维度中的资本形成、产业升级以及教育水平指标影响的门槛效应。门槛效应检验如表 6－8 所示。

表 6 - 8　门槛效应检验

被解释变量	门槛变量	门槛数检验	F 统计量	P 值	10%	5%	1%
$asset_{it}$	$asset_{it}$	单门槛	1 087.40	0.000	14.732	18.164	25.829
		双门槛	769.33	0.000	15.267	18.794	25.151
		多门槛	425.31	0.542	543.610	571.900	624.240
isu_{it}	isu_{it}	单门槛	566.22	0.000	22.581	27.028	35.725
		双门槛	381.14	0.000	20.843	23.720	29.860
		多门槛	377.08	0.740	513.100	531.100	590.910
edu_{it}	edu_{it}	单门槛	568.95	0.000	23.756	28.538	41.324
		双门槛	369.18	0.000	22.065	28.146	37.415
		多门槛	319.36	0.568	408.300	443.010	495.740

检验结果显示，财政投入对贫困县资本形成影响过程中资本形成门槛变量的检验统计量、财政投入对贫困县产业升级影响过程中产业升级门槛变量的检验统计量以及财政投入对贫困县教育水平影响过程中教育水平门槛变量的检验统计量均通过了单门槛和双门槛的显著性检验。因此，本文使用双门槛模型进行估计。门槛估计值如表 6 - 9 所示。

表 6 - 9　门槛值估计

被解释变量	门槛变量	门槛值	95%置信区间
$asset_{it}$	$asset_{it}$	1.373 0	[1.371 1，1.374 8]
		2.123 9	[2.102 1，2.148 7]
isu_{it}	isu_{it}	1.833 9	[1.821 9，1.844 2]
		2.135 2	[2.134 1，2.136 1]
edu_{it}	edu_{it}	11.503 0	[11.496，11.505]
		11.789 0	[11.789，11.790]

1. 财政投入对贫困县资本形成影响的门槛效应

表 6 - 10 报告了模型 6 - 1 关于财政投入对贫困县资本形成影响的门槛效应估计结果。

估计结果显示，当贫困县资本形成水平低于 1.373 0（即固定资产投资/GDP 小于 1.373 0）时，财政投入对贫困县资本形成的影响系数为－0.149，在 1%的统计水平上显著，即当贫困县资本形成水平低于 1.373 0 时，财政投入不仅不能促进贫困县的资本形成，反而会抑制贫困县的资本形成；当贫困县资本形成水平高于1.373 0低于2.123 9时，财政投入对县域资本形成的影响系数为0.624，在1%的统计水平上显著；当贫困县资本形成水平高于2.123 9时，财政投入对县域资本形成的影响系数继续增大至1.692，在1%的统计水平上显著。也就是说，当贫困县资本形成水平高于1.373 0以后，财政投入能显著促进贫困县资本形成，并且贫困县资本形成水平越高，财政投入促进资本形成的效果越突出。由此可见，财政投入在促进贫困县资本形成过程中依然存在"马太效应"，这一结论恰好证明了前文关于"财政投入能够促进贫困县资本形成，但存在以资本形成水平为门槛的门槛效应"的猜想。进一步统计发现，截至2018年，贫困县中有81.6%的县域资本形成水平不足1.373 0，有13.8%的县域资本形成水平在1.373 0～2.123 9之间，仅有4.6%的县域资本形成水平超过2.123 9。

表6-10 门槛估计结果

门槛变量及门槛区间	估计结果
$asset_{it}$ ($asset_{it} \leqslant 1.373\,0$)	-0.149^{***} (−2.69)
$asset_{it}$ ($1.373\,0 < asset_{it} \leqslant 2.123\,9$)	0.624^{***} (10.49)
$asset_{it}$ ($asset_{it} > 2.123\,9$)	1.692^{***} (23.84)
控制变量	控制
个体效应	控制
年份效应	控制
样本量	2 610

注：() 内为统计t值；*** 表示在1%水平上具有统计显著性，** 表示在5%水平上具有统计显著性，* 表示在10%水平上具有统计显著性。

2. 财政投入对贫困县产业升级影响的门槛效应

表6-11报告了模型6-1关于县域财政投入对贫困县产业升级影响的门槛效应估计结果。

估计结果显示，当贫困县产业升级水平低于2.135 2时，财政投入对县域产业升级影响系数为负，也就是说财政投入显著抑制了贫困县的产业升级，并且产业升级水平越低，这种抑制作用越大。这可能是因为在经济发展初期，有限的资金主要促进了劳动密集型产业即农业的发展，从而表现出对产业升级水平的抑制效果。当贫困县产业升级水平高于 2.135 2 时，财政投入对县域产业升级的影响为 0.056，在 1%的统计水平上显著。这一结论恰好证明了前文关于“财政投入能够促进贫困县产业升级，但存在以产业升级水平为门槛的门槛效应”的猜想。进一步统计发现，截至 2018 年，在贫困县中有 1.8%的县域产业升级水平不足 1.833 9，有 23.7%的县域产业升级水平在 1.833 9～2.135 2之间，有 74.5%的县域产业升级水平大于 2.135 2。也就是说，在统计年份内有 25.5%的贫困县无法依靠财政投入的力量实现产业升级。

表 6－11　门槛估计结果

门槛变量及门槛区间	估计结果
isu_{it}（$isu_{it} \leqslant 1.8339$）	-0.342^{***} (−19.18)
isu_{it}（$1.8339 < isu_{it} \leqslant 2.1352$）	-0.058^{***} (−5.51)
isu_{it}（$isu_{it} > 2.1352$）	0.056^{***} (5.45)
控制变量	控制
个体效应	控制
年份效应	控制
样本量	2 610

注：() 内为统计 t 值；*** 表示在 1%水平上具有统计显著性，** 表示在 5%水平上具有统计显著性，* 表示在 10%水平上具有统计显著性。

3. 财政投入对贫困县教育水平影响的门槛效应

表 6－12 报告了模型 6－1 关于县域财政投入对贫困县教育水平影响的门槛效应估计结果。

表 6－12　门槛估计结果

门槛变量及门槛区间	估计结果
edu_{it}（$edu_{it} \leqslant 11.503$）	-0.385^{***} (−15.32)
edu_{it}（$11.503 < edu_{it} \leqslant 11.789$）	-0.091^{***} (−4.27)

（续）

门槛变量及门槛区间	估计结果
edu_{it}（edu_{it}＞11.789）	0.139*** (6.85)
控制变量	控制
个体效应	控制
年份效应	控制
样本量	2 605

注：() 内为统计 t 值；*** 表示在 1%水平上具有统计显著性，** 表示在 5%水平上具有统计显著性，* 表示在 10%水平上具有统计显著性。

估计结果显示，当贫困县教育水平低于 11.789 时，财政投入对县域教育水平的影响系数为负，也就是说财政投入显著抑制了贫困县教育水平的提升，并且教育水平越低这种抑制作用越大；当贫困县教育水平高于 11.789 时，财政投入在 1%的统计水平上显著促进了贫困县教育水平的提升，其影响系数为 0.139。这一结论恰好证明了前文关于“财政投入能够促进贫困县教育水平提升，但存在以教育水平为门槛的门槛效应”的猜想。进一步统计发现，截至 2018 年，在贫困县中有 40.9%的县域教育水平大于 11.789，有 38.8%的县域教育水平在 11.503～11.789 之间，有 20.3%的县域教育水平不足 11.503。也就是说，在统计年份内仅有 40.9%的贫困县的财政投入对教育水平提升有促进作用，有 59.1%的贫困县的财政投入对教育水平提升有抑制作用。

6.3.3 财政投入对发展机会的影响

本节将分别以城乡收入差距（gap_{it}）、城镇化水平（$urban_{it}$）及公路密度（$road_{it}$）为门槛变量讨论财政投入对贫困县发展机会维度中的城乡收入差距、城镇化水平及公路密度指标影响的门槛效应。门槛效应检验如表 6－13 所示。

表 6－13 门槛效应检验

被解释变量	门槛变量	门槛数检验	F 统计量	P 值	10%	5%	1%
gap_{it}	gap_{it}	单门槛	4 038.420	0.000	15.440	18.926	27.219
		双门槛	359.520	0.000	16.619	19.692	33.101
		多门槛	164.960	0.676	268.580	286.060	335.360

（续）

被解释变量	门槛变量	门槛数检验	F 统计量	P 值	10%	5%	1%
$urban_{it}$	$urban_{it}$	单门槛	34.370	0.072	28.573	38.195	58.693
		双门槛	33.700	0.048	25.725	33.061	48.127
		多门槛	19.970	0.554	40.863	46.674	62.963
$road_{it}$	$road_{it}$	单门槛	471.510	0.000	29.724	38.077	62.096
		双门槛	214.220	0.000	24.302	30.871	50.357
		多门槛	75.990	0.594	121.520	145.590	175.940

检验结果显示，以城乡收入差距为门槛变量的财政投入对贫困县城乡收入差距影响的门槛效应、以城镇化水平为门槛变量的财政投入对贫困县城镇化水平影响的门槛效应、以公路密度为门槛变量的财政投入对贫困县公路密度影响的门槛效应均通过了单门槛和双门槛的显著性检验。因此，本文使用双门槛模型进行估计。门槛估计值如表 6－14 所示。

表 6－14　门槛值估计

被解释变量	门槛变量	门槛值	95%置信区间
gap_{it}	gap_{it}	1.888 9	[1.717 3，2.092 9]
		2.072 5	[1.888 6，2.136 3]
$urban_{it}$	$urban_{it}$	30.430 0	[29.470，30.500]
		36.240 0	[36.175，36.310]
$road_{it}$	$road_{it}$	1.353 5	[1.338 2，1.363 8]
		1.943 7	[1.904 0，1.968 4]

1. 财政投入对贫困县城乡收入差距影响的门槛效应

表 6－15 报告了模型 6－1 关于县域财政投入对贫困县城乡收入差距影响的门槛效应估计结果。

估计结果显示，只有当贫困县城乡收入差距小于 2.072 5 时，县域财政投入才能显著缩小贫困县的城乡收入差距，并且贫困县自身城乡收入差距越小，财政投入缩小城乡收入差距的能力越强。而当贫困县城乡收入差距大于 2.072 5 时，财政投入会加大贫困县的城乡收入差距。这一结论恰好证明了前文关于“财政投入在机会均等化程度高的地区能够进一步促进机会均等，但在机会贫困程度较严重的地区，则会加重机会不均等程度”的猜想。进一步统计发现，截至 2018 年，在贫困县中仍有 95.6%的县域城乡收入差距是大于 2.072 5，也就是说，财政投入依然会对 95.6%的贫困县的城乡收入差距有扩大作用。

表 6－15　门槛估计结果

门槛变量及门槛区间	估计结果
$gap_{it}(gap_{it} \leqslant 1.888\,9)$	-0.576^{***} (−42.50)
$gap_{it}(1.888\,9 < gap_{it} \leqslant 2.072\,5)$	-0.154^{***} (−11.61)
$gap_{it}\ (gap_{it} > 2.072\,5)$	0.022^{**} (2.35)
控制变量	控制
个体效应	控制
年份效应	控制
样本量	2 610

注：() 内为统计 t 值；*** 表示在 1%水平上具有统计显著性，** 表示在 5%水平上具有统计显著性，* 表示在 10%水平上具有统计显著性。

2. 财政投入对贫困县城镇化水平影响的门槛效应

表 6－16 报告了模型 6－1 关于县域财政投入对贫困县城镇化水平影响的门槛效应估计结果。

估计结果显示，当贫困县城镇化水平低于 30.43%时，财政投入对贫困县的城镇化水平有显著的抑制作用；当贫困县城镇化水平高于 30.43%低于 36.24%时，财政投入对贫困县的城镇化水平影响为负，但不具有统计上的显著性；当贫困县城镇化水平高于 36.24%后，财政投入对贫困县城镇化水平有显著促进作用。这一结论也证明了前文关于“财政投入在机会均等化程度高的地区能够进一步促进机会均等，但在机会贫困程度较严重的地区则会加重机会不均等程度”的猜想。进一步统计发现，截至 2018 年，在贫困县中有 71.2%的县域城镇化水平超过了 36.240，也就是说，在统计年份内财政投入约对 71.2%的贫困县的城镇化水平提升有积极作用。

3. 财政投入对贫困县公路密度影响的门槛效应

表 6－17 报告了模型 6－1 关于县域财政投入对贫困县公路密度影响的门槛效应估计结果。

表 6-16　门槛估计结果

门槛变量及门槛区间	估计结果
$urban_{it}$ ($urban_{it}$ < 30.430)	−1.763*** (−2.92)
$urban_{it}$ (30.430 < $urban_{it}$ ≤ 36.240)	−0.130 (−0.21)
$urban_{it}$ ($urban_{it}$ ≥ 36.240)	2.111*** (2.99)
控制变量	控制
个体效应	控制
年份效应	控制
样本量	2 400

注：() 内为统计 t 值；*** 表示在 1%水平上具有统计显著性，** 表示在 5%水平上具有统计显著性，* 表示在 10%水平上具有统计显著性。

表 6-17　门槛估计结果

门槛变量及门槛区间	估计结果
$road_{it}$ ($road_{it}$ ≤ 1.353 5)	−0.034 (−1.11)
$road_{it}$ (1.353 5 < $road_{it}$ ≤ 1.943 7)	0.827*** (11.45)
$road_{it}$ ($road_{it}$ > 1.943 7)	2.555*** (23.87)
控制变量	控制
个体效应	控制
年份效应	控制
样本量	2 610

注：() 内为统计 t 值；*** 表示在 1%水平上具有统计显著性，** 表示在 5%水平上具有统计显著性，* 表示在 10%水平上具有统计显著性。

估计结果显示，当贫困县公路密度低于 1.353 5 时，财政投入对贫困县的公路密度提升没有显著影响；当贫困县公路密度高于 1.353 5 后，财政投入对县域公路密度的提升有显著促进作用，并且贫困县公路密度越大，这种促进作用越强。这一结论进一步证明了前文关于“财政投入在机会贫困程度轻的地区能够进一步促进发展机会增多，但在机会贫困程度较严重的地区，则会加重机会贫困程度”的猜想。进一步统计发现，截至 2018 年，在贫困县中有 83.3％的县域公路密度不足 1.353 5，也就是说，在统计年份内财政投入对 83.3％的贫困县的公路密度提升没有显著影响。

6.4　本章小结

本章基于门槛效应模型讨论了财政投入对贫困县多维贫困总水平及多维贫困各维度的影响。研究发现：

（1）财政投入对贫困县多维贫困的影响普遍存在门槛效应，越是多维贫困程度轻、收入水平高、发展能力强和发展机会多的贫困县，财政投入促进贫困县多维贫困减缓的积极作用越显著。

（2）财政投入对贫困县的多维贫困指数、城镇居民收入水平、发展能力中的产业升级以及发展机会中的城镇化水平的作用效果要优于对农村居民的收入水平、发展能力中的资本形成和教育水平以及发展机会中的城乡收入差距和公路密度的作用效果。具体来看，截至 2018 年，财政投入能够促进近 69.3％的贫困县的多维贫困指数降低；能够促进 75.3％的贫困县的城镇居民收入增长；能够促进 74.5％的贫困县的产业升级；能够促进 71.2％的贫困县的城镇化水平提升。但财政投入仅能够促进 44.3％的贫困县的农村居民人均可支配收入增长；仅能够促进 18.4％的贫困县的资本形成；仅能够促进 40.9％的贫困县的教育水平提升；仅能够促进 4.4％的贫困县的城乡收入差距缩小；仅能促进 16.7％的贫困县的公路密度提升。

第 7 章　金融与财政协同对贫困县多维贫困减缓的实证分析

“金融＋财政”是减贫的复合系统，如果金融和财政能形成一个在时间、空间和功能上有序的结构，那么金融与财政减贫效果将得到进一步提升。事实是否如此呢？金融与财政协同对贫困县多维贫困影响过程中是否会因贫困县自身贫困程度以及贫困维度的差异而有所不同呢？

7.1　研究设计

7.1.1　研究思路及模型设定

为了讨论开篇提出的问题，本章将分别以县域多维贫困指数以及多维贫困各维度为门槛变量，验证金融与财政协同对县域多维贫困以及多维贫困各维度影响的门槛效应。具体模型如下：

$$pov_{it}=\alpha+\mu_i+\varphi_t+inf_{it}\beta+exp_{it}\rho+\theta_{11}cor_{it}(pov_{it}\leqslant\gamma_{11})+\theta_{12}cor_{it}(\gamma_{11}<pov_{it}\leqslant\gamma_{12})+\cdots+\theta_{13}cor_{it}(\gamma_{1n}\leqslant pov_{it})+X_{it}\gamma+\varepsilon_{it} \tag{7-1}$$

其中，pov_{it}表示县域多维贫困情况，具体包含内容及度量与第五章相同；cor_{it}表示金融与财政协同度，是模型的核心解释变量，且由于本书更关注金融与财政协同度本身，而不是金融与财政协同度演进趋势对县域多维贫困的影响，因而此处仅选用第四章计算出的离差系数最小化协同度（$CORD_i^t$）作为金融与财政协同度指标，放弃时间趋势一致化协同度；μ_i为模型控制变量中不随时间变化的个体特征；φ_t为模型控制变量中同一年度不随个体变化的外部冲击；X_{it}为随时间和个体变化的控制变量，其选取思路与第五章相同，此处不再赘述。

7.1.2　样本选择、数据来源及描述性统计分析

样本选择、数据来源及描述性统计分析与前文一致，此处不再做赘述。

7.2 金融与财政协同对多维贫困总水平的影响

首先通过自举法获得多维贫困指数（M_i^t）这一门槛变量的检验统计量（表 7-1）。

表 7-1 门槛效应检验

门槛数检验	F 统计量	P 值	10%	5%	1%
单门槛	1 958.32	0.000 0	15.773 3	18.148 8	26.785 3
双门槛	1 152.91	0.000 0	14.209 8	17.045 3	26.248 8
多门槛	1 048.73	0.582 0	1 200.00	13 000.0	13 000.0

检验结果显示，以金融与财政投入复合系统的离差系数最小化协同度为核心解释变量、多维贫困指数（M_i^t）为门槛变量时，单门槛和双门槛检验通过了显著性检验。具体的门槛估计值及置信区间如表 7-2 所示。

表 7-2 门槛值估计

门槛值	95%置信区间
0.145 7	[0.140 3，0.146 9]
0.260 9	[0.259 0，0.263 9]

表 7-3 报告了基于模型 7-1 的离差系数最小化协同度对贫困县多维贫困总水平影响的门槛效应估计结果。

表 7-3 门槛估计结果

门槛变量及门槛区间	估计结果
$M_i^t(M_i^t \leqslant 0.145\,7)$	−0.236*** (−4.17)
$M_i^t(0.145\,7 < M_i^t \leqslant 0.260\,9)$	0.170*** (3.02)
$M_i^t(M_i^t > 0.260\,9)$	0.589*** (10.10)
控制变量	控制
个体效应	控制

（续）

门槛变量及门槛区间	估计结果
年份效应	控制
样本量	2 550

注：() 内为统计 t 值；*** 表示在 1%水平上具有统计显著性，** 表示在 5%水平上具有统计显著性，* 表示在 10%水平上具有统计显著性。

从估计结果来看，当多维贫困指数小于 0.145 7 时，离差系数最小化协同度的系数为负，即金融与财政复合系统的离差系数最小化协同度越大，对贫困县多维贫困减缓的促进作用越强；当多维贫困指数大于 0.145 7 后，离差系数最小化协同度的系数显著为正，即金融与财政复合系统的离差系数最小化协同度越大，对贫困县多维贫困减缓的抑制作用越强，金融与财政协同减贫的效应不存在，并且多维贫困指数越大，这种抑制作用越强。这一结论恰好证明了前文关于“金融与财政协同度的提升能有效减缓贫困县的多维贫困水平，但存在以自身发展水平为门槛的门槛效应”的猜想。进一步统计发现，截至 2018 年，贫困县中已有 70%的县域多维贫困指数低于 0.145 7。

将金融发展、财政投入、金融与财政协同对贫困县多维贫困总水平影响结果进行综合得到表 7－4。

表 7－4　金融发展、财政投入、金融与财政协同对多维贫困总水平影响比较

<table>
<tr><th>门槛变量及门槛区间</th><th>传统金融发展
($tinf_{it}$)</th><th>数字普惠金融发展
($dinf_{it}$)</th><th>财政投入
(exp_{it})</th><th>金融与财政协同度
($CORD_i^t$)</th></tr>
<tr><td>$M_i^t(M_i^t \leqslant 0.140\,9)$</td><td rowspan="4">−0.082***
(−12.49)</td><td rowspan="3">−0.016***
(−9.37)</td><td>−0.111***
(−8.41)</td><td rowspan="2">−0.236***
(−4.17)</td></tr>
<tr><td>$M_i^t(0.140\,9 < M_i^t \leqslant 0.145\,7)$</td><td rowspan="6">0.061***
(4.71)</td></tr>
<tr><td>$M_i^t(0.145\,7 < M_i^t \leqslant 0.147\,0)$</td><td rowspan="3">0.170***
(3.02)</td></tr>
<tr><td>$M_i^t(0.147\,0 < M_i^t \leqslant 0.150\,4)$</td><td rowspan="3">−0.005***
(−2.79)</td></tr>
<tr><td>$M_i^t(0.150\,4 < M_i^t \leqslant 0.260\,9)$</td><td rowspan="2">0.027***
(4.06)</td></tr>
<tr><td>$M_i^t(0.260\,9 < M_i^t \leqslant 0.273\,9)$</td><td rowspan="3">0.589***
(10.10)</td></tr>
<tr><td>$M_i^t(0.273\,9 < M_i^t \leqslant 0.276\,7)$</td><td rowspan="2">0.114***
(15.03)</td><td rowspan="2">0.011***
(6.62)</td></tr>
<tr><td>$M_i^t(M_i^t > 0.276\,7)$</td><td>0.205***
(14.52)</td></tr>
</table>

注：() 内为统计 t 值；*** 表示在 1%水平上具有统计显著性，** 表示在 5%水平上具有统计显著性，* 表示在 10%水平上具有统计显著性。

从比较结果来看，多维贫困程度较轻的县域已经跨越了传统金融和数字普惠金融发挥积极作用的门槛，使得传统金融服务、数字普惠金融和财政投入三股力量均能对贫困减缓起到积极作用，并且相互之间还表现出互相促进的协同效应；而多维贫困程度最严重的县域，传统金融、数字普惠金融和财政投入均无法减缓贫困县的多维贫困程度。从作用广度来看，数字普惠金融对多维贫困指数的降低发挥积极作用的广度最大，传统金融次之，金融与财政协同度的作用排第三，而财政投入发挥积极作用的广度最低。这一结论恰好证明了前文关于“金融减贫、财政减贫以及金融与财政协同减贫发挥最优减贫效应的领域存在差异”的猜想。然而，令人出乎意料的是，财政投入减缓多维贫困的作用效果不如数字普惠金融，也不如传统金融。究其原因，可能是多维贫困具有更多地需要被关注的贫困维度，每个维度也具有更强的顽固性，多维贫困的进一步减缓不仅需要更大量的、投向更灵活的资金支持，还需要县域更大程度地发挥主观能动性。

7.3 金融与财政协同对多维贫困各维度的影响

7.3.1 金融与财政协同对收入水平的影响

本节将分别以城镇居民收入水平（$tincom_{it}$）和农村居民收入水平（$rincom_{it}$）为门槛变量，讨论金融与财政协同度对贫困县收入水平维度中的城镇居民收入和农村居民收入影响的门槛效应。

门槛效应检验如表 7－5 所示。

表 7－5 门槛效应检验

被解释变量	门槛变量	门槛数检验	F 统计量	P 值	10%	5%	1%
$tincom_{it}$	$tincom_{it}$	单门槛	622.76	0.000	13.696	15.879	20.754
		双门槛	504.64	0.000	12.909	14.222	20.969
		多门槛	258.67	0.518	316.010	332.910	365.670
$rincom_{it}$	$rincom_{it}$	单门槛	1 574.07	0.000	15.048	17.613	23.491
		双门槛	501.24	0.000	14.454	17.137	23.332
		多门槛	459.98	0.522	553.460	583.480	627.790

检验结果显示，以城镇居民收入水平为门槛变量的金融与财政协同对贫困县镇居民收入影响的门槛效应，以农村居民收入水平为门槛变量的金融与财政

协同对贫困县农村居民收入影响的门槛效应均通过了单门槛和双门槛的显著性检验。因此，本文使用双门槛模型进行估计。

门槛估计值及置信区间如表 7－6 所示。

表 7－6　门槛值估计

被解释变量	门槛变量	门槛值	95%置信区间
$tincom_{it}$	$tincom_{it}$	9.928 0	[9.924 2，9.928 4]
		10.118 0	[10.116，10.120]
$rincom_{it}$	$rincom_{it}$	9.178 4	[9.176 6，9.181 4]
		9.437 3	[9.436 9，9.453 2]

1. 金融与财政协同度对贫困县城镇居民收入影响的门槛效应

表 7－7 报告了基于模型 7－1 的金融与财政协同度对贫困县城镇居民收入影响的门槛效应估计结果。

从估计结果来看，当贫困县城镇居民人均可支配收入的自然对数小于 9.928 0（即城镇居民人均可支配收入低于 20 496 元）时，金融与财政协同度系数为负，即金融与财政协同度的提高会抑制城镇居民人均可支配收入的增长；当贫困县城镇居民人均可支配收入的自然对数大于 9.928 0（即城镇居民人均可支配收入大于 20 496 元）后，金融与财政协同度系数显著为正，也就是说金融与财政协同度的提高对城镇居民人均可支配收入的提升有促进作用，并且随着城镇居民人均可支配收入的进一步提高，金融与财政协同度的作用效果将进一步提升。这一结论恰好证明了前文关于“金融与财政协同度的提升能有效提升贫困县收入水平，但存在以自身收入水平为门槛的门槛效应”的猜想。进一步统计发现，截至 2018 年，在贫困县中仅有 4.8%的县域城镇居民人均可支配收入的自然对数不足 9.928，也就是说金融与财政协同度能对 95.2%的贫困县的城镇居民收入产生积极作用。

表 7－7　门槛估计结果

门槛变量及门槛区间	估计结果
$tincom_{it}(tincom_{it} \leqslant 9.9280)$	-0.194^{**} (－2.46)
$tincom_{it}(9.9280 < tincom_{it} \leqslant 10.118)$	0.153^{**} (2.02)

（续）

门槛变量及门槛区间	估计结果
$tincom_{it}(tincom_{it}>10.118)$	0.545*** (7.07)
控制变量	控制
个体效应	控制
年份效应	控制
样本量	2 580

注：() 内为统计 t 值；*** 表示在 1%水平上具有统计显著性，** 表示在 5%水平上具有统计显著性，* 表示在 10%水平上具有统计显著性。

将金融发展、财政投入、金融与财政协同对贫困县城镇居民收入影响结果进行综合得到表 7-8。

表 7-8　金融发展、财政投入、金融与财政协同对城镇居民收入影响比较

<table>
<tr><th>门槛变量及门槛区间</th><th>传统金融发展
($tinf_{it}$)</th><th>数字普惠金融发展
($dinf_{it}$)</th><th>财政投入
(exp_{it})</th><th>金融与财政协同度
($CORD_i^t$)</th></tr>
<tr><td>$tincom_{it}(tincom_{it}\leqslant 9.769)$</td><td rowspan="2">−0.088***
(−9.45)</td><td>−0.025***
(−9.77)</td><td rowspan="2">−0.183***
(−8.65)</td><td rowspan="2">−0.194**
(−2.46)</td></tr>
<tr><td>$tincom_{it}(9.769<tincom_{it}\leqslant 9.928)$</td><td rowspan="2">−0.002
(−0.89)</td></tr>
<tr><td>$tincom_{it}(9.928<tincom_{it}\leqslant 10.06)$</td><td rowspan="3">−0.009
(−0.99)</td><td rowspan="2">−0.065***
(−3.54)</td><td rowspan="2">0.153**
(2.02)</td></tr>
<tr><td>$tincom_{it}(10.06<tincom_{it}\leqslant 10.12)$</td><td rowspan="2">0.008***
(3.51)</td></tr>
<tr><td>$tincom_{it}(10.12<tincom_{it}\leqslant 10.13)$</td><td rowspan="2">0.076***
(4.56)</td><td rowspan="2">0.545***
(7.07)</td></tr>
<tr><td>$tincom_{it}(tincom_{it}>10.13)$</td><td>0.094***
(11.06)</td><td></td></tr>
</table>

注：() 内为统计 t 值；*** 表示在 1%水平上具有统计显著性，** 表示在 5%水平上具有统计显著性，* 表示在 10%水平上具有统计显著性。

从比较结果来看，传统金融、数字普惠金融、财政投入以及金融与财政协同度均可有效促进城镇居民人均可支配收入的自然对数大于 10.132（即城镇居民人均可支配收入低于 25 135 元）的贫困县（截至 2018 年，城镇居民人均可支配收入的自然对数大于 10.132 的贫困县占贫困县全样本的 72.8%）的城镇居民人均可支配收入的增长。从作用广度来看，金融与财政协同度对城镇居民收入增长发挥积极作用的广度优于数字普惠金融发展，数字普惠金融发展优于财政投入，而传统金融发展发挥积极作用的广度最低。这一结论恰好证明了前文关于“金融减贫、财政减贫以及金融与财政协同减贫发挥最优减贫效应的领域存在差异”的猜想。

2. 金融与财政协同度对贫困县农村居民收入影响的门槛效应

表 7－9 报告了基于模型 7－1 的金融与财政协同对贫困县农村居民收入影响的门槛效应估计结果。

表 7－9　门槛估计结果

门槛变量及门槛区间	估计结果
$rincom_{it}(rincom_{it} \leqslant 9.178\,4)$	0.215* (1.80)
$rincom_{it}(9.178\,4 < rincom_{it} \leqslant 9.437\,3)$	0.767*** (5.57)
$rincom_{it}(rincom_{it} > 9.437\,3)$	2.284*** (16.39)
控制变量	控制
个体效应	控制
年份效应	控制
样本量	2 580

注：() 内为统计 t 值；*** 表示在 1%水平上具有统计显著性，** 表示在 5%水平上具有统计显著性，* 表示在 10%水平上具有统计显著性。

从估计结果来看，在任一门槛区间，金融与财政协同度均能显著促进贫困县农村居民人均可支配收入提升，并且随着贫困县农村居民人均可支配收入的增长，这种促进作用也在不断增大。当贫困县农村居民人均可支配收入的自然对数小于 9.178 4 时，金融与财政协同度的系数为 0.215；当贫困县农村居民人均可支配收入的自然对数大于 9.178 4 小于 9.437 3 时，金融与财政协同度系数增加为 0.767；当贫困县农村居民人均可支配收入的自然对数大于 9.437 3 后，金融与财政协同度的系数继续增大至 2.284。这一结论进一步证明了前文关于“金融与财政协同度的提升能有效提升贫困县收入水平，但存在以自身收入水平为门槛的门槛效应”的猜想。

将金融发展、财政投入、金融与财政协同对贫困县农村居民人均可支配收入影响结果进行综合得到表 7－10。

从综合结果来看，传统金融发展以及金融与财政协同度对任何门槛区间的农村居民收入均有显著的促进作用。数字普惠金融发展和县域财政投入对农村居民人均可支配收入的自然对数高于 9.240 9（即农村居民人均可支配收入高于 10 310 元）的贫困县（截至 2018 年，农村居民人均可支配收入的自然对数高于 9.240 9 的贫困县占贫困县全样本的 44.3%）的农村居民收入的提升有显著促进作用，但受数字普惠金融的“数字鸿沟”以及财政投入的“负向激励”的影响，数字普惠金融发展和财政投入对农村居民人均可支配收入的自然对数低于 9.240 9 的贫困县的农村居民收入影响不显著。也就是说，传统金融发展以及金融与财政协同度对农村居民人均可支配收入增长发挥积极作用的广度优于数字普惠金融发展和财政投入。这一结论恰好证明了前文关于“金融减贫、财政减贫以及金融与财政协同减贫发挥最优减贫效应的领域存在差异”的猜想。

表 7-10　金融发展、财政投入、金融与财政协同对农村居民收入影响比较

<table>
<tr><th>门槛变量及门槛区间</th><th>传统金融发展
($tinf_{it}$)</th><th>数字普惠金融发展
($dinf_{it}$)</th><th>财政投入
(exp_{it})</th><th>金融与财政协同度
($CORD_i^t$)</th></tr>
<tr><td>$rincom_{it}$ ($rincom_{it} \leqslant 9.127$)</td><td>0.040***
(2.68)</td><td rowspan="3">0.001
(0.25)</td><td rowspan="3">0.013
(0.49)</td><td rowspan="2">0.215*
(1.80)</td></tr>
<tr><td>$rincom_{it}$ ($9.127 < rincom_{it} \leqslant 9.178$)</td><td rowspan="4">0.172***
(11.78)</td></tr>
<tr><td>$rincom_{it}$ ($9.178 < rincom_{it} \leqslant 9.241$)</td><td rowspan="2">0.767***
(5.57)</td></tr>
<tr><td>$rincom_{it}$ ($9.241 < rincom_{it} \leqslant 9.437$)</td><td rowspan="3">0.013***
(3.00)</td><td rowspan="2">0.264***
(9.09)</td></tr>
<tr><td>$rincom_{it}$ ($9.437 < rincom_{it} \leqslant 9.465$)</td><td rowspan="3">2.284***
(16.39)</td></tr>
<tr><td>$rincom_{it}$ ($9.465 < rincom_{it} \leqslant 9.558$)</td><td rowspan="2">0.672***
(31.89)</td><td rowspan="2">0.842***
(25.20)</td></tr>
<tr><td>$rincom_{it}$ ($rincom_{it} > 9.558$)</td><td>0.062***
(12.75)</td></tr>
</table>

注：() 内为统计 t 值；*** 表示在 1%水平上具有统计显著性，** 表示在 5%水平上具有统计显著性，* 表示在 10%水平上具有统计显著性。

7.3.2　金融与财政协同对发展能力的影响

本节将分别以资本形成（$asset_{it}$）、产业升级（isu_{it}）以及教育水平（edu_{it}）为门槛变量讨论金融与财政协同度对贫困县发展能力维度中的资本形成、产业升级以及教育水平指标影响的门槛效应。

门槛效应检验如表 7-11 所示。

表 7-11　门槛效应检验

被解释变量	门槛变量	门槛数检验	F 统计量	P 值	10%	5%	1%
$asset_{it}$	$asset_{it}$	单门槛	1 297.170	0.000	15.867	18.618	28.853
		双门槛	813.120	0.000	14.695	17.322	21.562
		多门槛	582.490	0.558	739.700	794.140	882.680
isu_{it}	isu_{it}	单门槛	553.050	0.000	21.734	26.256	31.917
		双门槛	539.670	0.000	20.882	25.258	34.293
		多门槛	406.560	0.556	494.930	518.920	566.270
edu_{it}	edu_{it}	单门槛	794.200	0.000	22.350	25.897	38.580
		双门槛	505.000	0.000	21.921	25.811	31.777
		多门槛	512.700	0.768	693.690	711.200	774.970

检验结果显示，金融与财政协同度对贫困县资本形成影响过程中资本形成门槛变量的检验统计量、对贫困县产业升级影响过程中产业升级门槛变量的检验统计量以及对贫困县教育水平影响过程中教育水平门槛变量的检验统计量均通过了单门槛和双门槛的显著性检验。因此，本文使用双门槛模型进行估计。

门槛估计值如表 7-12 所示。

表 7-12　门槛值估计

被解释变量	门槛变量	门槛值	95%置信区间
$asset_{it}$	$asset_{it}$	1.398 5	[1.395 5，1.405 1]
		2.587 0	[2.501 9，2.645 8]
isu_{it}	isu_{it}	2.084 2	[2.082 5，2.084 6]
		2.246 6	[2.245 1，2.266 2]
edu_{it}	edu_{it}	11.212 0	[11.204，11.218]
		11.741 0	[11.740，11.743]

1. 金融与财政协同度对贫困县资本形成影响的门槛效应

表 7-13 报告了基于模型 7-1 的金融与财政协同度对贫困县资本形成影响的门槛效应估计结果。

从估计结果来看，当贫困县资本形成水平低于 1.398 5（即固定资产投资/GDP 小于 1.398 5）时，金融与财政协同度系数显著为负，即金融与财政协同度的提高不利于资本形成；当资本形成水平大于 1.398 5（即固定资产投资/

GDP 大于 1.398 5）时，金融与财政协同度的系数显著为正，即金融与财政协同度的提高对资本形成有显著的促进作用，并且贫困县自身资本形成能力越强，这种促进作用越大。这一结论恰好证明了前文关于“金融与财政协同度的提升能有效提升贫困县发展能力，但存在以自身发展能力为门槛的门槛效应”的猜想。进一步统计发现，截至 2018 年，贫困县中有 85%的县域资本形成水平不足 1.398 5，也就是说，金融与财政协同度仅对 15%的贫困县的资本形成有积极作用。

表 7－13　门槛估计结果

门槛变量及门槛区间	估计结果
$asset_{it}$（$asset_{it} \leqslant 1.3985$）	−1.612*** （−5.78）
$asset_{it}$（$1.3985 < asset_{it} \leqslant 2.5870$）	0.496* （1.74）
$asset_{it}$（$asset_{it} > 2.5870$）	4.203*** （13.34）
控制变量	控制
个体效应	控制
年份效应	控制
样本量	2 580

注：（）内为统计 t 值；*** 表示在 1%水平上具有统计显著性，** 表示在 5%水平上具有统计显著性，* 表示在 10%水平上具有统计显著性。

将金融发展、财政投入、金融与财政协同对贫困县资本形成影响结果进行综合得到表 7－14。

从综合比较结果来看，当贫困县自身资本形成能力大于 1.401 5 时，传统金融发展、数字普惠金融发展、财政投入以及金融与财政协同度均能显著促进资本形成能力的进一步提高。然而，根据 2018 年的数据，贫困县自身资本形成能力大于 1.401 5 的县仅占贫困县总样本量的 14.6%。从作用广度来看，数字普惠金融发展对任一门槛区间的资本形成均发挥了积极作用，财政投入对贫困县资本形成水平发挥积极作用的广度低于数字普惠金融但优于金融与财政协同度，而传统金融发挥积极作用的范围最小。这一结论也证明了前文关于“金融减贫、财政减贫以及金融与财政协同减贫发挥最优减贫效应的领域存在差异”的猜想。

表 7－14　金融发展、财政投入、金融与财政协同对资本形成影响比较

<table>
<tr><th>门槛变量及门槛区间</th><th>传统金融发展
($tinf_{it}$)</th><th>数字普惠金融发展
($dinf_{it}$)</th><th>财政投入
(exp_{it})</th><th>金融与财政协同度
($CORD_i^t$)</th></tr>
<tr><td>$asset_{it}$($asset_{it} \leqslant 1.3730$)</td><td rowspan="3">$-0.067^{**}$
(−2.11)</td><td rowspan="4">0.010^{*}
(1.77)</td><td>-0.149^{***}
(−2.69)</td><td rowspan="2">-1.612^{***}
(−5.78)</td></tr>
<tr><td>$asset_{it}$($1.3730 < asset_{it} \leqslant 1.3985$)</td><td rowspan="4">$0.624^{***}$
(10.49)</td></tr>
<tr><td>$asset_{it}$($1.3985 < asset_{it} \leqslant 1.4015$)</td><td rowspan="5">$0.496^{*}$
(1.74)</td></tr>
<tr><td>$asset_{it}$($1.4015 < asset_{it} \leqslant 1.5076$)</td><td rowspan="3">$0.385^{***}$
(11.54)</td></tr>
<tr><td>$asset_{it}$($1.5076 < asset_{it} \leqslant 2.1239$)</td><td rowspan="2">$0.065^{***}$
(7.61)</td></tr>
<tr><td>$asset_{it}$($2.1239 < asset_{it} \leqslant 2.5781$)</td><td rowspan="3">$1.692^{***}$
(23.84)</td></tr>
<tr><td>$asset_{it}$($2.5781 < asset_{it} \leqslant 2.5870$)</td><td rowspan="2">$1.288^{***}$
(24.50)</td><td rowspan="2">0.174^{***}
(17.27)</td></tr>
<tr><td>$asset_{it}$($asset_{it} > 2.5870$)</td><td>4.203^{***}
(13.34)</td></tr>
</table>

注：() 内为统计 t 值；*** 表示在 1%水平上具有统计显著性，** 表示在 5%水平上具有统计显著性，* 表示在 10%水平上具有统计显著性。

2. 金融与财政协同度对贫困县产业升级影响的门槛效应

表 7－15 报告了基于模型 7－1 的金融与财政协同度对贫困县产业升级影响的门槛效应估计结果。

表 7－15　门槛估计结果

门槛变量及门槛区间	估计结果
isu_{it}($isu_{it} \leqslant 2.0842$)	-0.256^{***} (−4.91)
isu_{it}($2.0842 < isu_{it} \leqslant 2.2466$)	0.088^{*} (1.74)
isu_{it}($isu_{it} > 2.2466$)	0.358^{***} (7.01)
控制变量	控制
个体效应	控制
年份效应	控制
样本量	2 580

注：() 内为统计 t 值；*** 表示在 1%水平上具有统计显著性，** 表示在 5%水平上具有统计显著性，* 表示在 10%水平上具有统计显著性。

从估计结果来看，当产业升级水平低于 2.084 2 时，金融与财政协同度的系数显著为负，即金融与财政协同度的提高对产业升级是不利的；当产业升级水平大于 2.084 2 时，金融与财政协同度的系数显著为正，即金融与财政协同度的提高对产业升级有显著的促进作用，并且贫困县自身产业升级水平越高，这种促进作用越强。这一结论也证明了前文关于“金融与财政协同度的提升能有效提高贫困县发展能力，但存在以自身发展能力为门槛的门槛效应”的猜想。

将金融发展、财政投入、金融与财政协同对贫困县产业升级影响结果进行综合得到表 7－16。

表 7－16　金融发展、财政投入、金融与财政协同对产业升级影响比较

<table>
<tr><th>门槛变量及门槛区间</th><th>传统金融发展
($tinf_{it}$)</th><th>数字普惠金融发展
($dinf_{it}$)</th><th>财政投入
(exp_{it})</th><th>金融与财政协同度
($CORD_i^t$)</th></tr>
<tr><td>$isu_{it}(isu_{it} \leqslant 1.8339)$</td><td rowspan="4">$-0.086^{***}$
(−12.73)</td><td rowspan="3">-0.003^{*}
(−1.81)</td><td>-0.342^{***}
(−19.18)</td><td rowspan="2">-0.256^{***}
(−4.91)</td></tr>
<tr><td>$isu_{it}(1.8339 < isu_{it} \leqslant 2.0842)$</td><td rowspan="4">$-0.058^{***}$
(−5.51)</td></tr>
<tr><td>$isu_{it}(2.0842 < isu_{it} \leqslant 2.0883)$</td><td rowspan="5">$0.088^{*}$
(1.74)</td></tr>
<tr><td>$isu_{it}(2.0883 < isu_{it} \leqslant 2.0935)$</td><td rowspan="3">$0.004^{***}$
(2.72)</td></tr>
<tr><td>$isu_{it}(2.0935 < isu_{it} \leqslant 2.1352)$</td><td rowspan="3">$0.010^{*}$
(1.67)</td></tr>
<tr><td>$isu_{it}(2.1352 < isu_{it} \leqslant 2.2380)$</td><td rowspan="3">$0.056^{***}$
(5.45)</td></tr>
<tr><td>$isu_{it}(2.2380 < isu_{it} \leqslant 2.2466)$</td><td rowspan="2">$0.009^{***}$
(5.65)</td></tr>
<tr><td>$isu_{it}(isu_{it} > 2.2466)$</td><td>$0.066^{***}$
(12.46)</td><td>0.358^{***}
(7.01)</td></tr>
</table>

注：() 内为统计 t 值；*** 表示在 1%水平上具有统计显著性，** 表示在 5%水平上具有统计显著性，* 表示在 10%水平上具有统计显著性。

从综合比较结果来看，当贫困县自身产业升级能力大于 2.135 2 时（从 2018 年的数据来看，贫困县自身产业升级水平大于 2.135 2 的县域占贫困县总样本数的 74.5%），传统金融发展、数字普惠金融发展、财政投入以及金融与财政协同度均能显著促进产业升级水平的进一步提高。当贫困县产业升级水平低于 2.084 2 时（从 2018 年的数据来看，贫困县自身产业升级水平小于 2.084 2 的县域占贫困县总样本数的 17%），传统金融发展、数字普惠金融发展、财政投入以及金融与财政协同度作用均会对贫困县的产业升级产生抑制作用。究其原因在于，在经济发展初期，有限的资金主要促进了劳动密集型产业即农业的发展，从而表现出对产业升级的抑制效果。随着经济的不断发展，以劳动密集为特征的农业逐步饱和，劳动力才开始主动或被动地向第二和第三产业转移。从作用广度来看，金融与财政协同度对贫困县产业升级发挥积极作用的广度优于数字普惠金融发展，数字普惠金融发展优于传统金融发展，而财政投入发挥积极作用的广度最低。这一结论也证明了前文关于“金融减贫、财政减贫以及金融与财政协同减贫发挥最优减贫效应的领域存在差异”的猜想。

3. 金融与财政协同度对贫困县教育水平影响的门槛效应

表 7－17 报告了基于模型 7－1 的金融与财政协同度对贫困县教育水平影响的门槛效应估计结果。

表 7－17　门槛估计结果

门槛变量及门槛区间	估计结果
$edu_{it}(edu_{it} \leqslant 11.212)$	-1.382^{***} (－12.43)
$edu_{it}(11.212 < edu_{it} \leqslant 11.741)$	-0.304^{***} (－3.07)
$edu_{it}(edu_{it} > 11.741)$	0.344^{***} (3.48)
控制变量	控制
个体效应	控制
年份效应	控制
样本量	2 575

注：() 内为统计 t 值；*** 表示在 1%水平上具有统计显著性，** 表示在 5%水平上具有统计显著性，* 表示在 10%水平上具有统计显著性。

从估计结果来看，当教育水平小于 11.742 时，金融与财政协同度的系数为负，即金融与财政协同度的提高对教育水平的提升是不利的，并且贫困县教育水平越低，这种不利影响的程度越严重；当贫困县教育水平大于 11.741 以后，金融与财政协同度的系数显著为正，即金融与财政协同度的提高对教育水平的提升有积极作用。这一结论也证明了前文关于“金融与财政协同度的提升能有效提升贫困县发展能力，但存在以发展能力为门槛的门槛效应”的猜想。进一步统计发现，有 55%的贫困县的教育水平不足 11.741，也就是说，金融与财政协同仅对 45%的贫困县的教育水平提升有积极作用。

将金融发展、财政投入、金融与财政协同对贫困县教育能力影响结果进行综合得到表 7-18。

表 7-18 金融发展、财政投入、金融与财政协同对教育水平影响比较

<table>
<tr><th>门槛变量及门槛区间</th><th>传统金融发展
($tinf_{it}$)</th><th>数字普惠金融发展
($dinf_{it}$)</th><th>财政投入
(exp_{it})</th><th>金融与财政协同度
($CORD_i^t$)</th></tr>
<tr><td>$edu_{it}(edu_{it}\leqslant 11.204)$</td><td rowspan="4">−0.101***
(−8.93)</td><td>−0.035***
(−11.05)</td><td rowspan="3">−0.385***
(−15.32)</td><td rowspan="2">−1.382***
(−12.43)</td></tr>
<tr><td>$edu_{it}(11.204<edu_{it}\leqslant 11.212)$</td><td rowspan="4">−0.015***
(−5.14)</td></tr>
<tr><td>$edu_{it}(11.212<edu_{it}\leqslant 11.503)$</td><td rowspan="3">−0.304***
(−3.07)</td></tr>
<tr><td>$edu_{it}(11.503<edu_{it}\leqslant 11.633)$</td><td rowspan="3">−0.091***
(−4.27)</td></tr>
<tr><td>$edu_{it}(11.633<edu_{it}\leqslant 11.741)$</td><td rowspan="3">0.030***
(2.64)</td></tr>
<tr><td>$edu_{it}(11.741<edu_{it}\leqslant 11.789)$</td><td rowspan="3">−0.001
(−0.23)</td><td rowspan="3">0.344***
(3.48)</td></tr>
<tr><td>$edu_{it}(11.789<edu_{it}\leqslant 11.903)$</td><td rowspan="2">0.139***
(6.85)</td></tr>
<tr><td>$edu_{it}(edu_{it}>11.903)$</td><td>0.169***
(13.19)</td></tr>
</table>

注：() 内为统计 t 值；*** 表示在 1%水平上具有统计显著性，** 表示在 5%水平上具有统计显著性，* 表示在 10%水平上具有统计显著性。

从综合结果来看，数字普惠金融发展在任何门槛区间均不能促进贫困县教育水平提升。当贫困县教育水平较高（教育水平高于 11.798）时，传统金融发展、财政投入以及金融与财政协同度能促进贫困县教育水平的进一步提升；当贫困县教育水平较低（教育水平低于 11.633）时，传统金融发展、财政投入以及金融与财政协同度均会抑制贫困县教育水平提升。从作用广度来看，金融发展对贫困县教育水平发挥积极作用的广度优于金融与财政协同，金融与财政协同优于财政投入。这很可能是近年来政策性金融提供免息教育信贷的作用结果。这一结论再次证明了前文关于“金融减贫、财政减贫以及金融与财政协同减贫发挥最优减贫效应的领域存在差异”的猜想。

7.3.3 金融与财政协同对发展机会的影响

本节将分别以城乡收入差距（gap_{it}）、城镇化水平（$urban_{it}$）及公路密度（$road_{it}$）为门槛变量讨论金融与财政协同度对贫困县发展机会维度中的城乡收入差距、城镇化水平及公路密度指标影响的门槛效应。

门槛效应检验如表 7－19 所示。

表 7－19　门槛效应检验

被解释变量	门槛变量	门槛数检验	F 统计量	P 值	10%	5%	1%
gap_{it}	gap_{it}	单门槛	6 084.010	0.000	15.302	18.084	27.217
		双门槛	716.090	0.000	16.530	19.925	23.215
		多门槛	738.000	0.944	1 300.000	1 400.000	1 900.000
$urban_{it}$	$urban_{it}$	单门槛	40.900	0.014	22.597	28.680	45.301
		双门槛	45.070	0.006	22.658	27.798	37.476
		多门槛	48.020	0.484	76.876	87.526	108.060
$road_{it}$	$road_{it}$	单门槛	418.240	0.000	29.151	35.972	55.563
		双门槛	256.290	0.000	26.679	33.954	54.253
		多门槛	73.310	0.578	127.760	163.590	246.390

检验结果显示，以城乡收入差距为门槛变量的金融与财政协同对贫困县城乡收入差距影响的门槛效应，以城镇化水平为门槛变量的金融与财政协同对贫困县城镇化水平影响的门槛效应，以公路密度为门槛变量的金融与财政协同对贫困县公路密度影响的门槛效应均通过了单门槛和双门槛的显著性检验。因此，本文使用双门槛模型进行估计。

门槛估计值如表 7－20 所示。

表 7－20　门槛值估计

被解释变量	门槛变量	门槛值	95%置信区间
gap_{it}	gap_{it}	1.712 3	[1.647 7，1.745 2]
		2.125 4	[2.112 8，2.147 8]
$urban_{it}$	$urban_{it}$	29.120 0	[28.875，29.410]
		36.240 0	[36.175，36.310]
$road_{it}$	$road_{it}$	1.259 0	[1.242 8，1.290 7]
		1.906 1	[1.893 4，1.958 0]

1. 金融与财政协同度对贫困县城乡收入差距影响的门槛效应

表 7－21 报告了基于模型 7－1 的金融与财政协同度对贫困县城乡收入差距影响的门槛效应估计结果。

估计结果显示，当贫困县城乡收入差距小于2.125 4时，金融与财政协同度的系数为负，即金融与财政协同能够显著缩小贫困县城乡收入差距，并且贫困县自身城乡收入差距越小，金融与财政协同缩小城乡收入差距的能力越强。而当贫困县城乡收入差距大于2.125 4以后，金融与财政协同作用对贫困县城乡收入差距的影响就不再显著。这一结论证明了前文关于“金融与财政协同度的提升能有效增加贫困县发展机会，但存在以自身发展水平为门槛的门槛效应”的猜想。进一步统计发现，截至2018年，在贫困县中有94.8%的县域城乡收入差距是大于2.125 4，也就是说，在贫困县中金融与财政协同作用对绝大多数县域的城乡收入差距是没有显著作用的。

表7-21 门槛估计结果

门槛变量及门槛区间	估计结果
$gap_{it}(gap_{it}\leq 1.712\ 3)$	−1.583*** (−35.63)
$gap_{it}(1.712\ 3<gap_{it}\leq 2.125\ 4)$	−0.602*** (−14.40)
$gap_{it}(gap_{it}>2.125\ 4)$	−0.005 (−0.12)
控制变量	控制
个体效应	控制
年份效应	控制
样本量	2 580

注：() 内为统计t值；*** 表示在1%水平上具有统计显著性，** 表示在5%水平上具有统计显著性，* 表示在10%水平上具有统计显著性。

将金融发展、财政投入、金融与财政协同对贫困县城乡收入差距影响的结果进行综合得到表7-22。

从综合结果来看，传统金融发展、数字普惠金融发展、财政投入以及金融与财政协同度均能显著缩小自身城乡收入差距较小的贫困县的城乡收入差距。但当贫困县自身城乡收入差距较大时，受财政投入的“负向激励”影响，财政投入会显著加大城乡收入差距；传统金融发展、数字普惠金融发展以及金融与财政协同度对城乡收入差距没有显著影响。从作用广度来看，金融与财政协同度在缩小城乡收入差距方面发挥积极作用的范围大于传统金融发展、数字普惠金融发展以及财政投入。这一结论也证明了前文关于“金融减贫、财政减贫以及金融与财政协同减贫发挥最优减贫效应的领域存在差异”的猜想。

表 7－22　金融发展、财政投入、金融与财政协同对城乡收入差距影响比较

<table>
<tr><th>门槛变量及门槛区间</th><th>传统金融发展
($tinf_{it}$)</th><th>数字普惠金融发展
($dinf_{it}$)</th><th>财政投入
(exp_{it})</th><th>金融与财政协同度
($CORD_i^t$)</th></tr>
<tr><td>$gap_{it}(gap_{it} \leqslant 1.5649)$</td><td>−0.468***
(−60.78)</td><td>−0.020***
(−12.43)</td><td rowspan="3">−0.576***
(−42.50)</td><td rowspan="2">−1.583***
(−35.63)</td></tr>
<tr><td>$gap_{it}(1.5649 < gap_{it} \leqslant 1.7123)$</td><td rowspan="4">−0.186***
(−30.14)</td><td rowspan="3">−0.050***
(−28.54)</td></tr>
<tr><td>$gap_{it}(1.7123 < gap_{it} \leqslant 1.8889)$</td><td rowspan="4">−0.602***
(−14.40)</td></tr>
<tr><td>$gap_{it}(1.8889 < gap_{it} \leqslant 1.9893)$</td><td rowspan="2">−0.154***
(−11.61)</td></tr>
<tr><td>$gap_{it}(1.9893 < gap_{it} \leqslant 2.0725)$</td><td rowspan="3">−0.001
(−0.74)</td></tr>
<tr><td>$gap_{it}(2.0725 < gap_{it} \leqslant 2.1254)$</td><td rowspan="2">−0.005
(−1.23)</td><td rowspan="2">0.022**
(2.35)</td></tr>
<tr><td>$gap_{it}(gap_{it} > 2.1254)$</td><td>−0.005
(−0.12)</td></tr>
</table>

注：() 内为统计 t 值；*** 表示在 1%水平上具有统计显著性，** 表示在 5%水平上具有统计显著性，* 表示在 10%水平上具有统计显著性。

2. 金融与财政协同度对贫困县城镇化水平影响的门槛效应

表 7－23 报告了基于模型 7－1 的金融与财政协同度对贫困县城镇化水平影响的门槛效应估计结果。

表 7－23　门槛估计结果

门槛变量及门槛区间	估计结果
$urban_{it}(urban_{it} < 29.120)$	−5.337 (−1.50)
$urban_{it}(29.120 < urban_{it} < 36.240)$	0.133 (0.04)
$urban_{it}(urban_{it} \geqslant 36.240)$	5.257 (1.53)
控制变量	控制
个体效应	控制
年份效应	控制
样本量	2 400

注：() 内为统计 t 值；*** 表示在 1%水平上具有统计显著性，** 表示在 5%水平上具有统计显著性，* 表示在 10%水平上具有统计显著性。

估计结果显示，在任何门槛区间，金融与财政协同度对贫困县城镇化水平均无显著影响。

将金融发展、财政投入、金融与财政协同对贫困县城镇化水平影响的结果进行综合得到表 7-24。

表 7-24　金融发展、财政投入、金融与财政协同对城镇化水平影响比较

<table>
<tr><th>门槛变量及门槛区间</th><th>传统金融发展
($tinf_{it}$)</th><th>数字普惠金融发展
($dinf_{it}$)</th><th>财政投入
(exp_{it})</th><th>金融与财政协同度
($CORD_i^t$)</th></tr>
<tr><td>$urban_{it}(urban_{it} \leqslant 28.130)$</td><td>−0.290 1***
(−4.69)</td><td rowspan="3">−0.313***
(−3.22)</td><td rowspan="4">−1.763***
(−2.92)</td><td rowspan="2">−5.337
(−1.50)</td></tr>
<tr><td>$urban_{it}(28.130 < urban_{it} \leqslant 29.120)$</td><td rowspan="4">−0.712*
(−1.82)</td></tr>
<tr><td>$urban_{it}(29.120 < urban_{it} \leqslant 30.410)$</td><td rowspan="3">0.133
(0.04)</td></tr>
<tr><td>$urban_{it}(30.410 < urban_{it} \leqslant 30.430)$</td><td rowspan="2">−0.168
(−1.63)</td></tr>
<tr><td>$urban_{it}(30.430 < urban_{it} \leqslant 36.240)$</td><td>−0.130
(−0.21)</td></tr>
<tr><td>$urban_{it}$ ($urban_{it} > 36.240$)</td><td>0.840*
(2.05)</td><td>0.071
(0.65)</td><td>2.111***
(2.99)</td><td>5.257
(1.53)</td></tr>
</table>

注：() 内为统计 t 值；*** 表示在 1%水平上具有统计显著性，** 表示在 5%水平上具有统计显著性，* 表示在 10%水平上具有统计显著性。

从综合比较结果来看，数字普惠金融发展以及金融与财政协同度不会对贫困县的城镇化水平产生任何促进作用；传统金融发展和财政投入可对城镇化率超过 36.240%的贫困县（截至 2018 年，城镇化率超过 36.24%的贫困县占总样本县的 76.9%）的城镇化率提升有促进作用。这一结论也证明了前文关于“金融减贫、财政减贫以及金融与财政协同减贫发挥最优减贫效应的领域存在差异”的猜想。

3. 金融与财政协同度对贫困县公路密度影响的门槛效应

表 7-25 报告了基于模型 7-1 的金融与财政协同度对贫困县公路密度影响的门槛效应估计结果。

表 7-25　门槛估计结果

门槛变量及门槛区间	估计结果
$road_{it}(road_{it} \leqslant 1.259\ 0)$	−0.220 (−1.22)

（续）

门槛变量及门槛区间	估计结果
$road_{it}$（1.259 0 < $road_{it}$ ≤ 1.906 1）	1.397*** （6.37）
$road_{it}$（$road_{it}$ > 1.906 1）	4.113*** （16.19）
控制变量	控制
个体效应	控制
年份效应	控制
样本量	2 610

注：() 内为统计 t 值；*** 表示在 1%水平上具有统计显著性，** 表示在 5%水平上具有统计显著性，* 表示在 10%水平上具有统计显著性。

估计结果显示，当贫困县公路密度小于 1.259 0 时，金融与财政协同度对贫困县公路密度影响的系数不显著，即金融与财政协同度对贫困县公路密度作用不显著；当贫困县公路密度大于 1.259 0 以后，金融与财政协同度对贫困县公路密度的影响显著为正，即金融与财政协同度对贫困县公路密度的提升有显著促进作用，并且贫困县自身公路密度越大，这种促进作用越强。这一结论再次证明了前文关于“金融与财政协同度的提升能有效增加贫困县发展机会，但存在以自身发展水平为门槛的门槛效应”的猜想。进一步统计发现，截至 2018 年，在贫困县中有 83.3%的县域公路密度不足 1.259 0，也就是说，在统计年份内金融与财政协同没能对 83.3%的贫困县的公路密度提升发挥积极作用。

将金融发展、财政投入、金融与财政协同对贫困县公路密度影响结果进行综合得到表 7 - 26。

从综合结果来看，当贫困县公路密度大于 1.353 5 以后，传统金融发展、数字普惠金融发展、财政投入以及金融与财政协同度均能显著促进贫困县公路密度进一步提高；当贫困县自身公路密度小于 1.174 5 时，传统金融发展、数字普惠金融发展、财政投入以及金融与财政协同度均对贫困县公路密度提升没有显著影响。从作用广度来看，数字普惠金融发展的作用广度大于传统金融发展以及金融与财政协同度的作用，而财政投入的作用广度最低。这一结论也证明了前文关于“金融减贫、财政减贫以及金融与财政协同减贫发挥最优减贫效应的领域存在差异”的猜想。

表 7-26　金融发展、财政投入、金融与财政协同对公路密度影响比较

<table>
<tr><th>门槛变量及门槛区间</th><th>传统金融发展
($tinf_{it}$)</th><th>数字普惠金融发展
($dinf_{it}$)</th><th>财政投入
(exp_{it})</th><th>金融与财政协同度
($CORD_i^t$)</th></tr>
<tr><td>$road_{it}$($road_{it}$≤1.174 5)</td><td rowspan="2">−0.002
(−0.13)</td><td>−0.005
(−0.95)</td><td rowspan="3">−0.034
(−1.11)</td><td rowspan="2">−0.220
(−1.22)</td></tr>
<tr><td>$road_{it}$(1.174 5<$road_{it}$≤1.259 0)</td><td rowspan="3">0.017***
(2.70)</td></tr>
<tr><td>$road_{it}$(1.259 0<$road_{it}$≤1.353 5)</td><td rowspan="4">0.373***
(11.23)</td><td rowspan="3">1.397***
(6.37)</td></tr>
<tr><td>$road_{it}$(1.353 5<$road_{it}$≤1.904 0)</td><td rowspan="3">0.827***
(11.45)</td></tr>
<tr><td>$road_{it}$(1.904 0<$road_{it}$≤1.906 1)</td><td rowspan="3">0.056***
(8.37)</td></tr>
<tr><td>$road_{it}$(1.906 1<$road_{it}$≤1.943 7)</td><td rowspan="2">4.113***
(16.19)</td></tr>
<tr><td>$road_{it}$($road_{it}$>1.943 7)</td><td>1.016***
(22.10)</td><td>2.555***
(23.87)</td></tr>
</table>

注：() 内为统计 t 值；*** 表示在 1%水平上具有统计显著性，** 表示在 5%水平上具有统计显著性，* 表示在 10%水平上具有统计显著性。

7.4　本章小结

本章基于门槛效应模型分别讨论了金融与财政协同对贫困县多维贫困总水平及多维贫困各维度的影响。研究发现：

（1）金融与财政协同对贫困县多维贫困的影响普遍存在门槛效应，越是多维贫困程度轻、收入水平高、发展能力强和发展机会多的贫困县，金融财政协同促进贫困县多维贫困减缓的作用效果越显著。

（2）金融与财政协同对贫困县多维贫困指数、城镇居民收入水平、农村居民的收入水平、发展能力中的产业升级的作用效果要优于对发展能力中的资本形成和教育水平以及对发展机会的作用效果。具体来看，截至 2018 年，金融与财政协同能够促进近 70%的贫困县的多维贫困指数降低；能够促进 95.2%的贫困县的城镇居民收入增长；能够促进 100%的贫困县的农村居民人均可支配收入增长；能够促进 83%的贫困县的产业升级。但金融与财政协同仅能够促进 15%的贫困县的资本形成；仅能够促进 45%的贫困县的教育水平提升；仅能够促进 5.2%的贫困县的城乡收入差距缩小；仅能促进 16.7%的贫困县的公路密度提升，而对贫困县的城镇化水平没有任何影响提升。

（3）通过对金融发展、财政投入以及金融与财政协同发挥减贫效应的广度进行综合比较发现，传统金融发展在促进贫困县农村居民收入增长、教育水平提升以及城镇化率提高等方面发挥积极作用的广度优于其他（财政投入在促进贫困县城镇化率提高方面发挥积极作用的广度与传统金融相当；金融与财政协同在促进贫困县农村居民收入增长方面发挥积极作用的广度与传统金融相当）；数字普惠金融在促进贫困县多维贫困指数降低、公路密度提高以及资本形成能力提升等方面发挥积极作用的广度优于其他；财政投入在促进贫困县城镇化率提高方面发挥积极作用的广度优于其他；金融与财政协同作用在促进贫困县农村居民收入增长、城镇居民收入增长、产业升级水平提升以及城乡收入差距缩小等方面发挥积极作用的广度优于其他。

第 8 章　研究结论与经验借鉴

8.1　研究结论

2020 年是我国脱贫攻坚战的收官之年。经过 8 年的努力，中国如期完成了新时代脱贫攻坚目标任务，全国现行标准下的贫困县全部摘帽。然而脱贫摘帽不是终点，而是新生活、新奋斗的起点。在巩固扩展脱贫攻坚成果同乡村振兴有效衔接过程中，不仅要继续提高脱贫人口的绝对收入水平，还应提高其发展能力、增加发展机会，只有这样才可以在巩固脱贫攻坚成果的基础上真正实现脱贫县的乡村振兴。自 2013 年起，金融资金和财政资金大量投入贫困地区，在减缓贫困过程中做了很多有益的尝试，为贫困地区的发展做出了巨大贡献。因此，本文首先通过度量贫困县在收入水平、发展能力和发展机会等维度的多维贫困程度，期望从多角度掌握贫困县原有的致贫原因，从而为巩固拓展脱贫攻坚成果提供方向。其次，通过深入讨论金融发展、财政投入以及金融与财政协同作用对贫困县的多维贫困水平、收入水平、发展能力以及发展机会的影响，了解不同性质的资金投入及投入模式对县域脱贫及发展的作用机制，从而为制定推动脱贫县实现乡村振兴的金融财政帮扶措施提供经验借鉴。研究发现：

第一，脱贫县发展能力提升势在必行。我国脱贫攻坚战略的实施取得了显著成效，各个维度的贫困问题都得到了显著缓解，贫困发生率下降，贫困深度与贫困强度同步降低。但是，收入贫困的消除并不意味着能力贫困和机会贫困的同步消除。“十三五”期间我国实施的精准扶贫政策，实现了收入贫困的大幅减少及贫困程度的大幅降低，但脱贫县在发展能力提升与发展机会增多方面的改进程度依然有限。因此，2020 年以后，脱贫县发展能力和发展机会提升问题应成为政策关注的重点，其中县域产业关联机会小、中小学密度低、人均农业机械总动力少、人口城镇化率低、城乡居民收入差距较大等依然是制约县域发展的主要瓶颈因素。

第二，不断加大的金融财政投入是贫困县重要的发展要素。从金融资产规模来看，贫困县金融资产绝对规模和相对规模均有较大幅度的增长，并且年均增长率均大于全国县域平均水平。从金融发展效率来看，贫困县的资金转化能力有逐年增长趋势。从数字普惠金融发展来看，贫困县平均数字普惠金融指数以及其覆盖广度指数、使用深度指数和数字化程度指数仅略低于全国县域平均水平。从财政支出绝对量来看，贫困县平均财政支出略低于全国县域平均水平，但其增长率大于全国县域平均水平。从财政投入相对规模来看，贫困县平均财政投入相对规模及年均增长率均高于全国县域平均水平。从金融与财政协同度来看，贫困县金融与财政复合系统处于轻度协同状态，但已表现出向更高协同方向演进的特征。

第三，金融发展、财政投入以及金融与财政协同对贫困县多维贫困指数及多维贫困各维度的影响均存在门槛效应，越是多维贫困程度轻、收入水平高、发展能力和发展机会强的贫困县，金融发展、财政投入以及金融与财政协同促进贫困县多维贫困减缓的积极作用越显著。

第四，金融发展、财政支出以及金融与财政协同在减贫过程中各具优势，其对贫困县多维贫困指数及各维度贫困发挥积极作用的范围大小是有差异的（表8-1）。

表8-1 金融发展、财政投入、金融与财政协同对多维贫困影响范围比较

	传统金融	数字普惠金融	财政投入	金融与财政协同度
多维贫困指数	72%	95.9%	69.3%	70%
城镇居民收入	72.8%	85.4%	75.3%	95.2%
农村居民收入	100%	44.3%	44.3%	100%
资本形成	14.6%	100%	18.4%	15%
产业升级	80.9%	82%	74.5%	83%
教育水平	64.3%	3.4%	40.9%	45%
城乡收入差距	4.4%	0	4.4%	5.2%
城镇化水平	71.2%	0	71.2%	16.7%
公路密度	16.7%	19.1%	16.7%	0

注：数据来源于本文第五—七章。

8.2 经验借鉴

本文在对贫困县收入水平、发展能力和发展机会等维度的多维贫困程度进行度量的基础上，深入讨论金融发展、财政投入以及金融与财政协同作用对贫困县的多维贫困水平、收入水平、发展能力以及发展机会的影响，了解不同性质的资金投入及投入模式对县域发展的作用机制，从而为制定推动脱贫县实现乡村振兴的金融财政帮扶措施提出以下可借鉴的经验。

8.2.1 正确认识脱贫县在乡村振兴战略架构下巩固拓展脱贫攻坚成果的着力点

1. 立足县域特点，找准县域发展能力提升和发展机会增多的准方向

提升县域发展能力是强化县域内生发展能力，巩固拓展脱贫攻坚成果的根本。为此，必须从提升县域生产能力、教育能力以及社会福利事业等方面共同发力。一是要结合不同县域的资源特点，以市场为导向，发展县域特色产业并构建与完善县域产业链，充分吸收就业，实现县域生产能力的稳步提升。二是加大县域基础教育投入力度，合理规划中小学数量，提升教育水平，并强化与县域产业发展相关的职业技术教育，培养产业发展人才，积累人力资本，为脱贫县实现乡村振兴提供坚实的人才基础。三是加快医疗卫生及社会福利事业的发展，推动医疗卫生基础设施建设，提高医疗服务水平，健全养老保障体系，真正实现“病有所医、老有所养”。

增多发展机会、实现城乡融合发展是巩固拓展脱贫攻坚成果的重要途径。一是要加大脱贫县以交通道路为主的基础设施建设，为其与外部物流、劳动力流动提供便利，降低物流成本；同时要积极培育与发展县域电商，充分利用目前大型电商平台的扶贫接口，拓展县域特色产品的销售市场，为县域特色产业及产品发展提供广阔空间。二是要结合移民搬迁、产业园区发展等，积极推进县域特色新型城镇化建设，通过政府规划引导、户籍制度改革等措施，强化县域重点城镇及特色城镇的人口聚集功能，为城乡产业融合、人口流动提供条件。三是要瞄准老龄化社会的到来，大中城市对高素质家政服务人员的巨大市场需求，加大对拟进城劳动力的职业技能培训，提高拟进城劳动力的职业素养及技能水平，为县域劳动力流入城市并快速融入城市提供条件。

2. 把握帮扶工作重心，选好金融与财政支持的着力点

将提升县域发展能力与消除社会排斥、增加发展机会作为巩固拓展脱贫攻坚成果的目标与重心，实现四个转变。一是在帮扶对象上，实现由以农户为对象转向以县域为对象，根据不同县域的资源特点与发展条件，因地制宜，打造不同的发展路径与发展模式。二是在帮扶模式上，实现由以扶持农户产业发展为主的扶贫模式转向以培育县域产业链为主的帮扶模式，强化县域产业发展的整体性、规模性及聚集性，以县域龙头企业、合作社为产业链主体，形成以链（产业）带点（农户）的共享式发展，有效解决"小农户"与"大市场"的矛盾，增强县域经济抵抗市场风险能力。三是在资金支持上，实现由面向农户的小额信贷和财政支持向以县域整体发展为主要目标的开发性金融、商业性金融及财政支持的多元资金支持体系的转移，并加大支持力度，提升县域内生发展能力。四是在发展环境营造上，实现资金等生产要素由单向流入转向城乡双向流动，在开放中实现城乡融合、共享发展。

8.2.2　不断扩大金融帮扶范围和帮扶能力

1. 提高金融服务普惠度，防止出现金融帮扶过程中的"精英俘获"问题

金融服务普惠度的提升是预防金融排斥，避免金融帮扶过程中出现"精英俘获"现象的有效途径。第一，通过普惠金融体系建设扩大金融服务范围，使低收入人群获得更多的与自身发展能力相一致的金融服务，进而提升低收入人群消费能力，促进地区发展。第二，充分利用数字技术的"数字红利"创新金融服务技术，从而在普惠金融体系框架下进一步提高金融服务范围。但是，在数字技术普及过程中，要注重脱贫县数字技术基础设施建设和低收入人口数字化素养的培育，避免因"数字鸿沟"导致新的金融排斥问题。第三，进一步厘清精英与非精英、合作组织、扶贫企业、政府以及农村发展之间的关系，通过各方协同共赢、公平共进的理念淡化"精英"概念，减少金融帮扶过程中的"精英俘获"。

2. 提高金融服务绩效，避免产生金融帮扶过程中的"马太效应"

金融趋利避害的特点使金融帮扶有可能产生"马太效应"。为了避免这种现象的发生，提出以下建议：第一，从合理化金融规模视角提升金融服务绩效。金融规模应与经济发展水平相匹配才能更好地服务经济发展、助力乡村振兴，金融规模过大会通过冲击实体经济产生"马太效应"，金融规模过小则会通过"金融排斥""精英俘获"等途径产生"马太效应"。因此，通过合理化金融规模提升金融服务绩效是必不可少的。第二，从优化金融服务结构视角提升金融帮扶绩效。金融资金的投入一方面要投入到能实现资本形成的领域，另一方面应通过作用于优势产业以及促进产业升级将低收入人口带入到产业发展过程中，从而使其获得产业发展的红利，避免金融减贫的“马太效应”。第三，应从优化金融生态环境视角提升金融服务绩效。不断提高低收入人口综合素质，加强金融教育，向脱贫县和低收入人口普及金融知识，使其更高效的利用金融服务，进而从金融服务的消费方实现金融帮扶效率的提升。

8.2.3 克服财政“负向激励”问题 提高财政帮扶能力

1. 肯定财政投入输血式扶贫的现实意义

财政投入是对市场初次分配的矫正，在一定程度上发挥了通过再分配实现帮扶的目的，尤其是在提高低收入群体收入的过程中，财政投入这种输血式扶贫政策发挥了极其重要的作用。首先，我国现行的财政转移支付体系具有良好的“精准”效果，并且相较于民间救助和企业救助来说，政府转移支付救助的“精准”效果是最好的。其次，财政投入能通过基础设施建设、优化产业结构以及促进资本积累形成等手段为低收入人口的致富提供良好的宏观环境。因此，财政投入输血式扶贫的现实意义是不容忽视的。

2. 提高财政投入绩效，警惕财政帮扶的“负向激励”问题

虽然财政投入对于脱贫县的发展具有重要的现实意义，但财政帮扶的绩效问题仍不容忽视。具体来说包括以下几点：第一，增加财政帮扶资金的有效供给。目前的财政投入，尤其是财政转移支付资金存在一定的浪费和结余情况，因此建议对财政资金进行更精准的监管，防止财政资金被浪费或压缩供给的现象发生，从而提高财政资金的有效供给量。第二，动态调整财政资金的受益对象。随着脱贫攻坚的全面胜利，绝对贫困问题得到了解决。此时，财政资金的受益对象也应由绝对贫困转向相对贫困。然而，相对贫困是一个相对概念，政府应加强相对贫困的动态监测和评估能力，并根据动态评估结果制订相对贫困的进入和退出机制，进而构建财政减贫的长效机制，提高财政帮扶效率。第三，设定财政帮扶资金受益条件，避免财政“负向激励”。财政资金投入的公益性特征可能会对财政资金受益者产生“负向激励”，因此建议通过对财政资金用途设定受益条件来防止“负向激励”的发生。从发展的角度来看，低收入人口身体素质的提高、人力资本水平的提高以及生产能力的提升是其脱贫致富、不再返贫的根本，因此可以优先从饮食支出、健康支出、教育支出以及生产性支出等维度来设置受益条件，使财政投入真正作用于资本形成和产业发展，从而防止财政帮扶资金因用于其他不合理用途而导致“负向激励”问题发生，进而提升财政帮扶绩效。

8.2.4 不断提升金融与财政帮扶的协同度

1. 完善金融和财政帮扶政策，明确金融和财政分工

从金融和财政的性质来看，在脱贫县的不同发展阶段以及不同的发展维度，金融和财政各具优势。财政投入是基础，能够提升低收入人口人力资本水平，增加其生产经营能力和脱贫致富的勇气；金融投入则可以通过市场力量激发低收入人口内生发展能力的形成，从而稳固脱贫致富成效。因此，财政投入一是要加大脱贫县以交通道路为代表的基础设施建设，为其与外部的物流、劳动力流动提供便利；二是加大对县域基础教育投入力度，并加快与县域产业发展相关的职业技术教育，培养产业发展人才，积累人力资本，为脱贫县高质量发展提供坚实基础；三是结合不同县域的资源特点，推动建立县域特色产业，并构建与完善县域产业链，充分吸收就业，实现县域生产能力的稳步提升。金融投入一是要加大对脱贫县满足信贷要求的一、二、三产业的信贷投入，使其尽快扩大产业规模、增加产业门类、实现产业升级，发展农副产品生产加工、农村休闲旅游、绿色高效农业等多种业态，走稳发展产业、兴办企业的“造血”之路，从而吸纳更多的农村劳动力在家门口就业、在家门口消费，进而实现家乡的腾飞发展；二是继续推进普惠金融及数字普惠金融发展，强化其在创业、增收和改善收入分配上的作用，使脱贫县能够共享数字普惠金融发展所带来的红利。与此同时，要注重农村居民人力资本水平的提升、继续加大互联网等数字化基础设施的建设，持续推进数字普惠金融的覆盖面和可得性，避免因农户自身知识储备不足或数字化基础设施不足导致的“数字鸿沟”。

2. 加强金融和财政的协作，提高帮扶资金使用效率

金融和财政除了明确分工，还需要加强协作，通过协作形成合力，实现金融财政“1＋1＞2”的作用效果。具体来说，包括以下几点：第一，有效避免金融服务和财政投入作用的重叠，防止金融服务与财政投入两者间的干扰与冲突，避免“1＋1＜2”的作用效果的发生。第二，加强财政投入对金融投入的引导作用。财政资金可通过“以奖代补”方式，通过完善农产品最低收购价政策和政策性农业保险政策来稳定和加强对农业生产的补贴，从而在调动农民种粮积极性的前提下，吸引金融资金参与到农业生产中。此外，财政资金可以通过财政贴息的形式，对承担产业扶贫任务的企业的涉农贷款给予利息补贴，以此发挥财政的杠杆作用，撬动金融资金投放规模，扩大金融资金促进脱贫县发展的作用范围。第三，加强财政投入对金融投入的支持作用。财政投入一方面可以通过建立信贷担保基金的方式，增强低收入人口的信用水平，另一方面可以通过建立风险补偿机制降低金融机构在帮扶过程中的信用风险，从而在发挥财政保障作用的同时扩大金融资金在脱贫县的投放规模。

附录 1：2014—2018 年国家重点贫困县多维贫困指数

县域名称	省份	多维贫困指数					多维贫困深度					多维贫困强度				
		2014 年	2015 年	2016 年	2017 年	2018 年	2014 年	2015 年	2016 年	2017 年	2018 年	2014 年	2015 年	2016 年	2017 年	2018 年
阿鲁科尔沁旗	内蒙古	0.299 3	0.300 6	0.201 6	0.077 0	0.068 0	0.851 9	0.851 9	0.648 1	0.351 9	0.351 9	0.351 4	0.254 8	0.311 1	0.218 8	0.193 3
敖汉旗	内蒙古	0.230 7	0.208 0	0.147 0	0.149 8	0.149 3	0.685 2	0.629 6	0.463 0	0.463 0	0.463 0	0.336 7	0.233 9	0.317 6	0.323 5	0.224 1
巴林右旗	内蒙古	0.184 5	0.182 9	0.122 8	0.000 0	0.089 2	0.685 2	0.685 2	0.537 0	0.000 0	0.370 4	0.269 3	0.166 0	0.228 7	0.000 0	0.131 1
巴林左旗	内蒙古	0.198 9	0.198 6	0.173 0	0.112 7	0.069 5	0.629 6	0.629 6	0.592 6	0.555 6	0.388 9	0.315 9	0.214 7	0.292 0	0.202 9	0.178 7
察哈尔右翼后旗	内蒙古	0.158 9	0.161 2	0.193 7	0.173 7	0.094 6	0.592 6	0.592 6	0.611 1	0.518 5	0.444 4	0.268 1	0.250 3	0.317 0	0.335 1	0.212 8
察哈尔右翼前旗	内蒙古	0.125 1	0.142 3	0.161 8	0.100 4	0.077 1	0.537 0	0.592 6	0.555 6	0.425 9	0.388 9	0.233 0	0.193 9	0.291 3	0.235 7	0.198 3
察哈尔右翼中旗	内蒙古	0.201 6	0.199 5	0.245 4	0.233 0	0.124 1	0.592 6	0.592 6	0.685 2	0.685 2	0.574 1	0.340 2	0.319 3	0.358 2	0.340 0	0.216 2
达尔罕茂明安联合旗	内蒙古	0.103 6	0.103 6	0.102 3	0.112 0	0.100 3	0.388 9	0.388 9	0.388 9	0.425 9	0.388 9	0.266 5	0.168 3	0.263 2	0.263 0	0.162 0
鄂伦春自治旗	内蒙古	0.288 0	0.291 9	0.263 0	0.205 2	0.095 9	0.759 3	0.759 3	0.685 2	0.629 6	0.407 4	0.379 3	0.301 9	0.383 8	0.325 9	0.235 3
鄂托克前旗	内蒙古	0.116 2	0.103 0	0.099 5	0.083 7	0.080 6	0.388 9	0.388 9	0.388 9	0.333 3	0.333 3	0.298 8	0.166 2	0.255 9	0.251 0	0.142 3
固阳县	内蒙古	0.134 4	0.130 4	0.131 7	0.128 1	0.127 9	0.444 4	0.444 4	0.444 4	0.425 9	0.425 9	0.302 3	0.203 3	0.296 2	0.300 7	0.202 0
杭锦旗	内蒙古	0.109 2	0.108 7	0.102 8	0.103 0	0.097 1	0.370 4	0.370 4	0.370 4	0.370 4	0.370 4	0.294 9	0.203 8	0.277 6	0.278 1	0.171 4
化德县	内蒙古	0.176 9	0.174 8	0.238 4	0.156 5	0.109 9	0.592 6	0.592 6	0.777 8	0.592 6	0.666 7	0.298 6	0.270 8	0.306 5	0.264 1	0.164 9
喀喇沁旗	内蒙古	0.115 9	0.115 5	0.000 0	0.083 8	0.083 2	0.481 5	0.481 5	0.000 0	0.351 9	0.351 9	0.240 7	0.152 4	0.000 0	0.238 2	0.148 6
科尔沁右翼前旗	内蒙古	0.339 1	0.314 0	0.236 3	0.080 4	0.078 8	0.851 9	0.851 9	0.685 2	0.351 9	0.351 9	0.398 1	0.269 0	0.344 9	0.228 4	0.223 8

（续）

县域名称	省份	多维贫困指数					多维贫困深度					多维贫困强度				
		2014 年	2015 年	2016 年	2017 年	2018 年	2014 年	2015 年	2016 年	2017 年	2018 年	2014 年	2015 年	2016 年	2017 年	2018 年
科尔沁右翼中旗	内蒙古	0.310 8	0.309 4	0.286 1	0.230 4	0.167 9	0.851 9	0.851 9	0.851 9	0.685 2	0.518 5	0.364 8	0.253 0	0.335 9	0.336 2	0.217 3
科尔沁左翼后旗	内蒙古	0.166 9	0.165 9	0.148 5	0.151 4	0.095 1	0.592 6	0.592 6	0.463 0	0.463 0	0.388 9	0.281 6	0.245 7	0.320 7	0.327 0	0.244 5
克什克腾旗	内蒙古	0.205 1	0.196 7	0.103 0	0.103 2	0.102 0	0.685 2	0.648 1	0.388 9	0.370 4	0.370 4	0.299 3	0.215 0	0.264 9	0.278 5	0.186 5
库伦旗	内蒙古	0.214 3	0.214 5	0.193 6	0.140 2	0.067 5	0.703 7	0.703 7	0.629 6	0.463 0	0.351 9	0.304 6	0.280 3	0.307 4	0.302 8	0.191 7
林西县	内蒙古	0.164 1	0.164 8	0.159 0	0.162 1	0.156 3	0.574 1	0.574 1	0.574 1	0.574 1	0.574 1	0.285 9	0.195 6	0.277 0	0.282 4	0.174 0
莫力达瓦达斡尔族自治旗	内蒙古	0.255 9	0.255 4	0.280 4	0.149 8	0.094 0	0.740 7	0.740 7	0.796 3	0.463 0	0.388 9	0.345 4	0.314 5	0.352 1	0.323 6	0.241 8
奈曼旗	内蒙古	0.201 6	0.203 8	0.171 3	0.173 5	0.090 9	0.703 7	0.703 7	0.518 5	0.518 5	0.407 4	0.286 5	0.258 6	0.330 3	0.334 7	0.223 2
宁城县	内蒙古	0.210 8	0.207 1	0.203 7	0.175 0	0.178 7	0.722 2	0.722 2	0.740 7	0.611 1	0.611 1	0.291 9	0.191 6	0.274 9	0.286 4	0.193 3
清水河县	内蒙古	0.187 6	0.172 5	0.163 8	0.214 5	0.184 4	0.592 6	0.555 6	0.592 6	0.740 7	0.703 7	0.316 6	0.237 4	0.276 4	0.289 6	0.176 2
商都县	内蒙古	0.193 3	0.174 9	0.195 5	0.171 8	0.156 6	0.648 1	0.592 6	0.722 2	0.574 1	0.555 6	0.298 2	0.270 6	0.270 7	0.299 3	0.281 9
四子王旗	内蒙古	0.194 2	0.193 5	0.152 7	0.180 6	0.109 1	0.592 6	0.592 6	0.629 6	0.518 5	0.463 0	0.327 6	0.302 3	0.242 6	0.348 3	0.235 7
苏尼特右旗	内蒙古	0.227 6	0.226 4	0.220 7	0.150 9	0.077 0	0.648 1	0.648 1	0.648 1	0.463 0	0.351 9	0.351 1	0.238 6	0.340 4	0.326 0	0.218 9
太仆寺旗	内蒙古	0.208 9	0.208 2	0.133 5	0.133 0	0.133 1	0.685 2	0.685 2	0.463 0	0.463 0	0.463 0	0.304 9	0.245 4	0.288 5	0.287 3	0.228 6
突泉县	内蒙古	0.307 1	0.273 6	0.201 9	0.155 6	0.126 1	0.907 4	0.851 9	0.685 2	0.574 1	0.463 0	0.338 5	0.228 4	0.294 7	0.271 1	0.170 1
托克托县	内蒙古	0.130 5	0.050 3	0.057 0	0.059 0	0.065 7	0.537 0	0.425 9	0.425 9	0.425 9	0.425 9	0.242 9	0.118 0	0.133 7	0.138 5	0.154 3
翁牛特旗	内蒙古	0.247 3	0.235 9	0.236 4	0.181 5	0.188 3	0.740 7	0.740 7	0.740 7	0.574 1	0.574 1	0.333 8	0.223 8	0.319 2	0.316 1	0.224 4
乌审旗	内蒙古	0.056 9	0.000 0	0.000 0	0.000 0	0.000 0	0.333 3	0.000 0	0.000 0	0.000 0	0.000 0	0.170 7	0.000 0	0.000 0	0.000 0	0.000 0

（续）

县域名称	省份	多维贫困指数					多维贫困深度					多维贫困强度				
		2014 年	2015 年	2016 年	2017 年	2018 年	2014 年	2015 年	2016 年	2017 年	2018 年	2014 年	2015 年	2016 年	2017 年	2018 年
武川县	内蒙古	0.294 8	0.282 7	0.176 1	0.201 6	0.175 5	0.851 9	0.814 8	0.555 6	0.648 1	0.592 6	0.346 0	0.277 6	0.317 0	0.311 0	0.218 7
兴和县	内蒙古	0.242 5	0.210 9	0.127 8	0.216 7	0.086 3	0.796 3	0.759 3	0.611 1	0.722 2	0.444 4	0.304 5	0.234 5	0.209 1	0.300 1	0.194 2
伊金霍洛旗	内蒙古	0.042 9	0.042 6	0.039 1	0.040 5	0.036 4	0.333 3	0.333 3	0.333 3	0.370 4	0.370 4	0.128 6	0.127 7	0.117 4	0.109 4	0.098 4
扎赉特旗	内蒙古	0.317 0	0.321 4	0.237 9	0.088 1	0.071 1	0.851 9	0.851 9	0.685 2	0.407 4	0.351 9	0.372 1	0.266 4	0.347 2	0.216 2	0.202 1
枞阳县	安徽	0.152 3	0.168 4	0.079 1	0.000 0	0.067 4	0.611 1	0.611 1	0.388 9	0.000 0	0.407 4	0.249 2	0.178 2	0.203 4	0.000 0	0.068 1
阜南县	安徽	0.167 2	0.113 1	0.073 3	0.063 3	0.062 8	0.740 7	0.574 1	0.425 9	0.333 3	0.333 3	0.225 8	0.121 3	0.172 0	0.189 9	0.114 6
霍邱县	安徽	0.136 5	0.089 6	0.116 1	0.064 1	0.092 4	0.648 1	0.481 5	0.648 1	0.351 9	0.518 5	0.210 5	0.102 9	0.179 2	0.182 1	0.087 7
霍山县	安徽	0.147 1	0.095 6	0.062 4	0.000 0	0.000 0	0.703 7	0.537 0	0.370 4	0.000 0	0.000 0	0.209 0	0.078 8	0.168 6	0.000 0	0.000 0
金寨县	安徽	0.124 3	0.082 9	0.152 6	0.097 8	0.143 7	0.574 1	0.407 4	0.740 7	0.518 5	0.685 2	0.216 5	0.116 4	0.206 1	0.188 7	0.125 2
泾县	安徽	0.134 6	0.130 5	0.098 5	0.084 3	0.118 4	0.518 5	0.518 5	0.463 0	0.407 4	0.574 1	0.259 5	0.158 0	0.212 7	0.206 8	0.107 3
利辛县	安徽	0.147 4	0.094 8	0.000 0	0.000 0	0.000 0	0.648 1	0.481 5	0.000 0	0.000 0	0.000 0	0.227 4	0.116 9	0.000 0	0.000 0	0.000 0
临泉县	安徽	0.181 0	0.125 8	0.101 5	0.079 2	0.067 8	0.740 7	0.574 1	0.518 5	0.388 9	0.333 3	0.244 4	0.139 8	0.195 7	0.203 6	0.128 0
潜山县	安徽	0.148 5	0.103 5	0.084 7	0.000 0	0.000 0	0.611 1	0.574 1	0.444 4	0.000 0	0.000 0	0.243 0	0.083 0	0.190 5	0.000 0	0.000 0
石台县	安徽	0.153 7	0.112 8	0.113 0	0.076 3	0.000 0	0.648 1	0.537 0	0.592 6	0.425 9	0.000 0	0.237 1	0.113 5	0.190 7	0.179 1	0.000 0
寿县	安徽	0.159 1	0.095 0	0.125 6	0.089 4	0.094 9	0.703 7	0.481 5	0.648 1	0.481 5	0.481 5	0.226 1	0.113 4	0.193 8	0.185 7	0.116 8
舒城县	安徽	0.171 7	0.111 5	0.057 9	0.000 0	0.000 0	0.777 8	0.611 1	0.351 9	0.000 0	0.000 0	0.220 8	0.097 6	0.164 5	0.000 0	0.000 0
宿松县	安徽	0.121 9	0.103 9	0.057 9	0.055 0	0.077 4	0.574 1	0.574 1	0.351 9	0.351 9	0.463 0	0.212 3	0.103 2	0.164 5	0.156 4	0.092 0
太湖县	安徽	0.170 4	0.133 8	0.116 2	0.089 8	0.102 2	0.611 1	0.629 6	0.500 0	0.463 0	0.500 0	0.278 8	0.110 6	0.232 4	0.194 1	0.106 1

（续）

县域名称	省份	多维贫困指数					多维贫困深度					多维贫困强度				
		2014年	2015年	2016年	2017年	2018年	2014年	2015年	2016年	2017年	2018年	2014年	2015年	2016年	2017年	2018年
无为县	安徽	0.000 0	0.000 0	0.000 0	0.000 0	0.000 0	0.000 0	0.000 0	0.000 0	0.000 0	0.000 0	0.000 0	0.000 0	0.000 0	0.000 0	0.000 0
颍上县	安徽	0.158 3	0.093 7	0.061 2	0.060 2	0.059 9	0.740 7	0.518 5	0.351 9	0.351 9	0.351 9	0.213 7	0.101 3	0.174 0	0.171 0	0.095 0
岳西县	安徽	0.165 6	0.120 2	0.073 6	0.087 7	0.113 9	0.611 1	0.574 1	0.333 3	0.388 9	0.500 0	0.271 0	0.120 5	0.220 9	0.225 6	0.139 0
长丰县	安徽	0.069 7	0.063 4	0.063 4	0.060 0	0.060 1	0.370 4	0.370 4	0.370 4	0.370 4	0.370 4	0.188 1	0.077 5	0.171 2	0.162 1	0.071 0
宕昌县	甘肃	0.443 1	0.369 1	0.352 8	0.334 7	0.264 9	0.888 9	0.888 9	0.888 9	0.888 9	0.722 2	0.498 5	0.316 2	0.396 9	0.376 6	0.266 4
东乡族自治县	甘肃	0.458 2	0.398 4	0.371 9	0.338 7	0.313 6	0.944 4	0.944 4	0.944 4	0.944 4	0.944 4	0.485 1	0.321 8	0.393 7	0.358 6	0.243 3
甘谷县	甘肃	0.340 9	0.281 1	0.236 6	0.183 9	0.173 8	0.907 4	0.851 9	0.777 8	0.666 7	0.666 7	0.375 7	0.230 0	0.304 1	0.275 9	0.162 6
古浪县	甘肃	0.440 7	0.343 4	0.289 6	0.209 1	0.204 7	0.963 0	0.851 9	0.740 7	0.629 6	0.629 6	0.457 7	0.292 7	0.391 0	0.332 1	0.214 0
广河县	甘肃	0.380 2	0.317 4	0.299 5	0.282 0	0.254 4	0.944 4	0.944 4	0.944 4	0.888 9	0.851 9	0.402 6	0.238 2	0.317 1	0.317 2	0.207 8
合水县	甘肃	0.340 8	0.216 1	0.215 8	0.168 3	0.145 9	0.888 9	0.685 2	0.685 2	0.629 6	0.555 6	0.383 4	0.224 0	0.315 0	0.267 3	0.166 7
和政县	甘肃	0.341 3	0.277 8	0.265 4	0.307 2	0.289 2	0.833 3	0.796 3	0.796 3	0.851 9	0.851 9	0.409 5	0.247 7	0.333 3	0.360 6	0.254 2
华池县	甘肃	0.263 0	0.176 2	0.206 5	0.188 6	0.196 7	0.759 3	0.592 6	0.648 1	0.629 6	0.685 2	0.346 4	0.191 5	0.318 6	0.299 5	0.183 1
环县	甘肃	0.369 8	0.262 7	0.254 3	0.240 6	0.252 1	0.907 4	0.740 7	0.740 7	0.685 2	0.740 7	0.407 6	0.257 2	0.343 2	0.351 1	0.245 6
会宁县	甘肃	0.346 4	0.226 8	0.221 0	0.120 5	0.119 4	0.833 3	0.629 6	0.629 6	0.444 4	0.444 4	0.415 6	0.257 2	0.351 0	0.271 1	0.164 7
积石山保安族东乡族撒拉族自治县	甘肃	0.433 1	0.387 4	0.345 8	0.190 7	0.188 8	0.944 4	0.944 4	0.888 9	0.666 7	0.666 7	0.458 6	0.310 3	0.389 1	0.286 0	0.182 0
静宁县	甘肃	0.302 8	0.231 5	0.153 4	0.083 3	0.071 2	0.833 3	0.777 8	0.574 1	0.388 9	0.351 9	0.363 4	0.201 2	0.267 3	0.214 2	0.103 7
康乐县	甘肃	0.394 8	0.333 2	0.307 6	0.261 5	0.237 7	0.944 4	0.944 4	0.944 4	0.888 9	0.888 9	0.418 1	0.260 5	0.325 7	0.294 2	0.176 7

（续）

县域名称	省份	多维贫困指数					多维贫困深度					多维贫困强度				
		2014 年	2015 年	2016 年	2017 年	2018 年	2014 年	2015 年	2016 年	2017 年	2018 年	2014 年	2015 年	2016 年	2017 年	2018 年
康县	甘肃	0.435 4	0.375 1	0.360 3	0.331 6	0.261 6	0.888 9	0.888 9	0.888 9	0.888 9	0.722 2	0.489 9	0.322 3	0.405 3	0.373 0	0.261 8
礼县	甘肃	0.492 8	0.404 2	0.385 5	0.269 2	0.264 5	1.000 0	0.944 4	0.944 4	0.777 8	0.777 8	0.492 8	0.332 0	0.408 2	0.346 1	0.242 6
两当县	甘肃	0.431 2	0.294 2	0.280 0	0.292 6	0.302 4	0.851 9	0.796 3	0.796 3	0.851 9	0.907 4	0.506 2	0.272 1	0.351 6	0.343 5	0.226 6
临潭县	甘肃	0.463 9	0.408 7	0.383 1	0.299 6	0.290 2	0.944 4	0.944 4	0.944 4	0.777 8	0.777 8	0.491 2	0.336 3	0.405 6	0.385 2	0.274 5
临洮县	甘肃	0.325 9	0.214 0	0.200 1	0.205 8	0.156 4	0.833 3	0.740 7	0.740 7	0.777 8	0.611 1	0.391 1	0.185 4	0.270 2	0.264 6	0.151 0
临夏县	甘肃	0.315 6	0.282 5	0.264 7	0.230 4	0.216 7	0.796 3	0.851 9	0.851 9	0.796 3	0.796 3	0.396 3	0.238 1	0.310 8	0.289 3	0.181 7
陇西县	甘肃	0.329 4	0.274 3	0.254 1	0.267 7	0.209 0	0.833 3	0.833 3	0.833 3	0.888 9	0.722 2	0.395 3	0.231 2	0.304 9	0.301 1	0.190 2
岷县	甘肃	0.459 7	0.376 8	0.360 9	0.257 9	0.254 9	1.000 0	0.944 4	0.944 4	0.722 2	0.722 2	0.459 7	0.295 8	0.382 2	0.357 1	0.248 2
宁县	甘肃	0.355 0	0.253 7	0.245 8	0.227 4	0.236 5	0.888 9	0.722 2	0.722 2	0.722 2	0.777 8	0.399 4	0.271 3	0.340 4	0.314 8	0.221 8
秦安县	甘肃	0.380 6	0.290 9	0.237 8	0.210 4	0.202 5	0.888 9	0.833 3	0.722 2	0.666 7	0.666 7	0.428 2	0.253 6	0.329 2	0.315 6	0.201 0
清水县	甘肃	0.341 3	0.287 9	0.229 5	0.196 8	0.187 1	0.888 9	0.833 3	0.722 2	0.666 7	0.666 7	0.384 0	0.253 8	0.317 8	0.295 1	0.187 3
天祝藏族自治县	甘肃	0.200 2	0.266 8	0.224 1	0.108 7	0.109 1	0.740 7	0.796 3	0.685 2	0.407 4	0.407 4	0.270 2	0.242 0	0.327 0	0.266 8	0.173 1
通渭县	甘肃	0.406 4	0.341 5	0.299 8	0.228 9	0.220 3	0.944 4	0.944 4	0.888 9	0.777 8	0.777 8	0.430 3	0.259 7	0.337 2	0.294 3	0.179 8
渭源县	甘肃	0.370 3	0.248 6	0.232 7	0.195 3	0.189 1	0.888 9	0.796 3	0.796 3	0.666 7	0.666 7	0.416 6	0.208 2	0.292 3	0.293 0	0.178 1
文县	甘肃	0.475 6	0.405 7	0.389 3	0.345 8	0.272 5	0.907 4	0.907 4	0.907 4	0.907 4	0.740 7	0.524 2	0.345 3	0.429 1	0.381 1	0.269 9
武山县	甘肃	0.350 8	0.283 2	0.217 4	0.226 4	0.204 4	0.944 4	0.888 9	0.722 2	0.722 2	0.666 7	0.371 5	0.213 1	0.301 1	0.313 4	0.204 1
西和县	甘肃	0.316 4	0.398 9	0.380 9	0.353 2	0.279 7	0.833 3	0.944 4	0.944 4	0.944 4	0.777 8	0.379 6	0.322 0	0.403 3	0.374 0	0.260 0
夏河县	甘肃	0.469 9	0.420 0	0.398 3	0.309 7	0.187 0	0.888 9	0.888 9	0.888 9	0.722 2	0.611 1	0.528 6	0.362 6	0.448 1	0.428 8	0.306 0

（续）

县域名称	省份	多维贫困指数					多维贫困深度					多维贫困强度				
		2014年	2015年	2016年	2017年	2018年	2014年	2015年	2016年	2017年	2018年	2014年	2015年	2016年	2017年	2018年
永靖县	甘肃	0.333 0	0.289 8	0.276 4	0.217 5	0.205 1	0.888 9	0.888 9	0.888 9	0.814 8	0.814 8	0.374 7	0.228 8	0.311 0	0.266 9	0.153 1
榆中县	甘肃	0.249 3	0.199 5	0.190 7	0.157 4	0.146 4	0.722 2	0.722 2	0.722 2	0.574 1	0.574 1	0.345 2	0.166 8	0.264 1	0.274 1	0.145 5
张家川回族自治县	甘肃	0.368 4	0.251 6	0.203 0	0.083 0	0.081 8	0.888 9	0.777 8	0.666 7	0.388 9	0.388 9	0.414 4	0.228 0	0.304 5	0.213 4	0.119 1
漳县	甘肃	0.454 9	0.382 3	0.343 2	0.255 4	0.246 5	0.944 4	0.944 4	0.907 4	0.740 7	0.740 7	0.481 7	0.301 2	0.378 3	0.344 8	0.227 3
镇原县	甘肃	0.337 2	0.226 5	0.203 6	0.204 1	0.191 3	0.888 9	0.722 2	0.666 7	0.666 7	0.629 6	0.379 3	0.225 8	0.305 4	0.306 2	0.214 9
舟曲县	甘肃	0.398 6	0.356 4	0.344 9	0.279 1	0.278 8	0.870 4	0.870 4	0.870 4	0.740 7	0.740 7	0.457 9	0.304 2	0.396 2	0.376 8	0.268 9
巴马瑶族自治县	广西	0.284 2	0.271 9	0.292 1	0.302 9	0.275 4	0.777 8	0.777 8	0.833 3	0.833 3	0.796 3	0.365 3	0.249 5	0.350 5	0.363 5	0.267 4
大化瑶族自治县	广西	0.222 5	0.209 2	0.335 5	0.242 3	0.263 9	0.685 2	0.685 2	0.907 4	0.777 8	0.777 8	0.324 8	0.217 5	0.369 7	0.311 6	0.251 7
德保县	广西	0.177 9	0.142 7	0.231 2	0.155 2	0.168 4	0.555 6	0.500 0	0.777 8	0.574 1	0.574 1	0.320 3	0.184 7	0.297 3	0.270 3	0.209 1
东兰县	广西	0.239 1	0.197 9	0.304 2	0.231 2	0.242 9	0.703 7	0.648 1	0.870 4	0.703 7	0.703 7	0.339 8	0.223 5	0.349 5	0.328 6	0.267 6
都安瑶族自治县	广西	0.246 1	0.253 7	0.330 3	0.217 8	0.208 5	0.722 2	0.777 8	0.944 4	0.722 2	0.685 2	0.340 8	0.217 9	0.349 8	0.301 5	0.246 6
凤山县	广西	0.231 5	0.179 4	0.223 5	0.228 0	0.163 7	0.740 7	0.629 6	0.740 7	0.796 3	0.574 1	0.312 5	0.182 3	0.301 7	0.286 4	0.217 1
环江毛南族自治县	广西	0.257 9	0.264 1	0.221 9	0.257 2	0.236 6	0.703 7	0.740 7	0.629 6	0.740 7	0.629 6	0.366 6	0.272 7	0.352 4	0.347 2	0.295 0
金秀瑶族自治县	广西	0.153 6	0.140 0	0.220 7	0.206 9	0.173 7	0.500 0	0.500 0	0.722 2	0.722 2	0.555 6	0.307 3	0.191 3	0.305 5	0.286 5	0.220 1
靖西县	广西	0.213 0	0.188 9	0.197 6	0.162 2	0.097 3	0.685 2	0.685 2	0.740 7	0.740 7	0.425 9	0.310 9	0.165 5	0.266 7	0.219 0	0.163 2
乐业县	广西	0.116 6	0.187 7	0.277 2	0.287 4	0.265 5	0.500 0	0.555 6	0.777 8	0.833 3	0.796 3	0.233 1	0.230 8	0.356 4	0.344 9	0.248 6
凌云县	广西	0.205 3	0.178 7	0.285 8	0.293 9	0.292 7	0.611 1	0.611 1	0.833 3	0.833 3	0.777 8	0.335 9	0.187 6	0.342 9	0.352 6	0.284 9
龙胜各族自治县	广西	0.171 7	0.132 8	0.156 3	0.169 3	0.196 2	0.518 5	0.463 0	0.518 5	0.574 1	0.574 1	0.331 1	0.183 6	0.301 3	0.294 9	0.241 2

（续）

县域名称	省份	多维贫困指数					多维贫困深度					多维贫困强度				
		2014 年	2015 年	2016 年	2017 年	2018 年	2014 年	2015 年	2016 年	2017 年	2018 年	2014 年	2015 年	2016 年	2017 年	2018 年
龙州县	广西	0.187 0	0.157 7	0.219 5	0.147 8	0.166 2	0.666 7	0.555 6	0.740 7	0.537 0	0.537 0	0.280 5	0.190 5	0.296 3	0.275 1	0.216 4
隆安县	广西	0.206 3	0.141 6	0.165 9	0.158 6	0.203 1	0.722 2	0.518 5	0.555 6	0.555 6	0.611 1	0.285 6	0.191 0	0.298 6	0.285 4	0.248 3
隆林各族自治县	广西	0.222 5	0.109 2	0.301 9	0.274 5	0.207 5	0.611 1	0.500 0	0.833 3	0.833 3	0.611 1	0.364 2	0.218 4	0.362 3	0.329 4	0.266 0
罗城仫佬族自治县	广西	0.274 2	0.169 0	0.287 8	0.352 2	0.284 0	0.777 8	0.666 7	0.833 3	0.944 4	0.740 7	0.352 5	0.253 5	0.345 4	0.372 9	0.318 0
马山县	广西	0.217 3	0.156 1	0.263 6	0.164 2	0.181 5	0.722 2	0.555 6	0.833 3	0.574 1	0.574 1	0.300 9	0.200 8	0.316 4	0.286 0	0.236 8
那坡县	广西	0.146 9	0.230 8	0.277 4	0.251 5	0.232 3	0.666 7	0.777 8	0.907 4	0.740 7	0.685 2	0.220 3	0.188 3	0.305 7	0.339 5	0.285 3
南丹县	广西	0.193 6	0.188 5	0.266 5	0.177 5	0.206 2	0.611 1	0.611 1	0.796 3	0.574 1	0.574 1	0.316 8	0.201 9	0.334 7	0.309 2	0.263 7
平果县	广西	0.083 4	0.069 3	0.072 3	0.083 6	0.097 7	0.425 9	0.370 4	0.425 9	0.425 9	0.481 5	0.195 7	0.088 5	0.169 7	0.196 2	0.105 6
三江侗族自治县	广西	0.148 8	0.166 5	0.118 2	0.133 7	0.127 4	0.500 0	0.555 6	0.444 4	0.500 0	0.463 0	0.297 7	0.190 7	0.266 0	0.267 4	0.212 0
天等县	广西	0.200 1	0.140 1	0.233 3	0.175 0	0.196 2	0.685 2	0.481 5	0.759 3	0.592 6	0.592 6	0.292 1	0.209 1	0.307 3	0.295 4	0.252 1
天峨县	广西	0.247 9	0.119 2	0.225 8	0.235 7	0.220 6	0.740 7	0.629 6	0.703 7	0.759 3	0.703 7	0.334 6	0.189 3	0.320 8	0.310 4	0.224 8
田东县	广西	0.140 8	0.129 3	0.129 1	0.117 6	0.141 3	0.555 6	0.555 6	0.555 6	0.518 5	0.574 1	0.253 5	0.133 5	0.232 4	0.226 7	0.156 0
田林县	广西	0.268 1	0.106 0	0.165 5	0.203 1	0.190 4	0.722 2	0.444 4	0.555 6	0.611 1	0.574 1	0.371 2	0.238 6	0.298 0	0.332 3	0.252 2
西林县	广西	0.292 5	0.242 6	0.264 5	0.229 0	0.205 4	0.740 7	0.685 2	0.740 7	0.685 2	0.574 1	0.394 8	0.243 7	0.357 1	0.334 3	0.265 8
忻城县	广西	0.156 6	0.151 4	0.223 8	0.174 7	0.193 5	0.463 0	0.518 5	0.740 7	0.574 1	0.574 1	0.338 3	0.208 8	0.302 1	0.304 3	0.254 9
安龙县	贵州	0.257 3	0.160 8	0.136 2	0.124 3	0.118 1	0.851 9	0.592 6	0.537 0	0.537 0	0.537 0	0.302 1	0.188 0	0.253 6	0.231 4	0.136 9
册亨县	贵州	0.291 4	0.230 1	0.149 9	0.171 4	0.138 2	0.851 9	0.796 3	0.574 1	0.629 6	0.574 1	0.342 1	0.200 2	0.261 0	0.272 2	0.156 7
岑巩县	贵州	0.196 8	0.121 2	0.112 1	0.089 2	0.080 9	0.703 7	0.537 0	0.537 0	0.481 5	0.481 5	0.279 6	0.148 1	0.208 7	0.185 3	0.095 6

（续）

县域名称	省份	多维贫困指数					多维贫困深度					多维贫困强度				
		2014年	2015年	2016年	2017年	2018年	2014年	2015年	2016年	2017年	2018年	2014年	2015年	2016年	2017年	2018年
从江县	贵州	0.257 6	0.190 7	0.175 4	0.112 4	0.105 0	0.833 3	0.666 7	0.666 7	0.518 5	0.518 5	0.309 1	0.193 8	0.263 1	0.216 8	0.116 5
大方县	贵州	0.191 0	0.125 9	0.112 9	0.094 5	0.081 5	0.740 7	0.518 5	0.518 5	0.518 5	0.518 5	0.257 8	0.169 5	0.217 8	0.182 3	0.084 8
丹寨县	贵州	0.216 3	0.150 3	0.142 0	0.113 3	0.105 7	0.740 7	0.574 1	0.574 1	0.518 5	0.518 5	0.292 0	0.186 1	0.247 4	0.218 6	0.126 9
道真仡佬族苗族自治县	贵州	0.189 0	0.130 6	0.103 8	0.105 7	0.000 0	0.740 7	0.574 1	0.518 5	0.574 1	0.000 0	0.255 2	0.149 4	0.200 3	0.184 1	0.000 0
德江县	贵州	0.190 4	0.179 0	0.110 6	0.075 0	0.057 7	0.685 2	0.740 7	0.537 0	0.425 9	0.370 4	0.277 8	0.166 7	0.205 9	0.176 1	0.083 1
独山县	贵州	0.275 5	0.201 3	0.165 1	0.116 2	0.116 3	0.851 9	0.685 2	0.666 7	0.500 0	0.500 0	0.323 5	0.210 5	0.247 6	0.232 4	0.143 6
关岭布依族苗族自治县	贵州	0.219 4	0.189 8	0.109 2	0.098 6	0.077 9	0.740 7	0.740 7	0.518 5	0.518 5	0.463 0	0.296 2	0.175 5	0.210 7	0.190 3	0.090 7
赫章县	贵州	0.223 7	0.140 7	0.132 2	0.124 0	0.116 2	0.740 7	0.518 5	0.518 5	0.518 5	0.518 5	0.302 0	0.185 5	0.255 0	0.239 2	0.141 2
黄平县	贵州	0.225 6	0.146 0	0.142 3	0.131 5	0.127 8	0.740 7	0.537 0	0.537 0	0.537 0	0.537 0	0.304 5	0.197 0	0.265 1	0.244 9	0.161 9
剑河县	贵州	0.232 2	0.155 1	0.150 4	0.143 3	0.137 5	0.740 7	0.574 1	0.574 1	0.574 1	0.574 1	0.313 5	0.195 8	0.262 0	0.249 7	0.166 6
江口县	贵州	0.192 0	0.115 8	0.109 3	0.100 2	0.093 7	0.685 2	0.463 0	0.463 0	0.463 0	0.463 0	0.280 2	0.173 0	0.236 2	0.216 4	0.124 1
锦屏县	贵州	0.173 9	0.109 7	0.124 3	0.113 6	0.147 1	0.685 2	0.481 5	0.537 0	0.537 0	0.648 1	0.253 8	0.156 7	0.231 4	0.211 6	0.148 3
雷山县	贵州	0.192 8	0.135 0	0.126 3	0.106 5	0.099 1	0.703 7	0.537 0	0.537 0	0.481 5	0.481 5	0.274 0	0.170 1	0.235 1	0.221 2	0.123 2
黎平县	贵州	0.247 8	0.173 3	0.146 6	0.153 1	0.145 1	0.796 3	0.629 6	0.574 1	0.611 1	0.611 1	0.311 2	0.196 7	0.255 3	0.250 6	0.160 5
荔波县	贵州	0.233 4	0.143 2	0.150 0	0.122 8	0.103 0	0.814 8	0.592 6	0.629 6	0.592 6	0.463 0	0.286 4	0.163 2	0.238 3	0.207 2	0.141 2
罗甸县	贵州	0.216 6	0.150 1	0.159 5	0.111 0	0.121 1	0.796 3	0.629 6	0.666 7	0.500 0	0.500 0	0.272 1	0.156 7	0.239 3	0.222 0	0.163 5
麻江县	贵州	0.190 4	0.130 1	0.123 0	0.112 7	0.117 4	0.685 2	0.481 5	0.481 5	0.481 5	0.518 5	0.277 8	0.190 3	0.255 4	0.234 0	0.145 1
纳雍县	贵州	0.178 2	0.107 1	0.099 5	0.117 0	0.116 9	0.685 2	0.463 0	0.463 0	0.518 5	0.555 6	0.260 1	0.159 0	0.214 9	0.225 7	0.142 6

（续）

县域名称	省份	多维贫困指数					多维贫困深度					多维贫困强度				
		2014 年	2015 年	2016 年	2017 年	2018 年	2014 年	2015 年	2016 年	2017 年	2018 年	2014 年	2015 年	2016 年	2017 年	2018 年
平塘县	贵州	0.268 6	0.193 6	0.175 7	0.134 1	0.097 0	0.907 4	0.703 7	0.685 2	0.629 6	0.407 4	0.296 0	0.194 5	0.256 5	0.212 9	0.156 6
普安县	贵州	0.240 6	0.130 7	0.120 6	0.140 7	0.134 1	0.796 3	0.518 5	0.518 5	0.555 6	0.555 6	0.302 2	0.167 8	0.232 6	0.253 3	0.165 6
普定县	贵州	0.197 6	0.174 5	0.113 5	0.102 4	0.100 4	0.740 7	0.740 7	0.518 5	0.518 5	0.518 5	0.266 8	0.148 7	0.218 8	0.197 6	0.107 9
晴隆县	贵州	0.285 1	0.188 8	0.155 6	0.128 9	0.099 1	0.833 3	0.611 1	0.574 1	0.555 6	0.463 0	0.342 1	0.228 0	0.271 0	0.232 1	0.133 8
榕江县	贵州	0.256 1	0.165 0	0.157 3	0.142 8	0.135 1	0.796 3	0.574 1	0.574 1	0.574 1	0.574 1	0.321 6	0.201 4	0.274 0	0.248 8	0.150 4
三都水族自治县	贵州	0.293 5	0.217 2	0.193 5	0.168 7	0.125 4	0.907 4	0.740 7	0.722 2	0.685 2	0.500 0	0.323 4	0.212 7	0.267 9	0.246 1	0.173 4
三穗县	贵州	0.199 3	0.134 2	0.135 8	0.109 0	0.068 6	0.685 2	0.518 5	0.574 1	0.537 0	0.370 4	0.290 9	0.183 8	0.236 6	0.203 0	0.108 9
施秉县	贵州	0.212 8	0.155 0	0.136 6	0.165 8	0.143 2	0.740 7	0.629 6	0.611 1	0.629 6	0.629 6	0.287 3	0.160 6	0.223 6	0.263 3	0.145 3
石阡县	贵州	0.156 0	0.152 1	0.095 2	0.077 5	0.072 8	0.629 6	0.685 2	0.463 0	0.425 9	0.425 9	0.247 8	0.139 3	0.205 5	0.181 9	0.089 5
思南县	贵州	0.227 7	0.175 8	0.113 4	0.092 3	0.086 6	0.740 7	0.740 7	0.518 5	0.463 0	0.463 0	0.307 3	0.155 6	0.218 7	0.199 4	0.104 5
松桃苗族自治县	贵州	0.164 1	0.158 2	0.090 1	0.069 4	0.063 8	0.629 6	0.685 2	0.463 0	0.407 4	0.407 4	0.260 6	0.156 3	0.194 5	0.170 3	0.081 3
台江县	贵州	0.227 8	0.164 6	0.122 3	0.102 5	0.096 2	0.740 7	0.574 1	0.518 5	0.463 0	0.463 0	0.307 5	0.214 1	0.235 8	0.221 3	0.134 0
天柱县	贵州	0.230 1	0.144 8	0.145 5	0.119 5	0.106 0	0.740 7	0.518 5	0.574 1	0.518 5	0.518 5	0.310 6	0.208 7	0.253 4	0.230 5	0.134 4
望谟县	贵州	0.293 2	0.215 3	0.113 8	0.095 3	0.089 9	0.851 9	0.759 3	0.481 5	0.425 9	0.425 9	0.344 2	0.198 5	0.236 4	0.223 7	0.130 9
务川仡佬族苗族自治县	贵州	0.192 5	0.099 0	0.107 2	0.080 2	0.000 0	0.740 7	0.463 0	0.518 5	0.463 0	0.000 0	0.259 8	0.138 0	0.206 8	0.173 3	0.000 0
习水县	贵州	0.168 4	0.105 9	0.096 2	0.057 1	0.055 2	0.685 2	0.518 5	0.518 5	0.351 9	0.351 9	0.245 8	0.127 2	0.185 6	0.162 4	0.084 1
兴仁县	贵州	0.240 7	0.152 9	0.115 3	0.105 7	0.096 4	0.833 3	0.611 1	0.518 5	0.518 5	0.518 5	0.288 9	0.165 9	0.222 4	0.203 8	0.103 6
沿河土家族自治县	贵州	0.238 8	0.169 4	0.123 3	0.103 7	0.100 1	0.740 7	0.685 2	0.518 5	0.518 5	0.518 5	0.322 4	0.173 6	0.237 7	0.200 0	0.118 6

（续）

县域名称	省份	多维贫困指数					多维贫困深度					多维贫困强度				
		2014年	2015年	2016年	2017年	2018年	2014年	2015年	2016年	2017年	2018年	2014年	2015年	2016年	2017年	2018年
印江土家族苗族自治县	贵州	0.238 9	0.191 4	0.132 5	0.110 4	0.098 3	0.796 3	0.740 7	0.574 1	0.518 5	0.518 5	0.300 0	0.188 0	0.230 8	0.212 9	0.121 5
长顺县	贵州	0.244 1	0.172 9	0.136 8	0.130 9	0.088 3	0.888 9	0.722 2	0.629 6	0.629 6	0.407 4	0.274 6	0.159 6	0.217 2	0.207 8	0.144 6
贞丰县	贵州	0.243 9	0.134 4	0.123 6	0.110 0	0.099 2	0.796 3	0.518 5	0.518 5	0.518 5	0.518 5	0.306 3	0.175 9	0.238 4	0.212 1	0.110 4
镇宁布依族苗族自治县	贵州	0.166 1	0.158 2	0.134 9	0.125 2	0.133 6	0.685 2	0.740 7	0.629 6	0.629 6	0.592 6	0.242 4	0.134 5	0.214 3	0.198 9	0.147 4
正安县	贵州	0.159 1	0.103 4	0.095 4	0.082 9	0.054 6	0.685 2	0.518 5	0.518 5	0.518 5	0.351 9	0.232 2	0.133 4	0.184 0	0.160 0	0.089 5
织金县	贵州	0.207 1	0.131 9	0.119 8	0.110 1	0.098 7	0.740 7	0.518 5	0.518 5	0.518 5	0.518 5	0.279 6	0.180 3	0.231 1	0.212 4	0.118 5
赤城县	河北	0.306 4	0.217 8	0.231 1	0.131 2	0.154 7	0.833 3	0.666 7	0.722 2	0.444 4	0.500 0	0.367 6	0.215 8	0.320 0	0.295 1	0.215 8
崇礼县	河北	0.259 8	0.189 7	0.170 5	0.101 1	0.099 0	0.796 3	0.629 6	0.629 6	0.407 4	0.407 4	0.326 3	0.193 0	0.270 8	0.248 1	0.154 4
大名县	河北	0.036 5	0.000 0	0.000 0	0.000 0	0.000 0	0.518 5	0.000 0	0.000 0	0.000 0	0.000 0	0.070 5	0.000 0	0.000 0	0.000 0	0.000 0
东光县	河北	0.059 2	0.000 0	0.000 0	0.000 0	0.000 0	0.388 9	0.000 0	0.000 0	0.000 0	0.000 0	0.152 3	0.000 0	0.000 0	0.000 0	0.000 0
丰宁满族自治县	河北	0.282 3	0.261 5	0.065 3	0.197 8	0.099 3	0.759 3	0.759 3	0.425 9	0.703 7	0.407 4	0.371 9	0.233 3	0.153 2	0.281 1	0.144 6
阜平县	河北	0.371 2	0.225 4	0.050 1	0.232 2	0.063 5	0.907 4	0.759 3	0.388 9	0.777 8	0.333 3	0.409 1	0.225 7	0.128 9	0.298 6	0.190 6
沽源县	河北	0.190 1	0.163 9	0.091 2	0.155 5	0.111 5	0.740 7	0.740 7	0.518 5	0.574 1	0.407 4	0.256 7	0.221 2	0.175 9	0.270 8	0.184 7
广平县	河北	0.044 2	0.078 7	0.000 0	0.064 5	0.000 0	0.481 5	0.425 9	0.000 0	0.444 4	0.000 0	0.091 9	0.073 7	0.000 0	0.145 1	0.000 0
广宗县	河北	0.108 5	0.192 1	0.000 0	0.108 7	0.053 7	0.629 6	0.740 7	0.000 0	0.574 1	0.351 9	0.172 3	0.148 7	0.000 0	0.189 3	0.052 5
海兴县	河北	0.224 5	0.170 2	0.000 0	0.083 0	0.000 0	0.759 3	0.703 7	0.000 0	0.481 5	0.000 0	0.295 7	0.131 7	0.000 0	0.172 3	0.000 0
怀安县	河北	0.224 3	0.188 7	0.140 6	0.062 5	0.079 8	0.796 3	0.796 3	0.685 2	0.351 9	0.425 9	0.281 7	0.127 7	0.205 2	0.177 7	0.091 6
巨鹿县	河北	0.164 9	0.076 1	0.000 0	0.068 3	0.000 0	0.648 1	0.574 1	0.000 0	0.370 4	0.000 0	0.254 4	0.132 5	0.000 0	0.184 4	0.000 0

（续）

县域名称	省份	多维贫困指数					多维贫困深度					多维贫困强度				
		2014 年	2015 年	2016 年	2017 年	2018 年	2014 年	2015 年	2016 年	2017 年	2018 年	2014 年	2015 年	2016 年	2017 年	2018 年
康保县	河北	0.269 2	0.122 8	0.065 5	0.106 9	0.071 3	0.851 9	0.740 7	0.555 6	0.537 0	0.370 4	0.316 0	0.165 7	0.117 9	0.199 0	0.111 1
宽城满族自治县	河北	0.096 9	0.000 0	0.044 4	0.000 0	0.077 9	0.481 5	0.000 0	0.425 9	0.000 0	0.370 4	0.201 2	0.000 0	0.104 3	0.000 0	0.100 1
涞源县	河北	0.329 7	0.255 0	0.069 3	0.150 9	0.079 7	0.851 9	0.796 3	0.351 9	0.574 1	0.351 9	0.387 1	0.209 1	0.196 9	0.262 8	0.117 8
临城县	河北	0.188 3	0.170 6	0.000 0	0.076 1	0.000 0	0.740 7	0.740 7	0.000 0	0.481 5	0.000 0	0.254 2	0.119 3	0.000 0	0.158 0	0.000 0
灵寿县	河北	0.114 9	0.087 0	0.076 6	0.047 8	0.042 7	0.685 2	0.574 1	0.574 1	0.463 0	0.463 0	0.167 6	0.151 5	0.133 4	0.103 2	0.092 3
隆化县	河北	0.258 9	0.255 4	0.167 8	0.174 1	0.119 8	0.759 3	0.814 8	0.629 6	0.629 6	0.463 0	0.341 0	0.202 8	0.266 5	0.276 5	0.165 1
滦平县	河北	0.195 8	0.139 5	0.116 4	0.114 8	0.077 8	0.759 3	0.592 6	0.574 1	0.574 1	0.407 4	0.257 9	0.125 0	0.202 8	0.200 1	0.091 7
孟村回族自治县	河北	0.064 2	0.057 7	0.000 0	0.000 0	0.000 0	0.388 9	0.388 9	0.000 0	0.000 0	0.000 0	0.165 1	0.037 6	0.000 0	0.000 0	0.000 0
南皮县	河北	0.111 2	0.115 0	0.000 0	0.060 7	0.000 0	0.481 5	0.537 0	0.000 0	0.425 9	0.000 0	0.231 0	0.103 2	0.000 0	0.142 6	0.000 0
平泉县	河北	0.103 5	0.066 9	0.062 1	0.085 7	0.102 8	0.685 2	0.648 1	0.518 5	0.407 4	0.463 0	0.151 0	0.103 2	0.119 7	0.210 4	0.117 3
平山县	河北	0.071 3	0.049 5	0.036 3	0.038 4	0.033 2	0.537 0	0.425 9	0.370 4	0.481 5	0.463 0	0.132 7	0.116 3	0.098 0	0.079 8	0.071 7
青龙满族自治县	河北	0.146 0	0.221 0	0.145 3	0.131 8	0.110 9	0.629 6	0.740 7	0.574 1	0.518 5	0.463 0	0.231 9	0.188 0	0.253 2	0.254 2	0.139 2
尚义县	河北	0.214 4	0.193 2	0.083 1	0.160 3	0.105 6	0.777 8	0.777 8	0.500 0	0.574 1	0.407 4	0.275 6	0.248 4	0.166 2	0.279 2	0.168 8
涉县	河北	0.107 0	0.000 0	0.000 0	0.067 4	0.000 0	0.555 6	0.000 0	0.000 0	0.425 9	0.000 0	0.192 5	0.000 0	0.000 0	0.158 2	0.000 0
顺平县	河北	0.113 8	0.113 9	0.057 5	0.125 6	0.000 0	0.629 6	0.629 6	0.333 3	0.555 6	0.000 0	0.180 7	0.180 9	0.172 4	0.226 1	0.000 0
唐县	河北	0.211 7	0.188 3	0.027 5	0.195 2	0.000 0	0.796 3	0.833 3	0.333 3	0.796 3	0.000 0	0.265 9	0.226 0	0.082 4	0.245 2	0.000 0
万全县	河北	0.198 9	0.141 4	0.130 6	0.134 9	0.098 2	0.777 8	0.611 1	0.666 7	0.666 7	0.500 0	0.255 7	0.122 7	0.196 0	0.202 3	0.088 3
围场满族蒙古族自治县	河北	0.234 2	0.213 5	0.101 3	0.197 4	0.131 2	0.796 3	0.796 3	0.518 5	0.629 6	0.463 0	0.294 1	0.268 1	0.195 5	0.313 5	0.193 7

（续）

县域名称	省份	多维贫困指数					多维贫困深度					多维贫困强度				
		2014 年	2015 年	2016 年	2017 年	2018 年	2014 年	2015 年	2016 年	2017 年	2018 年	2014 年	2015 年	2016 年	2017 年	2018 年
蔚县	河北	0.159 2	0.115 4	0.095 4	0.177 1	0.133 7	0.777 8	0.611 1	0.611 1	0.722 2	0.555 6	0.204 7	0.188 8	0.156 1	0.245 2	0.140 5
魏县	河北	0.033 3	0.000 0	0.000 0	0.000 0	0.000 0	0.481 5	0.000 0	0.000 0	0.000 0	0.000 0	0.069 2	0.000 0	0.000 0	0.000 0	0.000 0
武强县	河北	0.082 2	0.152 7	0.000 0	0.085 7	0.000 0	0.537 0	0.648 1	0.000 0	0.555 6	0.000 0	0.153 1	0.124 7	0.000 0	0.154 3	0.000 0
武邑县	河北	0.083 8	0.069 0	0.000 0	0.111 9	0.000 0	0.481 5	0.481 5	0.000 0	0.592 6	0.000 0	0.174 1	0.143 3	0.000 0	0.188 8	0.000 0
献县	河北	0.150 7	0.032 4	0.000 0	0.000 0	0.000 0	0.703 7	0.425 9	0.000 0	0.000 0	0.000 0	0.214 2	0.076 1	0.000 0	0.000 0	0.000 0
盐山县	河北	0.142 9	0.030 4	0.000 0	0.085 1	0.000 0	0.611 1	0.333 3	0.000 0	0.481 5	0.000 0	0.233 8	0.091 2	0.000 0	0.176 7	0.000 0
阳原县	河北	0.234 7	0.206 6	0.121 3	0.107 0	0.078 3	0.740 7	0.740 7	0.574 1	0.518 5	0.407 4	0.316 9	0.169 8	0.211 2	0.206 4	0.088 0
赞皇县	河北	0.144 1	0.148 1	0.101 6	0.086 6	0.074 5	0.703 7	0.814 8	0.648 1	0.592 6	0.592 6	0.204 7	0.181 8	0.156 8	0.146 2	0.125 8
张北县	河北	0.207 7	0.173 5	0.059 8	0.091 6	0.101 8	0.740 7	0.703 7	0.518 5	0.425 9	0.425 9	0.280 3	0.136 9	0.115 4	0.215 2	0.143 9
范县	河南	0.119 7	0.000 0	0.123 0	0.095 8	0.119 6	0.666 7	0.000 0	0.611 1	0.388 9	0.388 9	0.179 5	0.000 0	0.201 2	0.246 5	0.220 0
封丘县	河南	0.115 0	0.000 0	0.098 2	0.128 2	0.139 6	0.648 1	0.000 0	0.592 6	0.481 5	0.481 5	0.177 4	0.000 0	0.165 7	0.266 2	0.197 8
固始县	河南	0.099 4	0.057 2	0.000 0	0.107 6	0.102 7	0.574 1	0.370 4	0.000 0	0.425 9	0.425 9	0.173 2	0.085 9	0.000 0	0.252 6	0.172 4
光山县	河南	0.123 9	0.054 6	0.056 1	0.109 9	0.105 9	0.685 2	0.351 9	0.351 9	0.463 0	0.463 0	0.180 8	0.081 9	0.159 4	0.237 4	0.157 1
滑县	河南	0.192 0	0.173 3	0.000 0	0.162 4	0.160 4	0.703 7	0.703 7	0.000 0	0.481 5	0.481 5	0.272 9	0.162 6	0.000 0	0.337 2	0.254 6
淮滨县	河南	0.105 1	0.000 0	0.000 0	0.092 7	0.091 4	0.592 6	0.000 0	0.000 0	0.425 9	0.425 9	0.177 3	0.000 0	0.000 0	0.217 6	0.136 4
淮阳县	河南	0.137 4	0.097 5	0.096 0	0.135 5	0.124 0	0.648 1	0.592 6	0.592 6	0.518 5	0.481 5	0.212 0	0.090 5	0.162 0	0.261 2	0.174 1
兰考县	河南	0.130 4	0.102 7	0.068 8	0.094 1	0.100 5	0.648 1	0.648 1	0.481 5	0.425 9	0.463 0	0.201 2	0.082 9	0.142 8	0.221 0	0.126 4
卢氏县	河南	0.201 5	0.094 8	0.162 6	0.173 1	0.179 0	0.833 3	0.444 4	0.666 7	0.555 6	0.555 6	0.241 8	0.109 3	0.243 9	0.311 6	0.216 8

（续）

县域名称	省份	多维贫困指数					多维贫困深度					多维贫困强度				
		2014 年	2015 年	2016 年	2017 年	2018 年	2014 年	2015 年	2016 年	2017 年	2018 年	2014 年	2015 年	2016 年	2017 年	2018 年
鲁山县	河南	0.186 4	0.077 0	0.217 2	0.181 5	0.213 0	0.777 8	0.388 9	0.777 8	0.555 6	0.555 6	0.239 6	0.108 1	0.279 2	0.326 7	0.294 9
栾川县	河南	0.078 0	0.000 0	0.000 0	0.000 0	0.109 2	0.481 5	0.000 0	0.000 0	0.000 0	0.425 9	0.162 0	0.000 0	0.000 0	0.000 0	0.147 8
洛宁县	河南	0.110 6	0.068 5	0.097 7	0.119 2	0.152 6	0.629 6	0.463 0	0.629 6	0.537 0	0.574 1	0.175 7	0.054 6	0.155 2	0.222 0	0.172 1
民权县	河南	0.118 4	0.075 1	0.063 3	0.000 0	0.000 0	0.648 1	0.481 5	0.425 9	0.000 0	0.000 0	0.182 7	0.070 0	0.148 7	0.000 0	0.000 0
南召县	河南	0.109 3	0.066 4	0.065 1	0.110 3	0.114 6	0.555 6	0.388 9	0.388 9	0.463 0	0.463 0	0.196 7	0.078 2	0.167 3	0.238 3	0.162 4
宁陵县	河南	0.192 2	0.109 4	0.130 7	0.132 7	0.156 5	0.796 3	0.574 1	0.685 2	0.518 5	0.518 5	0.241 4	0.110 4	0.190 8	0.255 9	0.225 9
平舆县	河南	0.090 4	0.050 3	0.000 0	0.079 2	0.092 9	0.537 0	0.370 4	0.000 0	0.370 4	0.425 9	0.168 3	0.056 9	0.000 0	0.213 7	0.148 8
确山县	河南	0.093 9	0.055 1	0.000 0	0.083 5	0.094 3	0.537 0	0.370 4	0.000 0	0.370 4	0.425 9	0.174 8	0.066 0	0.000 0	0.225 5	0.143 5
汝阳县	河南	0.071 2	0.000 0	0.058 9	0.093 7	0.112 2	0.481 5	0.000 0	0.425 9	0.425 9	0.425 9	0.147 9	0.000 0	0.138 3	0.220 1	0.173 1
商城县	河南	0.121 5	0.000 0	0.000 0	0.092 1	0.077 4	0.685 2	0.000 0	0.000 0	0.407 4	0.351 9	0.177 4	0.000 0	0.000 0	0.226 1	0.144 9
上蔡县	河南	0.120 7	0.058 4	0.000 0	0.000 0	0.077 8	0.648 1	0.425 9	0.000 0	0.000 0	0.370 4	0.186 3	0.065 3	0.000 0	0.000 0	0.142 5
社旗县	河南	0.131 6	0.000 0	0.000 0	0.125 6	0.133 5	0.629 6	0.000 0	0.000 0	0.463 0	0.463 0	0.209 1	0.000 0	0.000 0	0.271 4	0.195 2
沈丘县	河南	0.140 7	0.114 7	0.102 9	0.092 1	0.089 9	0.685 2	0.685 2	0.685 2	0.407 4	0.407 4	0.205 4	0.085 4	0.150 2	0.226 0	0.145 5
睢县	河南	0.129 8	0.063 4	0.052 8	0.000 0	0.000 0	0.703 7	0.425 9	0.370 4	0.000 0	0.000 0	0.184 4	0.066 2	0.142 5	0.000 0	0.000 0
台前县	河南	0.122 7	0.000 0	0.151 4	0.131 4	0.158 3	0.611 1	0.000 0	0.666 7	0.481 5	0.481 5	0.200 8	0.000 0	0.227 2	0.272 8	0.237 0
桐柏县	河南	0.085 5	0.000 0	0.000 0	0.104 6	0.119 9	0.463 0	0.000 0	0.000 0	0.425 9	0.481 5	0.184 7	0.000 0	0.000 0	0.245 7	0.161 8
淅川县	河南	0.095 3	0.062 3	0.058 9	0.115 1	0.099 0	0.500 0	0.333 3	0.333 3	0.500 0	0.444 4	0.190 5	0.083 3	0.176 7	0.230 3	0.123 1
新蔡县	河南	0.203 6	0.131 3	0.109 7	0.127 8	0.097 5	0.703 7	0.537 0	0.537 0	0.481 5	0.425 9	0.289 3	0.161 9	0.204 2	0.265 4	0.161 5

（续）

县域名称	省份	多维贫困指数					多维贫困深度					多维贫困强度				
		2014 年	2015 年	2016 年	2017 年	2018 年	2014 年	2015 年	2016 年	2017 年	2018 年	2014 年	2015 年	2016 年	2017 年	2018 年
新县	河南	0.116 8	0.000 0	0.000 0	0.091 5	0.086 6	0.629 6	0.000 0	0.000 0	0.407 4	0.407 4	0.185 5	0.000 0	0.000 0	0.224 6	0.126 6
宜阳县	河南	0.092 7	0.061 3	0.082 7	0.093 4	0.105 1	0.574 1	0.407 4	0.574 1	0.425 9	0.425 9	0.161 4	0.054 5	0.144 1	0.219 2	0.151 8
虞城县	河南	0.111 1	0.070 5	0.000 0	0.080 3	0.079 5	0.648 1	0.481 5	0.000 0	0.370 4	0.370 4	0.171 3	0.062 0	0.000 0	0.216 7	0.150 1
拜泉县	黑龙江	0.396 5	0.327 3	0.334 7	0.302 9	0.310 7	0.944 4	0.851 9	0.851 9	0.851 9	0.851 9	0.419 8	0.275 3	0.393 0	0.355 6	0.254 4
杜尔伯特蒙古族自治县	黑龙江	0.131 8	0.126 5	0.121 0	0.070 8	0.070 9	0.518 5	0.518 5	0.518 5	0.351 9	0.351 9	0.254 2	0.243 9	0.233 3	0.201 3	0.201 4
抚远县	黑龙江	0.460 0	0.283 2	0.205 5	0.188 9	0.182 7	0.851 9	0.703 7	0.537 0	0.537 0	0.537 0	0.540 0	0.402 4	0.382 7	0.351 8	0.340 1
甘南县	黑龙江	0.345 8	0.324 8	0.281 4	0.160 8	0.155 8	0.851 9	0.851 9	0.796 3	0.685 2	0.740 7	0.405 9	0.274 3	0.353 4	0.234 7	0.210 3
桦川县	黑龙江	0.253 4	0.234 2	0.214 3	0.190 8	0.132 9	0.740 7	0.740 7	0.740 7	0.740 7	0.574 1	0.342 1	0.316 2	0.289 3	0.257 5	0.231 5
桦南县	黑龙江	0.282 1	0.255 3	0.184 1	0.277 2	0.265 7	0.777 8	0.777 8	0.611 1	0.722 2	0.722 2	0.362 7	0.328 2	0.301 2	0.383 8	0.258 7
兰西县	黑龙江	0.327 3	0.306 5	0.320 3	0.286 2	0.167 0	0.833 3	0.833 3	0.888 9	0.888 9	0.777 8	0.392 7	0.259 4	0.360 4	0.322 0	0.214 7
林甸县	黑龙江	0.236 8	0.188 8	0.172 2	0.147 5	0.130 9	0.685 2	0.629 6	0.629 6	0.629 6	0.629 6	0.345 6	0.299 8	0.273 4	0.234 3	0.207 8
饶河县	黑龙江	0.360 4	0.216 7	0.198 9	0.168 4	0.162 1	0.796 3	0.685 2	0.685 2	0.574 1	0.574 1	0.452 6	0.316 3	0.290 4	0.293 3	0.282 4
绥滨县	黑龙江	0.389 1	0.351 4	0.322 9	0.157 5	0.144 4	0.851 9	0.851 9	0.851 9	0.574 1	0.574 1	0.456 8	0.301 4	0.379 0	0.274 3	0.251 5
泰来县	黑龙江	0.322 4	0.306 8	0.272 3	0.235 1	0.221 9	0.851 9	0.851 9	0.796 3	0.740 7	0.740 7	0.378 5	0.249 7	0.342 0	0.317 4	0.190 2
汤原县	黑龙江	0.273 9	0.255 1	0.238 6	0.170 6	0.119 4	0.740 7	0.740 7	0.740 7	0.629 6	0.463 0	0.369 8	0.344 4	0.322 1	0.270 9	0.258 0
同江市	黑龙江	0.191 9	0.171 7	0.153 4	0.134 1	0.125 2	0.685 2	0.685 2	0.685 2	0.574 1	0.574 1	0.280 0	0.250 7	0.223 9	0.233 6	0.218 2
延寿县	黑龙江	0.194 5	0.178 9	0.161 6	0.228 7	0.151 4	0.685 2	0.685 2	0.685 2	0.740 7	0.518 5	0.283 8	0.261 0	0.235 8	0.308 7	0.181 6
巴东县	湖北	0.254 3	0.224 3	0.163 1	0.103 3	0.103 5	0.851 9	0.851 9	0.685 2	0.463 0	0.463 0	0.298 5	0.166 9	0.238 1	0.223 1	0.126 2

（续）

县域名称	省份	多维贫困指数					多维贫困深度					多维贫困强度				
		2014 年	2015 年	2016 年	2017 年	2018 年	2014 年	2015 年	2016 年	2017 年	2018 年	2014 年	2015 年	2016 年	2017 年	2018 年
丹江口市	湖北	0.173 0	0.104 6	0.068 5	0.066 5	0.000 0	0.722 2	0.518 5	0.351 9	0.351 9	0.000 0	0.239 6	0.105 5	0.194 6	0.189 0	0.000 0
恩施市	湖北	0.128 2	0.117 0	0.128 7	0.090 8	0.106 6	0.574 1	0.574 1	0.629 6	0.463 0	0.463 0	0.223 2	0.098 4	0.204 5	0.196 2	0.124 9
房县	湖北	0.231 8	0.244 7	0.169 8	0.156 8	0.113 3	0.722 2	0.833 3	0.611 1	0.611 1	0.444 4	0.320 9	0.202 0	0.277 9	0.256 6	0.161 8
鹤峰县	湖北	0.207 1	0.185 3	0.130 0	0.088 1	0.087 8	0.703 7	0.703 7	0.537 0	0.370 4	0.370 4	0.294 3	0.161 4	0.242 1	0.237 9	0.134 0
红安县	湖北	0.234 7	0.208 0	0.112 3	0.109 4	0.107 8	0.796 3	0.796 3	0.463 0	0.463 0	0.463 0	0.294 7	0.159 4	0.242 5	0.236 2	0.127 0
建始县	湖北	0.235 2	0.206 0	0.147 9	0.102 7	0.102 3	0.796 3	0.796 3	0.629 6	0.463 0	0.463 0	0.295 3	0.167 9	0.234 9	0.221 9	0.129 4
来凤县	湖北	0.223 0	0.195 4	0.145 2	0.099 2	0.128 1	0.796 3	0.796 3	0.629 6	0.463 0	0.574 1	0.280 0	0.162 8	0.230 6	0.214 2	0.139 6
利川市	湖北	0.234 7	0.167 1	0.160 0	0.112 9	0.126 4	0.851 9	0.685 2	0.685 2	0.518 5	0.574 1	0.275 5	0.163 9	0.233 5	0.217 7	0.138 6
罗田县	湖北	0.235 1	0.210 3	0.151 2	0.106 0	0.105 5	0.740 7	0.740 7	0.574 1	0.407 4	0.407 4	0.317 4	0.182 2	0.263 4	0.260 2	0.156 6
麻城市	湖北	0.189 7	0.084 1	0.082 6	0.082 9	0.081 6	0.740 7	0.351 9	0.351 9	0.351 9	0.351 9	0.256 1	0.160 3	0.234 8	0.235 7	0.147 5
蕲春县	湖北	0.128 5	0.118 9	0.079 8	0.079 6	0.079 2	0.518 5	0.518 5	0.351 9	0.351 9	0.351 9	0.247 8	0.145 5	0.226 8	0.226 1	0.139 0
咸丰县	湖北	0.237 0	0.210 2	0.151 0	0.102 6	0.102 1	0.796 3	0.796 3	0.629 6	0.463 0	0.463 0	0.297 6	0.177 1	0.239 8	0.221 6	0.130 5
孝昌县	湖北	0.157 1	0.100 0	0.114 6	0.061 5	0.087 6	0.685 2	0.518 5	0.574 1	0.351 9	0.407 4	0.229 2	0.093 9	0.199 7	0.174 7	0.117 2
宣恩县	湖北	0.247 8	0.220 2	0.159 0	0.109 5	0.109 3	0.796 3	0.796 3	0.629 6	0.463 0	0.463 0	0.311 2	0.183 1	0.252 6	0.236 5	0.141 8
阳新县	湖北	0.158 5	0.130 2	0.090 8	0.000 0	0.056 5	0.685 2	0.685 2	0.518 5	0.000 0	0.351 9	0.231 3	0.104 8	0.175 1	0.000 0	0.077 3
英山县	湖北	0.233 9	0.212 0	0.109 5	0.108 3	0.107 9	0.740 7	0.740 7	0.407 4	0.407 4	0.407 4	0.315 7	0.188 3	0.268 8	0.265 7	0.164 0
郧西县	湖北	0.233 1	0.210 8	0.150 0	0.138 4	0.094 2	0.722 2	0.722 2	0.555 6	0.555 6	0.388 9	0.322 8	0.195 2	0.270 0	0.249 2	0.143 4
长阳土家族自治县	湖北	0.194 4	0.133 6	0.127 4	0.081 8	0.081 9	0.685 2	0.518 5	0.518 5	0.351 9	0.351 9	0.283 8	0.150 3	0.245 7	0.232 4	0.122 2

（续）

县域名称	省份	多维贫困指数					多维贫困深度					多维贫困强度				
		2014年	2015年	2016年	2017年	2018年	2014年	2015年	2016年	2017年	2018年	2014年	2015年	2016年	2017年	2018年
安化县	湖南	0.257 9	0.258 0	0.240 5	0.219 5	0.192 7	0.777 8	0.777 8	0.777 8	0.777 8	0.740 7	0.331 6	0.232 4	0.309 2	0.282 2	0.167 0
保靖县	湖南	0.233 4	0.224 9	0.205 4	0.195 4	0.175 9	0.740 7	0.777 8	0.777 8	0.777 8	0.777 8	0.315 1	0.183 6	0.264 0	0.251 3	0.122 9
城步苗族自治县	湖南	0.313 0	0.275 8	0.254 5	0.222 8	0.191 7	0.777 8	0.777 8	0.833 3	0.777 8	0.777 8	0.402 4	0.254 2	0.305 3	0.286 5	0.136 3
凤凰县	湖南	0.243 7	0.220 3	0.167 9	0.165 1	0.115 0	0.851 9	0.851 9	0.759 3	0.759 3	0.592 6	0.286 1	0.164 6	0.221 1	0.217 4	0.118 2
古丈县	湖南	0.276 3	0.237 7	0.217 6	0.210 5	0.190 3	0.796 3	0.740 7	0.740 7	0.740 7	0.740 7	0.347 0	0.216 2	0.293 7	0.284 1	0.150 3
桂东县	湖南	0.131 4	0.116 8	0.087 1	0.084 7	0.069 6	0.685 2	0.685 2	0.629 6	0.666 7	0.666 7	0.191 8	0.170 5	0.138 4	0.127 0	0.104 4
花垣县	湖南	0.259 6	0.236 9	0.204 2	0.183 1	0.127 6	0.870 4	0.870 4	0.870 4	0.814 8	0.648 1	0.298 2	0.164 4	0.234 6	0.224 7	0.087 7
江华瑶族自治县	湖南	0.199 7	0.194 3	0.152 1	0.144 4	0.062 9	0.685 2	0.722 2	0.685 2	0.685 2	0.351 9	0.291 5	0.177 3	0.222 1	0.210 8	0.087 6
龙山县	湖南	0.272 4	0.232 5	0.213 3	0.189 1	0.171 0	0.851 9	0.796 3	0.796 3	0.740 7	0.740 7	0.319 8	0.200 7	0.267 8	0.255 3	0.142 0
隆回县	湖南	0.258 7	0.231 5	0.228 9	0.179 3	0.130 1	0.833 3	0.833 3	0.833 3	0.722 2	0.500 0	0.310 4	0.179 9	0.274 6	0.248 2	0.159 7
平江县	湖南	0.186 9	0.171 8	0.142 7	0.132 8	0.078 4	0.666 7	0.666 7	0.666 7	0.722 2	0.555 6	0.280 4	0.159 7	0.214 0	0.183 8	0.043 9
汝城县	湖南	0.249 3	0.231 0	0.183 3	0.164 1	0.147 7	0.851 9	0.851 9	0.759 3	0.703 7	0.703 7	0.292 6	0.177 9	0.241 4	0.233 3	0.118 5
桑植县	湖南	0.327 7	0.292 1	0.270 3	0.250 3	0.230 1	0.851 9	0.796 3	0.796 3	0.759 3	0.759 3	0.384 7	0.275 0	0.339 4	0.329 6	0.210 7
邵阳县	湖南	0.237 1	0.192 5	0.107 8	0.100 8	0.064 1	0.833 3	0.777 8	0.500 0	0.500 0	0.333 3	0.284 5	0.146 2	0.215 5	0.201 7	0.096 8
通道侗族自治县	湖南	0.349 9	0.326 1	0.299 5	0.263 0	0.240 8	0.907 4	0.907 4	0.907 4	0.851 9	0.851 9	0.385 6	0.261 1	0.330 0	0.308 7	0.184 7
新化县	湖南	0.220 8	0.203 7	0.184 3	0.158 0	0.141 9	0.685 2	0.685 2	0.685 2	0.629 6	0.629 6	0.322 3	0.211 8	0.268 9	0.250 9	0.142 3
新田县	湖南	0.226 4	0.195 1	0.171 3	0.139 4	0.092 6	0.796 3	0.740 7	0.740 7	0.703 7	0.537 0	0.284 3	0.175 8	0.231 2	0.198 2	0.089 9
永顺县	湖南	0.296 4	0.270 8	0.246 8	0.217 1	0.196 5	0.851 9	0.851 9	0.851 9	0.796 3	0.796 3	0.347 9	0.225 6	0.289 7	0.272 6	0.158 1

（续）

县域名称	省份	多维贫困指数					多维贫困深度					多维贫困强度				
		2014 年	2015 年	2016 年	2017 年	2018 年	2014 年	2015 年	2016 年	2017 年	2018 年	2014 年	2015 年	2016 年	2017 年	2018 年
沅陵县	湖南	0.257 5	0.236 2	0.200 5	0.185 6	0.148 6	0.796 3	0.796 3	0.796 3	0.740 7	0.685 2	0.323 4	0.198 3	0.251 8	0.250 5	0.119 5
安图县	吉林	0.236 9	0.216 1	0.106 5	0.180 1	0.000 0	0.685 2	0.648 1	0.537 0	0.648 1	0.000 0	0.345 8	0.224 8	0.198 3	0.277 9	0.000 0
大安市	吉林	0.306 2	0.250 8	0.102 1	0.169 9	0.091 8	0.907 4	0.796 3	0.685 2	0.740 7	0.425 9	0.337 5	0.206 3	0.149 0	0.229 4	0.105 6
靖宇县	吉林	0.151 0	0.130 9	0.111 2	0.200 0	0.107 1	0.648 1	0.648 1	0.648 1	0.759 3	0.425 9	0.233 0	0.202 0	0.171 5	0.263 4	0.143 5
龙井市	吉林	0.243 5	0.221 8	0.101 3	0.190 1	0.000 0	0.722 2	0.722 2	0.574 1	0.740 7	0.000 0	0.337 2	0.199 9	0.176 4	0.256 6	0.000 0
通榆县	吉林	0.300 0	0.283 7	0.143 7	0.199 3	0.042 2	0.796 3	0.796 3	0.685 2	0.796 3	0.351 9	0.376 8	0.246 9	0.209 7	0.250 3	0.119 9
汪清县	吉林	0.176 2	0.254 1	0.233 5	0.057 2	0.000 0	0.629 6	0.703 7	0.703 7	0.370 4	0.000 0	0.279 8	0.250 7	0.331 8	0.154 4	0.000 0
镇赉县	吉林	0.274 7	0.133 4	0.112 8	0.198 4	0.101 8	0.796 3	0.629 6	0.629 6	0.740 7	0.407 4	0.345 0	0.211 9	0.179 2	0.267 9	0.140 0
安远县	江西	0.252 6	0.262 3	0.205 5	0.171 5	0.130 5	0.833 3	0.907 4	0.796 3	0.685 2	0.518 5	0.303 1	0.177 9	0.258 1	0.250 3	0.140 5
赣县	江西	0.290 6	0.183 4	0.171 4	0.154 0	0.153 1	0.907 4	0.740 7	0.740 7	0.629 6	0.629 6	0.320 3	0.136 5	0.231 3	0.244 6	0.133 7
广昌县	江西	0.318 7	0.213 6	0.148 5	0.090 8	0.104 9	0.944 4	0.870 4	0.703 7	0.463 0	0.518 5	0.337 5	0.134 3	0.211 0	0.196 0	0.091 1
横峰县	江西	0.195 9	0.173 8	0.158 8	0.065 7	0.065 6	0.703 7	0.759 3	0.759 3	0.370 4	0.370 4	0.278 4	0.117 8	0.209 1	0.177 3	0.065 9
会昌县	江西	0.292 6	0.211 5	0.163 3	0.107 4	0.120 1	0.907 4	0.851 9	0.740 7	0.518 5	0.518 5	0.322 4	0.137 2	0.220 5	0.207 1	0.120 4
吉安县	江西	0.232 0	0.164 5	0.139 4	0.115 4	0.106 7	0.796 3	0.759 3	0.759 3	0.592 6	0.592 6	0.291 3	0.105 5	0.183 5	0.194 7	0.068 9
井冈山市	江西	0.224 9	0.176 7	0.178 7	0.107 3	0.121 1	0.703 7	0.703 7	0.740 7	0.481 5	0.518 5	0.319 6	0.140 0	0.241 3	0.222 9	0.122 5
乐安县	江西	0.377 1	0.260 3	0.231 4	0.141 4	0.100 7	1.000 0	0.944 4	0.944 4	0.666 7	0.500 0	0.377 1	0.164 5	0.245 1	0.212 2	0.090 2
莲花县	江西	0.136 6	0.128 3	0.114 0	0.000 0	0.000 0	0.518 5	0.629 6	0.629 6	0.000 0	0.000 0	0.263 4	0.092 7	0.181 1	0.000 0	0.000 0
宁都县	江西	0.236 2	0.240 7	0.214 0	0.118 7	0.117 4	0.740 7	0.851 9	0.851 9	0.518 5	0.518 5	0.318 8	0.171 5	0.251 2	0.228 8	0.115 3

（续）

县域名称	省份	多维贫困指数					多维贫困深度					多维贫困强度				
		2014 年	2015 年	2016 年	2017 年	2018 年	2014 年	2015 年	2016 年	2017 年	2018 年	2014 年	2015 年	2016 年	2017 年	2018 年
鄱阳县	江西	0.269 0	0.238 8	0.196 6	0.100 2	0.088 4	0.777 8	0.888 9	0.833 3	0.518 5	0.463 0	0.345 8	0.157 6	0.235 9	0.193 3	0.079 9
上饶县	江西	0.222 2	0.167 6	0.157 2	0.112 1	0.111 9	0.703 7	0.703 7	0.703 7	0.537 0	0.537 0	0.315 8	0.127 1	0.223 3	0.208 8	0.098 6
上犹县	江西	0.347 8	0.247 7	0.183 0	0.134 0	0.134 8	0.907 4	0.907 4	0.740 7	0.574 1	0.574 1	0.383 3	0.161 9	0.247 0	0.233 5	0.123 8
石城县	江西	0.354 3	0.254 4	0.232 4	0.166 0	0.156 1	0.851 9	0.851 9	0.851 9	0.685 2	0.685 2	0.415 9	0.187 5	0.272 9	0.242 3	0.116 8
遂川县	江西	0.220 8	0.220 8	0.167 5	0.127 9	0.116 9	0.740 7	0.907 4	0.740 7	0.592 6	0.537 0	0.298 1	0.132 2	0.226 1	0.215 8	0.106 5
万安县	江西	0.221 5	0.198 7	0.141 4	0.090 1	0.089 8	0.685 2	0.851 9	0.685 2	0.463 0	0.463 0	0.323 3	0.122 1	0.206 3	0.194 7	0.082 8
兴国县	江西	0.272 7	0.175 3	0.155 5	0.111 4	0.084 0	0.851 9	0.685 2	0.685 2	0.518 5	0.407 4	0.320 1	0.144 7	0.226 9	0.214 8	0.095 0
修水县	江西	0.182 7	0.136 0	0.125 6	0.080 1	0.079 2	0.574 1	0.574 1	0.574 1	0.407 4	0.407 4	0.318 2	0.125 7	0.218 8	0.196 7	0.083 3
寻乌县	江西	0.283 2	0.281 1	0.195 8	0.123 4	0.107 7	0.833 3	0.944 4	0.722 2	0.518 5	0.463 0	0.339 8	0.186 6	0.271 2	0.237 9	0.121 4
永新县	江西	0.227 1	0.206 7	0.182 6	0.084 9	0.101 8	0.740 7	0.851 9	0.851 9	0.463 0	0.518 5	0.306 5	0.131 5	0.214 3	0.183 3	0.085 2
于都县	江西	0.275 5	0.160 2	0.141 1	0.128 4	0.121 9	0.851 9	0.685 2	0.685 2	0.574 1	0.574 1	0.323 5	0.122 7	0.206 0	0.223 6	0.101 2
余干县	江西	0.256 7	0.262 1	0.213 1	0.087 2	0.087 1	0.740 7	0.888 9	0.833 3	0.444 4	0.444 4	0.346 6	0.183 7	0.255 7	0.196 2	0.084 8
海原县	宁夏	0.455 7	0.349 8	0.383 6	0.256 1	0.276 9	1.000 0	0.907 4	0.944 4	0.777 8	0.777 8	0.455 7	0.274 4	0.406 2	0.329 2	0.259 8
泾源县	宁夏	0.351 1	0.315 8	0.275 8	0.196 1	0.167 6	0.963 0	0.963 0	0.963 0	0.796 3	0.685 2	0.364 6	0.216 9	0.286 4	0.246 3	0.150 7
隆德县	宁夏	0.180 4	0.193 4	0.187 6	0.174 1	0.149 0	0.685 2	0.796 3	0.777 8	0.796 3	0.555 6	0.263 3	0.131 7	0.241 1	0.218 7	0.171 6
彭阳县	宁夏	0.280 6	0.245 8	0.230 1	0.152 9	0.116 0	0.907 4	0.851 9	0.888 9	0.685 2	0.500 0	0.309 3	0.177 4	0.258 8	0.223 2	0.144 5
同心县	宁夏	0.378 0	0.340 9	0.326 7	0.239 1	0.236 2	0.944 4	0.944 4	0.944 4	0.777 8	0.777 8	0.400 2	0.249 8	0.345 9	0.307 5	0.206 6
西吉县	宁夏	0.366 9	0.343 1	0.333 8	0.234 9	0.218 6	0.944 4	0.944 4	0.944 4	0.740 7	0.740 7	0.388 5	0.252 2	0.353 4	0.317 2	0.218 0

（续）

县域名称	省份	多维贫困指数					多维贫困深度					多维贫困强度				
		2014 年	2015 年	2016 年	2017 年	2018 年	2014 年	2015 年	2016 年	2017 年	2018 年	2014 年	2015 年	2016 年	2017 年	2018 年
盐池县	宁夏	0.313 9	0.264 9	0.156 9	0.114 1	0.089 5	0.870 4	0.814 8	0.592 6	0.425 9	0.370 4	0.360 6	0.214 0	0.264 8	0.268 0	0.138 9
大通回族土族自治县	青海	0.212 5	0.194 9	0.142 9	0.143 7	0.143 6	0.722 2	0.722 2	0.555 6	0.574 1	0.574 1	0.294 3	0.158 7	0.257 2	0.250 4	0.141 4
湟中县	青海	0.221 3	0.247 9	0.181 6	0.174 7	0.152 3	0.703 7	0.759 3	0.592 6	0.592 6	0.537 0	0.314 5	0.215 4	0.306 5	0.294 8	0.172 5
民和回族土族自治县	青海	0.253 3	0.185 1	0.174 8	0.175 6	0.134 2	0.944 4	0.740 7	0.740 7	0.759 3	0.592 6	0.268 2	0.138 8	0.236 0	0.231 3	0.115 3
保德县	山西	0.191 5	0.090 5	0.090 8	0.095 3	0.095 5	0.629 6	0.518 5	0.518 5	0.518 5	0.518 5	0.304 2	0.174 6	0.175 1	0.183 8	0.184 2
大宁县	山西	0.440 8	0.425 6	0.423 6	0.399 7	0.393 1	0.888 9	0.888 9	0.888 9	0.888 9	0.888 9	0.495 9	0.373 4	0.476 6	0.449 7	0.335 6
代县	山西	0.188 2	0.148 1	0.153 5	0.157 7	0.159 0	0.740 7	0.574 1	0.574 1	0.574 1	0.574 1	0.254 0	0.258 0	0.267 4	0.274 6	0.277 0
繁峙县	山西	0.200 6	0.197 0	0.199 5	0.185 8	0.186 4	0.629 6	0.629 6	0.629 6	0.629 6	0.629 6	0.318 6	0.204 1	0.316 9	0.295 1	0.185 8
方山县	山西	0.376 5	0.384 5	0.349 2	0.331 9	0.322 3	0.907 4	0.907 4	0.851 9	0.851 9	0.851 9	0.414 9	0.314 8	0.409 9	0.389 6	0.274 8
汾西县	山西	0.377 8	0.297 8	0.303 6	0.182 5	0.183 9	0.888 9	0.722 2	0.722 2	0.611 1	0.611 1	0.425 0	0.302 3	0.420 4	0.298 6	0.300 8
广灵县	山西	0.362 6	0.215 1	0.199 6	0.161 9	0.141 8	0.944 4	0.833 3	0.833 3	0.833 3	0.833 3	0.383 9	0.258 2	0.239 5	0.194 3	0.170 2
和顺县	山西	0.112 1	0.103 8	0.081 0	0.063 8	0.068 3	0.537 0	0.537 0	0.407 4	0.370 4	0.370 4	0.208 7	0.193 3	0.198 9	0.172 3	0.184 5
河曲县	山西	0.317 1	0.139 7	0.133 7	0.125 5	0.116 2	0.851 9	0.574 1	0.574 1	0.574 1	0.574 1	0.372 3	0.243 3	0.232 9	0.218 7	0.202 5
吉县	山西	0.386 3	0.366 5	0.318 3	0.175 4	0.164 2	0.944 4	0.944 4	0.851 9	0.740 7	0.740 7	0.409 0	0.277 6	0.373 6	0.236 8	0.221 7
静乐县	山西	0.299 1	0.292 0	0.176 3	0.130 8	0.136 4	0.796 3	0.833 3	0.722 2	0.555 6	0.555 6	0.375 7	0.245 7	0.244 2	0.235 5	0.245 5
岢岚县	山西	0.295 7	0.226 6	0.114 4	0.100 0	0.104 9	0.851 9	0.685 2	0.518 5	0.518 5	0.518 5	0.347 1	0.224 0	0.220 7	0.192 9	0.202 3
岚县	山西	0.377 0	0.361 6	0.318 8	0.303 8	0.286 4	0.907 4	0.907 4	0.851 9	0.851 9	0.851 9	0.415 4	0.293 8	0.374 3	0.356 6	0.229 9
临县	山西	0.453 1	0.449 3	0.437 6	0.445 2	0.409 0	0.944 4	0.944 4	0.944 4	1.000 0	0.944 4	0.479 8	0.373 8	0.463 3	0.445 2	0.330 9

（续）

县域名称	省份	多维贫困指数					多维贫困深度					多维贫困强度				
		2014 年	2015 年	2016 年	2017 年	2018 年	2014 年	2015 年	2016 年	2017 年	2018 年	2014 年	2015 年	2016 年	2017 年	2018 年
灵丘县	山西	0.235 1	0.190 7	0.189 0	0.175 2	0.174 4	0.851 9	0.722 2	0.722 2	0.685 2	0.685 2	0.276 0	0.157 1	0.261 7	0.255 6	0.145 9
娄烦县	山西	0.218 3	0.207 6	0.202 1	0.170 7	0.160 3	0.685 2	0.685 2	0.685 2	0.648 1	0.648 1	0.318 5	0.210 4	0.294 9	0.263 3	0.154 4
宁武县	山西	0.211 2	0.319 5	0.191 9	0.146 4	0.146 2	0.685 2	0.796 3	0.685 2	0.518 5	0.518 5	0.308 2	0.293 6	0.280 1	0.282 4	0.282 0
偏关县	山西	0.207 2	0.192 8	0.191 1	0.190 1	0.149 1	0.740 7	0.740 7	0.740 7	0.777 8	0.611 1	0.279 8	0.260 3	0.257 9	0.244 4	0.243 9
平陆县	山西	0.142 2	0.129 8	0.116 2	0.088 2	0.079 8	0.629 6	0.629 6	0.629 6	0.500 0	0.444 4	0.225 9	0.206 2	0.184 5	0.176 4	0.179 6
平顺县	山西	0.156 2	0.141 4	0.136 1	0.105 1	0.104 0	0.685 2	0.685 2	0.685 2	0.574 1	0.574 1	0.228 0	0.206 3	0.198 6	0.183 1	0.181 2
神池县	山西	0.195 8	0.197 5	0.154 9	0.103 9	0.110 5	0.740 7	0.740 7	0.685 2	0.518 5	0.555 6	0.264 4	0.266 6	0.226 1	0.200 4	0.199 0
天镇县	山西	0.337 8	0.150 4	0.146 1	0.145 3	0.126 2	0.888 9	0.722 2	0.722 2	0.777 8	0.722 2	0.380 0	0.208 2	0.202 3	0.186 8	0.174 8
五台县	山西	0.354 6	0.269 4	0.138 1	0.144 6	0.138 0	0.944 4	0.740 7	0.574 1	0.574 1	0.574 1	0.375 5	0.254 5	0.240 6	0.251 9	0.240 3
五寨县	山西	0.289 7	0.145 9	0.109 7	0.066 2	0.066 8	0.851 9	0.740 7	0.685 2	0.463 0	0.463 0	0.340 1	0.197 0	0.160 1	0.143 0	0.144 3
武乡县	山西	0.283 7	0.248 8	0.240 2	0.170 3	0.166 7	0.851 9	0.851 9	0.851 9	0.629 6	0.629 6	0.333 1	0.194 7	0.282 0	0.270 4	0.166 2
隰县	山西	0.342 4	0.309 1	0.317 5	0.237 0	0.236 0	0.888 9	0.851 9	0.888 9	0.722 2	0.722 2	0.385 1	0.255 1	0.357 2	0.328 1	0.217 7
兴县	山西	0.397 5	0.387 3	0.375 9	0.230 6	0.220 6	0.851 9	0.851 9	0.851 9	0.740 7	0.740 7	0.466 6	0.354 9	0.441 3	0.311 2	0.297 8
阳高县	山西	0.304 4	0.275 6	0.266 5	0.241 6	0.228 7	0.888 9	0.888 9	0.888 9	0.888 9	0.888 9	0.342 4	0.203 1	0.299 8	0.271 8	0.149 2
永和县	山西	0.249 0	0.360 2	0.353 8	0.329 1	0.258 9	0.740 7	0.851 9	0.851 9	0.851 9	0.685 2	0.336 2	0.319 1	0.415 3	0.386 3	0.272 9
中阳县	山西	0.268 1	0.251 9	0.274 6	0.251 3	0.212 1	0.814 8	0.814 8	0.851 9	0.851 9	0.685 2	0.329 0	0.201 5	0.322 3	0.295 0	0.213 7
安塞县	陕西	0.163 6	0.158 9	0.189 9	0.141 5	0.181 9	0.518 5	0.518 5	0.629 6	0.518 5	0.611 1	0.315 5	0.208 9	0.301 6	0.272 9	0.189 1
白河县	陕西	0.141 3	0.117 8	0.126 9	0.111 0	0.108 4	0.574 1	0.518 5	0.574 1	0.537 0	0.537 0	0.246 2	0.140 1	0.221 0	0.206 7	0.109 7

（续）

县域名称	省份	多维贫困指数					多维贫困深度					多维贫困强度				
		2014 年	2015 年	2016 年	2017 年	2018 年	2014 年	2015 年	2016 年	2017 年	2018 年	2014 年	2015 年	2016 年	2017 年	2018 年
白水县	陕西	0.151 2	0.155 4	0.064 2	0.118 4	0.000 0	0.574 1	0.629 6	0.500 0	0.518 5	0.000 0	0.263 3	0.138 1	0.128 4	0.228 4	0.000 0
彬县	陕西	0.000 0	0.000 0	0.081 5	0.079 1	0.088 2	0.000 0	0.000 0	0.407 4	0.407 4	0.407 4	0.000 0	0.000 0	0.199 9	0.194 0	0.107 5
淳化县	陕西	0.073 1	0.123 4	0.074 7	0.167 3	0.069 2	0.518 5	0.518 5	0.555 6	0.611 1	0.388 9	0.140 9	0.129 0	0.134 4	0.273 7	0.177 9
丹凤县	陕西	0.189 0	0.189 4	0.087 3	0.152 8	0.068 9	0.611 1	0.666 7	0.611 1	0.629 6	0.537 0	0.309 3	0.177 6	0.142 8	0.242 6	0.128 4
定边县	陕西	0.124 7	0.124 0	0.056 3	0.125 7	0.059 0	0.481 5	0.481 5	0.370 4	0.481 5	0.370 4	0.258 9	0.154 7	0.152 1	0.261 1	0.159 3
府谷县	陕西	0.000 0	0.041 0	0.049 1	0.046 2	0.049 8	0.000 0	0.333 3	0.370 4	0.370 4	0.370 4	0.000 0	0.123 0	0.132 7	0.124 9	0.134 4
汉阴县	陕西	0.119 1	0.108 2	0.104 1	0.101 0	0.078 5	0.518 5	0.518 5	0.518 5	0.537 0	0.425 9	0.229 6	0.119 8	0.200 8	0.188 0	0.086 3
合阳县	陕西	0.144 0	0.135 0	0.066 6	0.138 4	0.074 1	0.574 1	0.574 1	0.444 4	0.555 6	0.500 0	0.250 8	0.126 2	0.149 8	0.249 2	0.148 1
佳县	陕西	0.266 1	0.255 6	0.194 8	0.179 1	0.116 0	0.740 7	0.740 7	0.685 2	0.685 2	0.463 0	0.359 2	0.263 1	0.284 3	0.261 4	0.169 1
靖边县	陕西	0.000 0	0.045 1	0.053 0	0.047 4	0.047 9	0.000 0	0.333 3	0.425 9	0.388 9	0.407 4	0.000 0	0.135 3	0.124 4	0.121 9	0.117 7
岚皋县	陕西	0.141 0	0.129 8	0.051 4	0.117 4	0.061 0	0.518 5	0.518 5	0.407 4	0.518 5	0.518 5	0.272 0	0.148 9	0.126 1	0.226 4	0.117 6
陇县	陕西	0.144 0	0.155 4	0.076 2	0.158 6	0.068 3	0.629 6	0.629 6	0.574 1	0.685 2	0.574 1	0.228 7	0.143 1	0.132 7	0.231 5	0.119 0
洛南县	陕西	0.198 4	0.180 9	0.085 2	0.175 8	0.090 0	0.666 7	0.666 7	0.555 6	0.666 7	0.611 1	0.297 7	0.163 9	0.153 3	0.263 7	0.147 2
略阳县	陕西	0.080 8	0.061 5	0.061 8	0.049 9	0.040 5	0.537 0	0.481 5	0.518 5	0.481 5	0.407 4	0.150 4	0.127 8	0.119 2	0.103 6	0.099 5
米脂县	陕西	0.162 3	0.177 2	0.134 1	0.114 7	0.121 3	0.611 1	0.685 2	0.555 6	0.481 5	0.537 0	0.265 5	0.178 2	0.241 4	0.238 1	0.139 2
宁强县	陕西	0.243 6	0.218 0	0.108 6	0.166 3	0.051 0	0.722 2	0.722 2	0.611 1	0.629 6	0.351 9	0.337 4	0.197 7	0.177 7	0.264 1	0.144 9
宁陕县	陕西	0.073 8	0.064 9	0.060 7	0.053 7	0.050 0	0.444 4	0.444 4	0.444 4	0.463 0	0.463 0	0.166 0	0.146 0	0.136 7	0.116 0	0.107 9
蒲城县	陕西	0.091 7	0.077 5	0.019 3	0.058 5	0.000 0	0.518 5	0.463 0	0.351 9	0.351 9	0.000 0	0.176 8	0.062 0	0.055 0	0.166 2	0.000 0

（续）

县域名称	省份	多维贫困指数					多维贫困深度					多维贫困强度				
		2014 年	2015 年	2016 年	2017 年	2018 年	2014 年	2015 年	2016 年	2017 年	2018 年	2014 年	2015 年	2016 年	2017 年	2018 年
清涧县	陕西	0.203 6	0.219 4	0.243 1	0.230 4	0.181 4	0.648 1	0.685 2	0.777 8	0.777 8	0.611 1	0.314 1	0.255 2	0.312 6	0.296 3	0.227 7
山阳县	陕西	0.165 2	0.155 1	0.153 1	0.159 7	0.070 0	0.611 1	0.611 1	0.611 1	0.666 7	0.555 6	0.270 3	0.153 3	0.250 6	0.239 5	0.126 0
商南县	陕西	0.158 8	0.146 0	0.138 7	0.146 8	0.138 7	0.574 1	0.574 1	0.574 1	0.629 6	0.629 6	0.276 6	0.155 1	0.241 7	0.233 2	0.110 1
绥德县	陕西	0.206 8	0.198 4	0.192 2	0.182 9	0.137 3	0.685 2	0.685 2	0.685 2	0.685 2	0.518 5	0.301 7	0.197 3	0.280 6	0.266 9	0.167 1
太白县	陕西	0.087 7	0.102 2	0.090 6	0.096 6	0.071 7	0.555 6	0.555 6	0.555 6	0.611 1	0.500 0	0.157 8	0.184 0	0.163 1	0.158 1	0.143 5
吴堡县	陕西	0.157 2	0.152 3	0.149 7	0.146 0	0.111 1	0.629 6	0.629 6	0.629 6	0.648 1	0.481 5	0.249 7	0.131 5	0.237 8	0.225 2	0.143 7
吴起县	陕西	0.061 8	0.048 9	0.063 2	0.054 0	0.072 6	0.370 4	0.370 4	0.463 0	0.407 4	0.463 0	0.166 9	0.131 9	0.136 5	0.132 5	0.156 9
西乡县	陕西	0.185 8	0.183 4	0.188 4	0.170 4	0.173 6	0.666 7	0.722 2	0.722 2	0.722 2	0.666 7	0.278 7	0.162 8	0.260 9	0.236 0	0.157 6
旬阳县	陕西	0.127 9	0.119 8	0.046 3	0.102 5	0.000 0	0.518 5	0.518 5	0.407 4	0.481 5	0.000 0	0.246 6	0.127 2	0.113 6	0.212 9	0.000 0
旬邑县	陕西	0.136 6	0.142 6	0.151 8	0.135 0	0.108 1	0.574 1	0.574 1	0.611 1	0.574 1	0.444 4	0.237 9	0.146 5	0.248 4	0.235 2	0.137 8
延川县	陕西	0.246 0	0.235 5	0.252 3	0.189 5	0.150 7	0.740 7	0.740 7	0.796 3	0.685 2	0.518 5	0.332 2	0.218 3	0.316 9	0.276 6	0.180 1
延长县	陕西	0.293 0	0.253 7	0.216 1	0.136 8	0.141 5	0.777 8	0.722 2	0.722 2	0.518 5	0.518 5	0.376 7	0.262 4	0.299 3	0.263 8	0.174 7
洋县	陕西	0.229 9	0.208 4	0.202 6	0.186 7	0.141 8	0.722 2	0.722 2	0.722 2	0.722 2	0.555 6	0.318 4	0.193 2	0.280 6	0.258 5	0.150 0
宜川县	陕西	0.177 3	0.068 9	0.069 5	0.060 7	0.078 3	0.574 1	0.407 4	0.407 4	0.351 9	0.407 4	0.308 9	0.169 0	0.170 6	0.172 6	0.192 2
宜君县	陕西	0.070 8	0.065 3	0.057 3	0.042 1	0.046 8	0.500 0	0.463 0	0.500 0	0.444 4	0.500 0	0.141 6	0.141 0	0.114 7	0.094 7	0.093 5
永寿县	陕西	0.158 1	0.160 3	0.151 4	0.160 2	0.167 3	0.611 1	0.611 1	0.574 1	0.629 6	0.629 6	0.258 8	0.163 1	0.263 8	0.254 4	0.156 1
柞水县	陕西	0.191 2	0.176 1	0.100 5	0.171 4	0.091 4	0.648 1	0.648 1	0.629 6	0.648 1	0.537 0	0.295 1	0.164 2	0.159 7	0.264 4	0.170 2
长武县	陕西	0.146 4	0.146 3	0.147 7	0.136 7	0.115 6	0.611 1	0.611 1	0.611 1	0.611 1	0.500 0	0.239 6	0.139 6	0.241 6	0.223 7	0.120 9

（续）

县域名称	省份	多维贫困指数					多维贫困深度					多维贫困强度				
		2014 年	2015 年	2016 年	2017 年	2018 年	2014 年	2015 年	2016 年	2017 年	2018 年	2014 年	2015 年	2016 年	2017 年	2018 年
镇安县	陕西	0.152 9	0.139 2	0.066 3	0.136 1	0.180 2	0.574 1	0.574 1	0.518 5	0.592 6	0.648 1	0.266 3	0.139 6	0.127 9	0.229 7	0.167 3
镇巴县	陕西	0.239 1	0.212 9	0.191 1	0.182 9	0.061 2	0.722 2	0.722 2	0.666 7	0.666 7	0.388 9	0.331 1	0.199 6	0.286 7	0.274 4	0.157 4
镇坪县	陕西	0.154 0	0.144 6	0.140 1	0.128 9	0.136 6	0.555 6	0.555 6	0.555 6	0.555 6	0.611 1	0.277 3	0.165 1	0.252 2	0.232 0	0.118 4
苍溪县	四川	0.153 6	0.091 3	0.058 8	0.000 0	0.000 0	0.703 7	0.537 0	0.370 4	0.000 0	0.000 0	0.218 3	0.082 6	0.158 9	0.000 0	0.000 0
甘洛县	四川	0.285 8	0.167 8	0.164 0	0.174 8	0.087 8	0.833 3	0.555 6	0.555 6	0.555 6	0.444 4	0.342 9	0.206 5	0.295 1	0.314 7	0.197 6
阆中市	四川	0.088 5	0.000 0	0.000 0	0.000 0	0.000 0	0.518 5	0.000 0	0.000 0	0.000 0	0.000 0	0.170 6	0.000 0	0.000 0	0.000 0	0.000 0
雷波县	四川	0.222 5	0.153 2	0.155 1	0.161 3	0.163 0	0.777 8	0.555 6	0.555 6	0.555 6	0.555 6	0.286 0	0.178 4	0.279 2	0.290 4	0.196 7
马边彝族自治县	四川	0.178 7	0.176 6	0.182 0	0.175 6	0.179 8	0.574 1	0.574 1	0.574 1	0.555 6	0.555 6	0.311 2	0.214 4	0.317 1	0.316 2	0.227 3
美姑县	四川	0.284 6	0.191 2	0.202 0	0.212 9	0.228 3	0.777 8	0.555 6	0.555 6	0.555 6	0.611 1	0.365 9	0.252 4	0.363 6	0.383 2	0.269 8
南部县	四川	0.100 0	0.000 0	0.000 0	0.000 0	0.000 0	0.574 1	0.000 0	0.000 0	0.000 0	0.000 0	0.174 2	0.000 0	0.000 0	0.000 0	0.000 0
南江县	四川	0.184 9	0.132 8	0.000 0	0.061 9	0.000 0	0.740 7	0.629 6	0.000 0	0.351 9	0.000 0	0.249 6	0.107 3	0.000 0	0.175 9	0.000 0
平昌县	四川	0.195 9	0.126 5	0.059 1	0.000 0	0.000 0	0.796 3	0.629 6	0.351 9	0.000 0	0.000 0	0.246 1	0.109 3	0.167 8	0.000 0	0.000 0
屏山县	四川	0.000 0	0.000 0	0.073 9	0.088 9	0.088 2	0.000 0	0.000 0	0.351 9	0.407 4	0.407 4	0.000 0	0.000 0	0.210 0	0.218 2	0.124 7
普格县	四川	0.331 1	0.222 1	0.226 0	0.223 6	0.227 7	0.833 3	0.611 1	0.611 1	0.611 1	0.611 1	0.397 3	0.273 4	0.369 8	0.365 9	0.272 8
色达县	四川	0.238 1	0.155 5	0.115 6	0.099 6	0.203 0	0.666 7	0.555 6	0.444 4	0.388 9	0.555 6	0.357 2	0.279 9	0.260 1	0.256 0	0.272 8
通江县	四川	0.335 5	0.198 7	0.126 5	0.078 2	0.077 7	0.963 0	0.740 7	0.518 5	0.351 9	0.351 9	0.348 4	0.162 5	0.244 0	0.222 2	0.115 0
万源市	四川	0.114 0	0.067 8	0.071 0	0.069 4	0.071 1	0.629 6	0.407 4	0.407 4	0.407 4	0.407 4	0.181 0	0.088 0	0.174 2	0.170 4	0.093 9
旺苍县	四川	0.158 5	0.085 0	0.000 0	0.000 0	0.000 0	0.685 2	0.463 0	0.000 0	0.000 0	0.000 0	0.231 3	0.083 3	0.000 0	0.000 0	0.000 0

（续）

县域名称	省份	多维贫困指数					多维贫困深度					多维贫困强度				
		2014年	2015年	2016年	2017年	2018年	2014年	2015年	2016年	2017年	2018年	2014年	2015年	2016年	2017年	2018年
喜德县	四川	0.272 4	0.182 6	0.183 7	0.176 2	0.160 7	0.833 3	0.574 1	0.574 1	0.574 1	0.518 5	0.326 9	0.236 4	0.319 9	0.306 8	0.220 3
小金县	四川	0.195 7	0.127 6	0.126 6	0.095 4	0.000 0	0.629 6	0.463 0	0.463 0	0.351 9	0.000 0	0.310 9	0.164 9	0.273 6	0.271 0	0.000 0
新龙县	四川	0.186 6	0.159 4	0.101 8	0.097 4	0.093 0	0.574 1	0.574 1	0.407 4	0.407 4	0.407 4	0.325 0	0.277 6	0.249 9	0.239 0	0.228 2
叙永县	四川	0.089 1	0.074 1	0.072 2	0.068 5	0.066 6	0.407 4	0.351 9	0.351 9	0.351 9	0.351 9	0.218 6	0.121 2	0.205 2	0.194 7	0.100 5
宣汉县	四川	0.156 3	0.000 0	0.000 0	0.000 0	0.000 0	0.740 7	0.000 0	0.000 0	0.000 0	0.000 0	0.211 0	0.000 0	0.000 0	0.000 0	0.000 0
盐源县	四川	0.275 1	0.189 3	0.168 4	0.165 9	0.166 5	0.796 3	0.574 1	0.518 5	0.518 5	0.518 5	0.345 5	0.226 9	0.324 7	0.320 0	0.210 2
仪陇县	四川	0.131 9	0.062 5	0.000 0	0.000 0	0.000 0	0.685 2	0.351 9	0.000 0	0.000 0	0.000 0	0.192 5	0.082 8	0.000 0	0.000 0	0.000 0
越西县	四川	0.268 9	0.214 4	0.195 3	0.210 5	0.210 7	0.777 8	0.611 1	0.518 5	0.574 1	0.574 1	0.345 8	0.261 2	0.376 6	0.366 7	0.275 4
阿合奇县	新疆	0.081 9	0.082 6	0.159 7	0.127 2	0.156 4	0.351 9	0.351 9	0.463 0	0.407 4	0.500 0	0.232 6	0.234 9	0.344 9	0.312 2	0.238 4
阿克陶县	新疆	0.164 8	0.147 7	0.128 7	0.180 8	0.180 7	0.500 0	0.463 0	0.407 4	0.463 0	0.463 0	0.329 6	0.319 0	0.316 0	0.390 6	0.283 2
阿图什市	新疆	0.213 0	0.212 1	0.267 6	0.170 8	0.219 3	0.555 6	0.555 6	0.611 1	0.500 0	0.555 6	0.383 4	0.271 0	0.438 0	0.341 6	0.287 9
策勒县	新疆	0.149 1	0.220 2	0.246 5	0.217 9	0.224 4	0.500 0	0.555 6	0.611 1	0.555 6	0.555 6	0.298 2	0.287 4	0.403 4	0.392 3	0.295 0
察布查尔锡伯自治县	新疆	0.118 5	0.188 1	0.186 5	0.166 1	0.166 7	0.444 4	0.518 5	0.518 5	0.463 0	0.463 0	0.266 7	0.253 5	0.359 7	0.358 8	0.250 8
伽师县	新疆	0.167 8	0.174 9	0.173 1	0.242 6	0.242 0	0.555 6	0.555 6	0.555 6	0.611 1	0.611 1	0.302 0	0.314 8	0.311 5	0.397 0	0.288 6
柯坪县	新疆	0.234 3	0.204 4	0.208 4	0.208 9	0.212 8	0.611 1	0.555 6	0.555 6	0.555 6	0.555 6	0.383 5	0.265 3	0.375 1	0.376 0	0.280 5
民丰县	新疆	0.201 2	0.223 6	0.219 9	0.189 4	0.177 3	0.555 6	0.611 1	0.611 1	0.555 6	0.518 5	0.362 2	0.258 9	0.359 8	0.341 0	0.235 1
墨玉县	新疆	0.171 4	0.270 9	0.275 7	0.235 6	0.240 6	0.500 0	0.611 1	0.611 1	0.555 6	0.555 6	0.342 8	0.332 7	0.451 2	0.424 1	0.341 6
皮山县	新疆	0.147 3	0.143 8	0.189 7	0.224 3	0.256 8	0.444 4	0.444 4	0.555 6	0.555 6	0.611 1	0.331 4	0.323 6	0.341 4	0.403 8	0.321 7

（续）

县域名称	省份	多维贫困指数					多维贫困深度					多维贫困强度				
		2014 年	2015 年	2016 年	2017 年	2018 年	2014 年	2015 年	2016 年	2017 年	2018 年	2014 年	2015 年	2016 年	2017 年	2018 年
莎车县	新疆	0.155 8	0.153 5	0.218 7	0.176 9	0.179 0	0.555 6	0.555 6	0.611 1	0.518 5	0.518 5	0.280 4	0.276 4	0.357 8	0.341 2	0.241 4
疏勒县	新疆	0.157 2	0.145 3	0.145 9	0.179 8	0.181 3	0.555 6	0.518 5	0.518 5	0.518 5	0.518 5	0.283 0	0.280 2	0.281 3	0.346 8	0.242 5
叶城县	新疆	0.224 2	0.243 4	0.235 8	0.222 9	0.216 3	0.555 6	0.611 1	0.611 1	0.555 6	0.555 6	0.403 6	0.287 3	0.385 9	0.401 2	0.286 4
于田县	新疆	0.143 9	0.140 9	0.140 9	0.218 4	0.219 1	0.500 0	0.500 0	0.500 0	0.555 6	0.555 6	0.287 8	0.281 7	0.281 8	0.393 1	0.286 3
沧源佤族自治县	云南	0.211 3	0.193 4	0.142 1	0.094 2	0.077 8	0.722 2	0.722 2	0.629 6	0.444 4	0.407 4	0.292 5	0.267 7	0.225 6	0.211 9	0.190 9
昌宁县	云南	0.186 0	0.155 0	0.140 0	0.081 7	0.080 0	0.685 2	0.629 6	0.629 6	0.407 4	0.407 4	0.271 4	0.246 2	0.222 4	0.200 5	0.196 2
大关县	云南	0.299 7	0.284 1	0.267 4	0.236 7	0.224 4	0.833 3	0.833 3	0.833 3	0.777 8	0.777 8	0.359 7	0.232 2	0.320 8	0.304 4	0.184 5
大姚县	云南	0.249 0	0.228 5	0.188 1	0.131 4	0.126 5	0.722 2	0.722 2	0.685 2	0.518 5	0.518 5	0.344 8	0.205 8	0.274 6	0.253 4	0.132 9
洱源县	云南	0.307 6	0.258 7	0.239 1	0.197 0	0.190 7	0.833 3	0.777 8	0.777 8	0.666 7	0.666 7	0.369 1	0.230 6	0.307 5	0.295 6	0.182 5
凤庆县	云南	0.233 1	0.211 7	0.192 6	0.122 8	0.116 3	0.722 2	0.722 2	0.722 2	0.555 6	0.555 6	0.322 7	0.293 2	0.266 7	0.221 0	0.209 4
福贡县	云南	0.457 5	0.299 6	0.403 0	0.404 8	0.369 4	0.833 3	0.722 2	0.833 3	0.833 3	0.833 3	0.549 0	0.414 9	0.483 6	0.485 8	0.368 0
富宁县	云南	0.260 6	0.226 4	0.198 8	0.141 7	0.140 9	0.722 2	0.685 2	0.666 7	0.500 0	0.500 0	0.360 8	0.224 8	0.298 3	0.283 4	0.181 9
富源县	云南	0.246 5	0.158 4	0.152 6	0.125 9	0.121 8	0.777 8	0.555 6	0.555 6	0.500 0	0.500 0	0.316 9	0.184 6	0.274 7	0.251 8	0.143 5
贡山独龙族怒族自治县	云南	0.348 8	0.324 1	0.307 0	0.285 5	0.268 4	0.722 2	0.722 2	0.722 2	0.722 2	0.722 2	0.483 0	0.342 0	0.425 1	0.395 4	0.263 4
广南县	云南	0.282 1	0.258 8	0.242 5	0.222 1	0.158 7	0.722 2	0.722 2	0.722 2	0.722 2	0.555 6	0.390 5	0.257 8	0.335 8	0.307 5	0.187 4
鹤庆县	云南	0.292 4	0.258 8	0.246 6	0.157 4	0.157 7	0.833 3	0.796 3	0.796 3	0.574 1	0.574 1	0.350 9	0.221 0	0.309 7	0.274 2	0.169 0
红河县	云南	0.369 2	0.332 5	0.306 8	0.288 0	0.262 3	0.833 3	0.833 3	0.833 3	0.833 3	0.833 3	0.443 0	0.295 2	0.368 2	0.345 6	0.218 0
会泽县	云南	0.292 5	0.267 4	0.226 3	0.150 8	0.150 6	0.833 3	0.833 3	0.777 8	0.611 1	0.611 1	0.350 9	0.220 0	0.290 9	0.246 8	0.148 5

（续）

县域名称	省份	多维贫困指数					多维贫困深度					多维贫困强度				
		2014年	2015年	2016年	2017年	2018年	2014年	2015年	2016年	2017年	2018年	2014年	2015年	2016年	2017年	2018年
剑川县	云南	0.301 5	0.310 6	0.269 7	0.235 8	0.220 8	0.777 8	0.833 3	0.777 8	0.722 2	0.722 2	0.387 7	0.264 7	0.346 8	0.326 5	0.195 4
江城哈尼族彝族自治县	云南	0.194 4	0.177 0	0.165 3	0.154 2	0.108 9	0.685 2	0.629 6	0.629 6	0.629 6	0.463 0	0.283 7	0.281 2	0.262 5	0.244 9	0.235 3
金平苗族瑶族傣族自治县	云南	0.367 5	0.347 5	0.297 0	0.268 0	0.251 3	0.833 3	0.833 3	0.777 8	0.777 8	0.777 8	0.441 0	0.308 4	0.381 8	0.344 5	0.218 4
景东彝族自治县	云南	0.351 3	0.208 5	0.322 3	0.219 1	0.220 1	0.833 3	0.722 2	0.833 3	0.611 1	0.611 1	0.421 6	0.288 7	0.386 7	0.358 5	0.251 8
兰坪白族普米族自治县	云南	0.440 5	0.272 9	0.257 8	0.335 9	0.319 7	0.833 3	0.722 2	0.722 2	0.777 8	0.777 8	0.528 6	0.377 9	0.357 0	0.431 9	0.300 6
澜沧拉祜族自治县	云南	0.393 3	0.238 4	0.216 3	0.190 6	0.131 9	0.833 3	0.722 2	0.722 2	0.722 2	0.555 6	0.471 9	0.330 0	0.299 4	0.263 8	0.237 4
梁河县	云南	0.329 3	0.314 9	0.298 9	0.259 3	0.245 5	0.833 3	0.833 3	0.833 3	0.777 8	0.777 8	0.395 2	0.274 3	0.358 7	0.333 4	0.209 8
龙陵县	云南	0.319 4	0.281 4	0.273 5	0.202 2	0.200 9	0.833 3	0.833 3	0.833 3	0.666 7	0.666 7	0.383 2	0.231 6	0.328 2	0.303 3	0.192 5
泸水县	云南	0.260 0	0.237 4	0.224 4	0.202 1	0.189 0	0.666 7	0.666 7	0.666 7	0.666 7	0.666 7	0.390 0	0.356 1	0.336 6	0.303 1	0.283 6
泸西县	云南	0.210 2	0.171 2	0.123 8	0.121 8	0.106 2	0.722 2	0.685 2	0.518 5	0.518 5	0.463 0	0.291 0	0.145 0	0.238 8	0.234 9	0.122 6
鲁甸县	云南	0.292 3	0.272 4	0.251 1	0.231 3	0.167 1	0.777 8	0.777 8	0.777 8	0.777 8	0.611 1	0.375 9	0.251 4	0.322 9	0.297 4	0.173 7
禄劝彝族苗族自治县	云南	0.313 6	0.292 8	0.277 5	0.254 2	0.239 2	0.777 8	0.777 8	0.777 8	0.777 8	0.777 8	0.403 2	0.283 2	0.356 8	0.326 8	0.213 0
绿春县	云南	0.389 9	0.365 1	0.311 8	0.303 5	0.286 4	0.833 3	0.833 3	0.777 8	0.777 8	0.777 8	0.467 8	0.331 2	0.400 9	0.390 2	0.263 2
麻栗坡县	云南	0.254 6	0.240 1	0.227 7	0.199 4	0.148 2	0.722 2	0.722 2	0.722 2	0.722 2	0.555 6	0.352 5	0.223 4	0.315 2	0.276 1	0.160 0
马关县	云南	0.279 6	0.249 5	0.206 8	0.208 6	0.136 9	0.722 2	0.722 2	0.666 7	0.722 2	0.500 0	0.387 1	0.235 4	0.310 3	0.288 9	0.165 2
勐腊县	云南	0.190 6	0.172 7	0.146 3	0.094 7	0.092 7	0.666 7	0.666 7	0.611 1	0.444 4	0.444 4	0.286 0	0.259 0	0.239 4	0.213 0	0.208 6
孟连傣族拉祜族佤族自治县	云南	0.217 6	0.202 0	0.187 2	0.171 9	0.122 8	0.685 2	0.685 2	0.685 2	0.685 2	0.518 5	0.317 6	0.294 8	0.273 1	0.250 9	0.236 8

（续）

县域名称	省份	多维贫困指数					多维贫困深度					多维贫困强度				
		2014 年	2015 年	2016 年	2017 年	2018 年	2014 年	2015 年	2016 年	2017 年	2018 年	2014 年	2015 年	2016 年	2017 年	2018 年
弥渡县	云南	0.293 9	0.275 4	0.245 2	0.225 9	0.175 8	0.833 3	0.833 3	0.777 8	0.777 8	0.611 1	0.352 7	0.222 6	0.315 3	0.290 4	0.178 0
墨江哈尼族自治县	云南	0.377 7	0.355 9	0.335 4	0.312 5	0.139 4	0.833 3	0.833 3	0.833 3	0.833 3	0.555 6	0.453 3	0.316 8	0.402 5	0.375 0	0.251 0
南华县	云南	0.185 6	0.167 6	0.148 9	0.087 4	0.084 0	0.722 2	0.722 2	0.722 2	0.500 0	0.500 0	0.257 0	0.232 0	0.206 2	0.174 8	0.167 9
南涧彝族自治县	云南	0.348 9	0.341 7	0.277 7	0.243 0	0.202 5	0.833 3	0.833 3	0.777 8	0.777 8	0.722 2	0.418 7	0.305 0	0.357 0	0.312 4	0.173 5
宁洱哈尼族彝族自治县	云南	0.282 5	0.150 1	0.135 0	0.078 7	0.074 9	0.740 7	0.629 6	0.629 6	0.463 0	0.463 0	0.381 3	0.238 4	0.214 4	0.170 1	0.161 7
宁蒗彝族自治县	云南	0.435 8	0.422 5	0.406 9	0.401 6	0.364 1	0.833 3	0.833 3	0.833 3	0.833 3	0.833 3	0.523 0	0.397 2	0.488 3	0.481 9	0.333 9
屏边苗族自治县	云南	0.374 5	0.222 1	0.292 5	0.273 3	0.330 6	0.833 3	0.666 7	0.777 8	0.777 8	0.777 8	0.449 3	0.224 9	0.376 1	0.351 4	0.320 0
巧家县	云南	0.350 0	0.331 8	0.313 3	0.254 2	0.219 9	0.833 3	0.833 3	0.833 3	0.833 3	0.777 8	0.420 0	0.299 1	0.376 0	0.305 0	0.186 5
丘北县	云南	0.268 1	0.258 2	0.237 3	0.167 2	0.145 0	0.722 2	0.722 2	0.722 2	0.555 6	0.500 0	0.371 1	0.258 6	0.328 6	0.300 9	0.193 4
施甸县	云南	0.304 8	0.253 8	0.202 2	0.164 8	0.143 3	0.833 3	0.777 8	0.740 7	0.574 1	0.574 1	0.365 8	0.223 6	0.273 0	0.287 0	0.151 0
双柏县	云南	0.162 4	0.140 1	0.123 2	0.097 0	0.062 9	0.629 6	0.629 6	0.629 6	0.574 1	0.407 4	0.258 0	0.222 6	0.195 7	0.169 0	0.154 4
双江拉祜族佤族布朗族傣族自治县	云南	0.195 4	0.165 5	0.148 7	0.097 9	0.092 9	0.722 2	0.685 2	0.685 2	0.518 5	0.518 5	0.270 5	0.241 5	0.217 0	0.188 7	0.179 1
绥江县	云南	0.275 5	0.262 2	0.239 8	0.183 0	0.113 0	0.833 3	0.833 3	0.833 3	0.740 7	0.518 5	0.330 6	0.210 7	0.287 7	0.247 1	0.112 1
威信县	云南	0.297 6	0.292 0	0.263 3	0.246 5	0.210 6	0.777 8	0.777 8	0.777 8	0.777 8	0.722 2	0.382 6	0.274 1	0.338 5	0.317 0	0.190 1
巍山彝族回族自治县	云南	0.318 3	0.302 6	0.280 5	0.221 9	0.169 1	0.833 3	0.833 3	0.833 3	0.777 8	0.611 1	0.382 0	0.254 9	0.336 5	0.285 3	0.166 8
维西傈僳族自治县	云南	0.284 0	0.251 6	0.243 7	0.227 0	0.328 9	0.722 2	0.685 2	0.685 2	0.685 2	0.759 3	0.393 3	0.367 2	0.355 6	0.331 3	0.326 2
文山市	云南	0.093 9	0.062 8	0.150 9	0.039 9	0.105 6	0.574 1	0.574 1	0.685 2	0.407 4	0.518 5	0.163 6	0.109 3	0.220 2	0.098 0	0.094 1

（续）

县域名称	省份	多维贫困指数					多维贫困深度					多维贫困强度				
		2014年	2015年	2016年	2017年	2018年	2014年	2015年	2016年	2017年	2018年	2014年	2015年	2016年	2017年	2018年
武定县	云南	0.240 3	0.218 6	0.186 7	0.168 3	0.045 0	0.722 2	0.722 2	0.685 2	0.685 2	0.370 4	0.332 7	0.192 1	0.272 4	0.245 6	0.121 5
西畴县	云南	0.272 1	0.150 7	0.107 4	0.094 4	0.038 8	0.722 2	0.611 1	0.611 1	0.611 1	0.333 3	0.376 7	0.246 7	0.175 7	0.154 5	0.116 4
西盟佤族自治县	云南	0.358 1	0.211 4	0.181 0	0.172 3	0.121 9	0.833 3	0.722 2	0.685 2	0.685 2	0.518 5	0.429 7	0.292 7	0.264 1	0.251 5	0.235 1
香格里拉县	云南	0.230 8	0.214 6	0.194 8	0.165 2	0.145 4	0.648 1	0.648 1	0.648 1	0.648 1	0.648 1	0.356 1	0.331 2	0.300 5	0.254 9	0.224 3
寻甸回族彝族自治县	云南	0.288 5	0.279 8	0.265 9	0.238 9	0.224 4	0.777 8	0.777 8	0.777 8	0.777 8	0.777 8	0.370 9	0.266 9	0.341 9	0.307 2	0.196 1
盐津县	云南	0.275 1	0.254 6	0.202 5	0.197 7	0.135 1	0.833 3	0.833 3	0.722 2	0.777 8	0.555 6	0.330 1	0.195 8	0.280 3	0.254 2	0.134 3
砚山县	云南	0.225 7	0.187 3	0.172 0	0.121 2	0.116 5	0.685 2	0.629 6	0.629 6	0.463 0	0.463 0	0.329 4	0.194 0	0.273 2	0.261 7	0.153 0
漾濞彝族自治县	云南	0.275 9	0.256 8	0.236 6	0.160 0	0.173 4	0.777 8	0.777 8	0.777 8	0.555 6	0.611 1	0.354 7	0.224 2	0.304 2	0.288 0	0.174 6
姚安县	云南	0.265 7	0.246 4	0.233 3	0.132 8	0.155 0	0.777 8	0.777 8	0.740 7	0.518 5	0.574 1	0.341 6	0.209 3	0.315 0	0.256 2	0.161 1
彝良县	云南	0.319 7	0.305 4	0.278 6	0.208 8	0.194 7	0.777 8	0.777 8	0.777 8	0.666 7	0.666 7	0.411 0	0.293 6	0.358 2	0.313 2	0.192 8
永德县	云南	0.196 0	0.173 4	0.148 6	0.102 8	0.175 3	0.722 2	0.722 2	0.722 2	0.555 6	0.611 1	0.271 4	0.240 1	0.205 7	0.185 1	0.196 3
永平县	云南	0.311 0	0.177 1	0.276 1	0.201 3	0.196 8	0.777 8	0.666 7	0.777 8	0.611 1	0.611 1	0.399 9	0.265 6	0.355 0	0.329 3	0.220 3
永仁县	云南	0.141 1	0.125 6	0.098 4	0.077 2	0.048 9	0.574 1	0.574 1	0.574 1	0.537 0	0.370 4	0.245 7	0.218 8	0.171 5	0.143 7	0.132 1
永善县	云南	0.295 5	0.278 2	0.264 7	0.238 9	0.226 0	0.777 8	0.777 8	0.777 8	0.777 8	0.777 8	0.379 9	0.260 7	0.340 4	0.307 1	0.195 3
永胜县	云南	0.244 5	0.223 7	0.319 1	0.241 3	0.211 8	0.722 2	0.722 2	0.833 3	0.666 7	0.611 1	0.338 5	0.309 7	0.382 9	0.361 9	0.239 3
元阳县	云南	0.386 5	0.327 1	0.286 4	0.276 5	0.235 8	0.833 3	0.796 3	0.796 3	0.796 3	0.796 3	0.463 8	0.306 6	0.359 6	0.347 2	0.197 3
云龙县	云南	0.357 7	0.317 5	0.301 7	0.282 6	0.217 7	0.833 3	0.833 3	0.833 3	0.833 3	0.666 7	0.429 3	0.272 2	0.362 0	0.339 1	0.215 6
云县	云南	0.189 3	0.180 7	0.118 9	0.101 5	0.093 0	0.722 2	0.722 2	0.555 6	0.500 0	0.500 0	0.262 0	0.250 2	0.214 0	0.202 9	0.185 9

（续）

县域名称	省份	多维贫困指数					多维贫困深度					多维贫困强度				
		2014 年	2015 年	2016 年	2017 年	2018 年	2014 年	2015 年	2016 年	2017 年	2018 年	2014 年	2015 年	2016 年	2017 年	2018 年
镇康县	云南	0.183 1	0.149 2	0.141 1	0.099 0	0.093 4	0.666 7	0.629 6	0.666 7	0.463 0	0.463 0	0.274 7	0.237 0	0.211 6	0.213 8	0.201 8
镇雄县	云南	0.319 2	0.297 5	0.262 2	0.236 4	0.154 9	0.777 8	0.777 8	0.777 8	0.777 8	0.555 6	0.410 4	0.285 2	0.337 1	0.303 9	0.186 6
城口县	重庆	0.242 8	0.170 1	0.269 5	0.098 9	0.155 4	0.870 4	0.814 8	0.777 8	0.537 0	0.500 0	0.279 0	0.126 1	0.346 5	0.184 1	0.234 4
丰都县	重庆	0.112 4	0.000 0	0.000 0	0.000 0	0.000 0	0.629 6	0.000 0	0.000 0	0.000 0	0.000 0	0.178 5	0.000 0	0.000 0	0.000 0	0.000 0
奉节县	重庆	0.127 1	0.111 3	0.085 5	0.000 0	0.000 0	0.629 6	0.629 6	0.463 0	0.000 0	0.000 0	0.201 8	0.098 1	0.184 6	0.000 0	0.000 0
开县	重庆	0.090 2	0.000 0	0.000 0	0.000 0	0.000 0	0.574 1	0.000 0	0.000 0	0.000 0	0.000 0	0.157 0	0.000 0	0.000 0	0.000 0	0.000 0
彭水苗族土家族自治县	重庆	0.193 6	0.132 3	0.127 8	0.078 9	0.062 5	0.777 8	0.611 1	0.611 1	0.444 4	0.333 3	0.249 0	0.135 9	0.209 0	0.177 6	0.111 3
石柱土家族自治县	重庆	0.103 1	0.056 2	0.000 0	0.058 0	0.000 0	0.574 1	0.351 9	0.000 0	0.351 9	0.000 0	0.179 6	0.081 1	0.000 0	0.164 8	0.000 0
巫山县	重庆	0.159 7	0.100 1	0.102 3	0.000 0	0.072 4	0.740 7	0.518 5	0.518 5	0.000 0	0.351 9	0.215 6	0.112 5	0.197 4	0.000 0	0.129 4
巫溪县	重庆	0.206 3	0.146 5	0.162 4	0.113 0	0.104 7	0.796 3	0.685 2	0.740 7	0.574 1	0.518 5	0.259 1	0.133 9	0.219 3	0.196 9	0.123 2
武隆县	重庆	0.094 1	0.056 7	0.000 0	0.000 0	0.000 0	0.518 5	0.351 9	0.000 0	0.000 0	0.000 0	0.181 6	0.068 3	0.000 0	0.000 0	0.000 0
秀山土家族苗族自治县	重庆	0.081 6	0.072 2	0.089 1	0.000 0	0.058 6	0.463 0	0.463 0	0.518 5	0.000 0	0.351 9	0.176 2	0.073 6	0.171 8	0.000 0	0.088 3
酉阳土家族苗族自治县	重庆	0.315 3	0.253 1	0.191 9	0.179 3	0.137 1	0.963 0	0.907 4	0.740 7	0.740 7	0.574 1	0.327 4	0.206 1	0.259 0	0.242 0	0.168 0
云阳县	重庆	0.112 7	0.091 9	0.000 0	0.000 0	0.000 0	0.574 1	0.574 1	0.000 0	0.000 0	0.000 0	0.196 2	0.086 1	0.000 0	0.000 0	0.000 0

附录 2：2014—2018 年国家重点贫困县金融与财政协同度

县域名称	省份	直接协同度					离差系数最小化协同度					时间趋势一致化协同度				
		2014 年	2015 年	2016 年	2017 年	2018 年	2014 年	2015 年	2016 年	2017 年	2018 年	2014 年	2015 年	2016 年	2017 年	2018 年
阿鲁科尔沁旗	内蒙古	0.028 2	0.038 2	0.071 5	0.072 7	0.043 1	0.165 2	0.183 6	0.185 9	0.241 5	0.243 3	0	0.016 2	0.021 1	0.084 8	0.083 3
敖汉旗	内蒙古	0.023 3	0.029 3	0.057 5	0.055 3	0.034 5	0.146 3	0.160 8	0.163 1	0.211 4	0.218 2	0	0.011 5	0.018 3	0.062 8	0.067 5
巴林右旗	内蒙古	0.039 6	0.046 4	0.087 5	0.084 9	0.049 3	0.188 3	0.194 2	0.194 7	0.262 2	0.272 1	0	0.007 9	0.009 8	0.089 3	0.095 4
巴林左旗	内蒙古	0.025 6	0.035 3	0.064 3	0.067 3	0.040 2	0.152 7	0.176 6	0.179 0	0.229 3	0.222 9	0	0.019 3	0.026 9	0.081 7	0.075 6
察哈尔右翼后旗	内蒙古	0.028 6	0.033 8	0.058 7	0.064 5	0.038 9	0.168 5	0.181 0	0.187 6	0.237 4	0.226 1	0	0.008 8	0.013 6	0.067 6	0.055 4
察哈尔右翼前旗	内蒙古	0.025 9	0.034 3	0.054 5	0.059 0	0.039 0	0.160 5	0.178 3	0.182 2	0.215 0	0.202 9	0	0.010 6	0.014 0	0.056 2	0.044 1
察哈尔右翼中旗	内蒙古	0.028 6	0.039 8	0.079 7	0.070 9	0.050 5	0.161 5	0.199 2	0.215 6	0.247 7	0.272 2	0	−0.009 3	−0.013 9	0.056 0	0.085 6
达尔罕茂明安联合旗	内蒙古	0.014 6	0.018 6	0.035 1	0.032 6	0.020 9	0.108 1	0.113 0	0.111 7	0.145 1	0.158 7	0	0.006 2	0.008 4	0.034 9	0.040 8
鄂伦春自治旗	内蒙古	0.049 7	0.060 4	0.082 0	0.083 2	0.064 2	0.213 3	0.233 1	0.235 3	0.257 5	0.258 7	0	0.021 2	0.027 2	0.062 6	0.061 3
鄂托克前旗	内蒙古	0.028 9	0.032 9	0.037 0	0.033 9	0.033 0	0.147 7	0.164 3	0.164 4	0.155 4	0.168 2	0	0.005 8	0.006 2	0.009 4	0.016 2
固阳县	内蒙古	0.017 4	0.020 8	0.069 3	0.064 9	0.024 2	0.114 6	0.115 1	0.112 6	0.203 0	0.233 1	0	0.003 4	0.005 1	0.094 5	0.103 8
杭锦旗	内蒙古	0.050 8	0.054 2	0.057 0	0.051 5	0.054 8	0.210 2	0.219 1	0.219 5	0.180 9	0.202 8	0	0.006 2	0.007 8	−0.033 0	−0.018 8
化德县	内蒙古	0.034 1	0.039 9	0.063 8	0.070 3	0.044 3	0.181 9	0.199 7	0.208 4	0.251 8	0.245 5	0	−0.010 9	−0.014 4	0.052 6	0.044 5
喀喇沁旗	内蒙古	0.042 3	0.049 5	0.070 5	0.073 4	0.054 5	0.199 6	0.211 8	0.214 9	0.246 9	0.240 2	0	0.012 8	0.018 4	0.058 4	0.051 5
科尔沁右翼前旗	内蒙古	0.033 9	0.046 0	0.071 6	0.071 0	0.051 9	0.183 8	0.210 9	0.217 7	0.257 6	0.260 8	0	0.022 2	0.029 8	0.071 6	0.073 6

（续）

县域名称	省份	直接协同度					离差系数最小化协同度					时间趋势一致化协同度				
		2014年	2015年	2016年	2017年	2018年	2014年	2015年	2016年	2017年	2018年	2014年	2015年	2016年	2017年	2018年
科尔沁右翼中旗	内蒙古	0.036 2	0.048 8	0.074 9	0.081 4	0.056 4	0.188 9	0.220 9	0.234 4	0.282 0	0.269 0	0	0.022 2	0.031 0	0.085 1	0.070 3
科尔沁左翼后旗	内蒙古	0.018 0	0.031 7	0.063 1	0.069 9	0.037 4	0.130 9	0.159 2	0.158 9	0.231 6	0.227 4	0	0.024 5	0.032 0	0.101 5	0.088 8
克什克腾旗	内蒙古	0.026 2	0.029 6	0.058 7	0.057 6	0.032 2	0.140 2	0.140 6	0.139 4	0.195 8	0.204 9	0	0.003 2	0.004 4	0.062 2	0.064 9
库伦旗	内蒙古	0.017 2	0.031 0	0.063 7	0.058 5	0.035 6	0.128 5	0.175 2	0.183 6	0.230 7	0.244 3	0	0.023 8	0.029 7	0.075 8	0.087 8
林西县	内蒙古	0.038 2	0.046 4	0.060 9	0.062 0	0.048 1	0.189 1	0.197 8	0.198 5	0.221 3	0.218 3	0	0.009 3	0.010 4	0.041 6	0.038 6
莫力达瓦达斡尔族自治旗	内蒙古	0.027 6	0.038 0	0.060 5	0.067 1	0.042 7	0.165 3	0.184 0	0.186 6	0.237 7	0.224 6	0	0.013 4	0.017 0	0.073 9	0.059 8
奈曼旗	内蒙古	0.021 5	0.032 4	0.072 8	0.072 8	0.036 0	0.141 2	0.168 6	0.170 5	0.256 8	0.264 4	0	0.021 3	0.026 9	0.102 6	0.102 6
宁城县	内蒙古	0.027 5	0.032 9	0.053 7	0.050 9	0.037 0	0.146 5	0.156 1	0.155 1	0.183 2	0.194 5	0	0.010 4	0.015 6	0.045 3	0.051 9
清水河县	内蒙古	0.029 1	0.038 5	0.054 8	0.054 3	0.040 7	0.161 3	0.131 4	0.129 6	0.206 0	0.211 5	0	−0.037 6	−0.041 2	0.048 6	0.050 5
商都县	内蒙古	0.031 2	0.049 8	0.078 8	0.077 4	0.055 5	0.172 5	0.223 1	0.235 0	0.274 2	0.278 9	0	0.034 3	0.042 0	0.083 9	0.089 2
四子王旗	内蒙古	0.053 5	0.060 8	0.088 7	0.076 5	0.064 9	0.231 2	0.242 7	0.247 3	0.263 6	0.286 3	0	−0.011 0	−0.013 7	0.026 2	0.060 3
苏尼特右旗	内蒙古	0.038 0	0.038 2	0.049 9	0.047 2	0.038 9	0.180 6	0.171 1	0.171 2	0.198 6	0.207 6	0	−0.009 9	−0.011 3	0.018 1	0.023 8
太仆寺旗	内蒙古	0.045 1	0.045 2	0.080 9	0.070 9	0.049 7	0.210 7	0.200 8	0.203 4	0.237 8	0.267 0	0	−0.019 5	−0.028 2	0.031 4	0.065 7
突泉县	内蒙古	0.032 7	0.049 1	0.074 8	0.077 1	0.055 5	0.180 7	0.218 6	0.226 2	0.259 0	0.263 0	0	0.031 2	0.040 5	0.082 0	0.080 8
托克托县	内蒙古	0.016 8	0.017 3	0.034 3	0.033 1	0.018 4	0.082 6	0.080 4	0.078 9	0.116 9	0.118 2	0	−0.001 5	−0.002 5	0.032 6	0.034 9
翁牛特旗	内蒙古	0.027 6	0.032 3	0.060 6	0.058 0	0.039 6	0.159 6	0.166 0	0.167 3	0.208 8	0.216 7	0	0.006 2	0.011 0	0.057 1	0.063 2
乌审旗	内蒙古	0.016 3	0.020 8	0.020 4	0.016 9	0.020 4	0.068 8	0.081 4	0.082 0	0.057 2	0.077 4	0	0.008 7	0.007 5	−0.007 6	0.008 1

（续）

县域名称	省份	直接协同度					离差系数最小化协同度					时间趋势一致化协同度				
		2014 年	2015 年	2016 年	2017 年	2018 年	2014 年	2015 年	2016 年	2017 年	2018 年	2014 年	2015 年	2016 年	2017 年	2018 年
武川县	内蒙古	0.029 9	0.033 2	0.059 8	0.064 8	0.038 0	0.150 3	0.150 3	0.148 2	0.203 9	0.198 1	0	0.002 2	0.003 6	0.068 5	0.058 8
兴和县	内蒙古	0.054 0	0.057 4	0.082 6	0.082 6	0.063 7	0.229 2	0.229 8	0.233 9	0.265 9	0.274 0	0	−0.012 3	−0.018 9	0.047 8	0.053 7
伊金霍洛旗	内蒙古	0.020 5	0.012 9	0.026 8	0.024 6	0.012 4	0.091 0	0.105 9	0.105 3	0.098 8	0.115 4	0	−0.015 2	−0.015 5	0.008 1	0.010 7
扎赉特旗	内蒙古	0.045 9	0.052 5	0.075 8	0.082 7	0.060 7	0.211 2	0.222 7	0.229 3	0.275 6	0.262 7	0	0.011 4	0.019 3	0.072 0	0.057 5
正镶白旗	内蒙古	0.038 8	0.046 6	0.061 9	0.056 2	0.049 4	0.196 2	0.208 8	0.211 6	0.230 3	0.245 6	0	0.004 7	0.005 6	0.031 6	0.045 7
枞阳县	安徽	0.023 1	0.028 1	0.035 3	0.034 9	0.032 3	0.132 0	0.133 9	0.131 2	0.128 2	0.130 4	0	0.006 3	0.009 0	0.009 2	0.012 5
阜南县	安徽	0.043 7	0.058 6	0.079 1	0.072 1	0.066 4	0.207 6	0.234 0	0.239 6	0.233 3	0.241 1	0	0.026 0	0.035 0	0.030 3	0.046 4
霍邱县	安徽	0.032 9	0.039 4	0.058 5	0.050 7	0.045 2	0.163 4	0.171 3	0.170 0	0.169 9	0.187 8	0	0.011 1	0.017 1	0.024 0	0.045 0
霍山县	安徽	0.031 3	0.034 4	0.038 0	0.037 2	0.036 1	0.130 1	0.133 5	0.132 2	0.128 1	0.126 6	0	0.005 9	0.008 0	0.006 7	0.006 2
金寨县	安徽	0.060 3	0.074 2	0.094 5	0.091 7	0.080 2	0.235 3	0.255 9	0.258 3	0.253 8	0.259 0	0	0.026 5	0.034 5	0.041 0	0.049 9
泾县	安徽	0.051 1	0.054 8	0.058 3	0.058 7	0.056 6	0.194 6	0.198 2	0.197 9	0.192 2	0.188 6	0	0.006 6	0.008 6	−0.005 1	−0.012 0
利辛县	安徽	0.037 9	0.053 2	0.061 6	0.059 5	0.060 1	0.190 8	0.220 4	0.224 5	0.198 3	0.195 9	0	0.029 2	0.038 8	−0.011 4	−0.017 0
临泉县	安徽	0.044 8	0.056 7	0.077 9	0.073 1	0.064 3	0.207 9	0.228 4	0.233 1	0.233 0	0.236 5	0	0.021 5	0.030 4	0.037 1	0.045 7
潜山县	安徽	0.036 2	0.041 9	0.050 9	0.050 0	0.044 9	0.161 6	0.164 4	0.163 0	0.173 0	0.177 1	0	0.008 4	0.010 9	0.024 1	0.027 0
石台县	安徽	0.063 6	0.071 1	0.087 9	0.079 2	0.076 3	0.245 3	0.250 5	0.252 8	0.252 2	0.268 0	0	−0.006 0	−0.007 9	−0.014 1	0.035 6
寿县	安徽	0.044 1	0.051 6	0.071 2	0.070 4	0.059 0	0.207 1	0.214 0	0.217 2	0.219 5	0.222 0	0	−0.009 0	−0.012 9	−0.006 0	0.015 3
舒城县	安徽	0.041 3	0.048 7	0.060 2	0.055 8	0.051 9	0.163 3	0.173 2	0.171 7	0.166 3	0.176 1	0	0.014 3	0.018 9	0.021 4	0.033 4
宿松县	安徽	0.036 3	0.043 0	0.053 9	0.051 4	0.045 6	0.171 0	0.175 7	0.175 2	0.178 9	0.185 9	0	0.009 6	0.011 7	0.021 7	0.029 4

（续）

县域名称	省份	直接协同度					离差系数最小化协同度					时间趋势一致化协同度				
		2014 年	2015 年	2016 年	2017 年	2018 年	2014 年	2015 年	2016 年	2017 年	2018 年	2014 年	2015 年	2016 年	2017 年	2018 年
太湖县	安徽	0.041 7	0.048 9	0.067 9	0.060 1	0.052 4	0.187 0	0.197 4	0.197 7	0.203 8	0.223 5	0	0.013 3	0.017 7	0.030 9	0.050 1
无为县	安徽	0.024 9	0.030 2	0.036 0	0.036 2	0.033 9	0.113 2	0.119 3	0.115 8	0.118 7	0.111 8	0	0.010 0	0.014 7	0.019 6	0.015 8
颍上县	安徽	0.033 9	0.043 5	0.058 7	0.054 1	0.048 3	0.169 2	0.185 6	0.185 7	0.182 2	0.188 9	0	0.018 4	0.024 9	0.030 3	0.040 6
岳西县	安徽	0.047 4	0.056 9	0.070 2	0.064 4	0.059 8	0.200 4	0.210 4	0.210 5	0.215 0	0.228 0	0	0.016 1	0.019 1	0.027 7	0.042 2
长丰县	安徽	0.023 7	0.027 6	0.034 8	0.032 8	0.028 0	0.106 0	0.109 5	0.109 1	0.110 2	0.110 8	0	0.007 1	0.007 7	0.015 8	0.019 2
宕昌县	甘肃	0.075 2	0.097 6	0.166 2	0.140 8	0.114 7	0.239 7	0.311 4	0.337 7	0.371 2	0.407 4	0	−0.062 7	−0.083 0	−0.054 5	0.143 4
东乡族自治县	甘肃	0.085 4	0.075 0	0.176 9	0.158 2	0.136 9	0.249 4	0.211 4	0.366 0	0.392 8	0.396 6	0	−0.018 2	0.043 0	0.107 7	0.174 0
甘谷县	甘肃	0.044 2	0.060 4	0.083 1	0.085 8	0.069 5	0.210 3	0.241 3	0.249 7	0.279 0	0.275 6	0	0.026 1	0.035 3	0.074 0	0.069 1
古浪县	甘肃	0.064 5	0.095 1	0.114 4	0.118 5	0.110 7	0.253 1	0.308 1	0.326 3	0.336 4	0.328 2	0	0.058 1	0.079 6	0.094 9	0.082 6
广河县	甘肃	0.083 0	0.109 4	0.143 6	0.123 6	0.118 7	0.287 8	0.330 5	0.342 3	0.342 9	0.378 3	0	0.050 7	0.064 1	0.060 1	0.119 0
合水县	甘肃	0.037 0	0.043 8	0.055 7	0.069 9	0.047 5	0.174 2	0.184 3	0.184 2	0.238 9	0.204 8	0	0.012 6	0.017 2	0.065 8	0.036 4
和政县	甘肃	0.070 5	0.114 0	0.148 4	0.137 8	0.119 2	0.234 5	0.337 4	0.345 2	0.370 1	0.385 2	0	0.012 4	0.013 3	0.066 2	0.115 1
华池县	甘肃	0.020 0	0.032 8	0.037 2	0.046 4	0.034 7	0.130 5	0.168 4	0.169 4	0.193 0	0.163 1	0	0.025 5	0.029 3	0.052 7	0.032 8
环县	甘肃	0.038 3	0.058 5	0.062 6	0.071 0	0.063 8	0.191 9	0.236 0	0.240 9	0.243 0	0.226 0	0	0.040 3	0.049 7	0.060 6	0.041 4
会宁县	甘肃	0.049 2	0.071 0	0.093 5	0.096 2	0.084 0	0.220 5	0.264 7	0.278 4	0.295 8	0.290 0	0	0.034 4	0.047 3	0.073 9	0.065 5
积石山保安族东乡族撒拉族自治县	甘肃	0.097 0	0.113 5	0.179 2	0.180 4	0.150 6	0.279 3	0.313 2	0.386 0	0.422 9	0.418 7	0	0.027 3	0.057 8	0.132 8	0.139 7
静宁县	甘肃	0.061 9	0.082 8	0.099 9	0.109 6	0.094 4	0.248 7	0.285 6	0.297 6	0.313 0	0.299 0	0	0.036 0	0.049 0	0.074 0	0.050 2

（续）

县域名称	省份	直接协同度					离差系数最小化协同度					时间趋势一致化协同度				
		2014年	2015年	2016年	2017年	2018年	2014年	2015年	2016年	2017年	2018年	2014年	2015年	2016年	2017年	2018年
康乐县	甘肃	0.050 0	0.090 0	0.126 9	0.122 3	0.112 4	0.175 5	0.295 3	0.335 0	0.348 9	0.356 0	0	0.030 7	0.041 4	0.068 7	0.105 3
康县	甘肃	0.071 9	0.094 4	0.140 7	0.130 0	0.109 4	0.264 8	0.307 1	0.327 9	0.348 7	0.367 5	0	0.038 1	0.054 1	0.082 8	0.116 7
礼县	甘肃	0.070 4	0.095 1	0.158 3	0.152 5	0.113 9	0.249 0	0.306 4	0.336 7	0.388 8	0.397 3	0	0.028 1	0.040 1	0.134 2	0.152 9
两当县	甘肃	0.114 2	0.137 5	0.131 2	0.137 5	0.142 6	0.337 5	0.367 9	0.372 7	0.363 1	0.353 9	0	0.014 4	0.016 0	−0.044 5	−0.056 2
临潭县	甘肃	0.071 0	0.109 7	0.158 4	0.165 6	0.126 8	0.230 8	0.328 1	0.356 1	0.406 9	0.397 7	0	0.025 7	0.032 4	0.143 1	0.136 4
临洮县	甘肃	0.056 8	0.072 3	0.097 1	0.102 8	0.082 3	0.235 1	0.253 6	0.257 3	0.280 9	0.275 1	0	0.020 8	0.028 4	0.073 6	0.062 2
临夏县	甘肃	0.054 3	0.080 1	0.101 2	0.100 3	0.087 8	0.215 8	0.283 0	0.295 2	0.315 1	0.318 0	0	−0.006 2	−0.007 2	0.054 1	0.069 5
陇西县	甘肃	0.065 5	0.089 1	0.108 7	0.108 7	0.096 0	0.242 9	0.267 5	0.268 1	0.274 4	0.283 3	0	0.041 2	0.049 4	0.070 0	0.076 4
岷县	甘肃	0.083 3	0.098 8	0.140 9	0.133 1	0.118 9	0.267 8	0.313 8	0.342 2	0.344 3	0.361 4	0	−0.051 5	−0.075 2	−0.123 1	−0.092 5
宁县	甘肃	0.042 6	0.055 7	0.087 3	0.085 4	0.062 9	0.203 7	0.225 4	0.229 5	0.270 8	0.275 9	0	0.022 3	0.030 1	0.080 9	0.085 6
秦安县	甘肃	0.057 7	0.072 5	0.107 1	0.106 1	0.084 3	0.239 6	0.262 2	0.270 4	0.305 0	0.308 7	0	0.021 3	0.030 9	0.085 1	0.089 0
清水县	甘肃	0.051 6	0.072 0	0.082 3	0.080 3	0.077 9	0.227 1	0.262 0	0.267 2	0.271 2	0.278 4	0	0.029 7	0.035 0	0.041 3	0.051 5
天祝藏族自治区	甘肃	0.064 3	0.095 3	0.129 9	0.127 0	0.109 3	0.251 6	0.308 1	0.324 0	0.348 4	0.356 9	0	0.054 6	0.071 5	0.109 6	0.122 1
通渭县	甘肃	0.066 5	0.086 2	0.131 8	0.125 3	0.099 8	0.257 5	0.291 4	0.304 7	0.339 5	0.357 2	0	0.028 9	0.040 4	0.099 2	0.123 1
渭源县	甘肃	0.069 9	0.091 4	0.120 0	0.115 1	0.114 3	0.260 0	0.302 4	0.330 8	0.327 0	0.342 9	0	0.033 3	0.053 4	0.036 1	0.080 1
文县	甘肃	0.083 3	0.102 4	0.126 3	0.131 7	0.116 2	0.287 8	0.314 7	0.325 2	0.347 8	0.344 1	0	0.032 8	0.047 3	0.085 5	0.077 8
武山县	甘肃	0.048 1	0.054 1	0.083 1	0.080 6	0.066 5	0.218 0	0.229 2	0.240 2	0.266 0	0.271 2	0	0.009 7	0.019 3	0.056 3	0.062 5
西和县	甘肃	0.052 2	0.087 3	0.135 2	0.131 6	0.102 9	0.217 1	0.294 6	0.311 7	0.355 9	0.364 7	0	0.044 7	0.057 4	0.132 9	0.147 6

（续）

县域名称	省份	直接协同度					离差系数最小化协同度					时间趋势一致化协同度				
		2014 年	2015 年	2016 年	2017 年	2018 年	2014 年	2015 年	2016 年	2017 年	2018 年	2014 年	2015 年	2016 年	2017 年	2018 年
夏河县	甘肃	0.070 2	0.095 1	0.127 5	0.127 3	0.110 7	0.249 5	0.299 5	0.331 3	0.353 2	0.353 7	0	0.046 6	0.066 8	0.107 5	0.107 2
永靖县	甘肃	0.074 7	0.091 9	0.109 8	0.112 2	0.097 1	0.264 4	0.289 3	0.292 2	0.305 2	0.306 7	0	0.033 4	0.041 1	0.067 5	0.065 5
榆中县	甘肃	0.040 5	0.059 8	0.065 1	0.089 4	0.060 6	0.150 0	0.183 4	0.183 0	0.228 0	0.172 6	0	0.038 8	0.040 2	0.097 9	0.047 1
张家川回族自治区	甘肃	0.046 8	0.075 4	0.112 8	0.110 6	0.098 9	0.192 2	0.269 1	0.313 6	0.331 2	0.335 8	0	0.045 1	0.069 1	0.095 0	0.111 2
漳县	甘肃	0.064 9	0.078 5	0.093 9	0.097 5	0.093 1	0.213 2	0.279 7	0.303 4	0.303 1	0.299 9	0	−0.074 6	−0.099 3	−0.125 0	−0.118 9
镇原县	甘肃	0.045 5	0.057 4	0.085 7	0.091 9	0.066 6	0.212 8	0.232 7	0.239 6	0.291 8	0.284 6	0	0.016 0	0.022 9	0.088 7	0.077 5
舟曲县	甘肃	0.095 0	0.126 5	0.179 2	0.172 2	0.147 0	0.300 4	0.352 9	0.383 2	0.414 9	0.423 2	0	0.059 1	0.085 4	0.143 1	0.160 2
巴马瑶族自治县	广西	0.060 4	0.066 9	0.088 1	0.082 2	0.074 9	0.244 1	0.258 3	0.270 0	0.278 4	0.288 7	0	−0.017 3	−0.024 8	−0.026 9	0.019 1
大化瑶族自治县	广西	0.049 5	0.061 8	0.072 4	0.085 8	0.071 3	0.222 6	0.245 7	0.255 9	0.281 6	0.245 9	0	0.017 6	0.025 2	0.062 1	−0.025 7
德保县	广西	0.043 3	0.047 7	0.058 3	0.048 1	0.053 7	0.197 5	0.201 7	0.203 4	0.184 2	0.214 0	0	0.005 2	0.008 5	−0.023 9	0.024 2
东兰县	广西	0.078 5	0.091 2	0.118 3	0.120 2	0.105 0	0.270 1	0.300 8	0.323 5	0.340 9	0.336 6	0	−0.017 9	−0.026 2	−0.031 2	−0.048 8
都安瑶族自治县	广西	0.075 1	0.089 8	0.115 1	0.118 0	0.102 1	0.266 5	0.298 7	0.319 2	0.341 9	0.337 5	0	0.015 7	0.022 3	0.057 9	0.048 9
凤山县	广西	0.077 6	0.093 3	0.105 0	0.109 4	0.107 8	0.259 2	0.303 1	0.328 2	0.329 4	0.322 1	0	−0.030 8	−0.042 8	−0.061 4	−0.071 6
环江毛南族自治县	广西	0.054 9	0.064 0	0.083 3	0.084 4	0.074 9	0.234 2	0.251 4	0.263 9	0.277 2	0.272 8	0	0.014 6	0.023 8	0.044 0	0.037 0
金秀瑶族自治县	广西	0.055 5	0.061 5	0.081 5	0.081 6	0.067 1	0.231 5	0.237 6	0.241 2	0.267 1	0.265 8	0	−0.003 9	−0.005 5	0.045 9	0.044 8
靖西县	广西	0.032 7	0.043 1	0.070 7	0.041 2	0.048 7	0.175 9	0.199 0	0.202 9	0.171 8	0.245 3	0	0.020 4	0.028 5	−0.020 5	0.074 2
乐业县	广西	0.052 5	0.073 1	0.100 6	0.100 9	0.088 6	0.206 2	0.269 3	0.296 2	0.313 8	0.311 8	0	−0.021 2	−0.029 5	0.030 3	−0.005 8
凌云县	广西	0.048 5	0.070 9	0.101 0	0.096 4	0.085 6	0.205 4	0.266 2	0.288 9	0.304 5	0.313 7	0	0.017 1	0.023 5	0.052 3	0.071 7

（续）

县域名称	省份	直接协同度					离差系数最小化协同度					时间趋势一致化协同度				
		2014年	2015年	2016年	2017年	2018年	2014年	2015年	2016年	2017年	2018年	2014年	2015年	2016年	2017年	2018年
龙胜各族自治县	广西	0.040 2	0.043 9	0.066 6	0.055 1	0.048 0	0.191 0	0.186 9	0.187 2	0.198 5	0.221 9	0	−0.012 5	−0.017 1	0.013 5	0.046 0
龙州县	广西	0.036 9	0.043 1	0.041 1	0.041 9	0.045 8	0.178 2	0.186 8	0.187 3	0.159 0	0.154 8	0	0.010 8	0.013 9	−0.025 7	−0.028 2
隆安县	广西	0.041 1	0.050 3	0.064 1	0.062 7	0.056 6	0.194 1	0.209 7	0.212 1	0.220 8	0.220 1	0	0.017 1	0.024 8	0.037 2	0.038 5
隆林各族自治县	广西	0.040 3	0.062 9	0.093 0	0.084 4	0.076 9	0.198 0	0.250 8	0.272 5	0.275 0	0.292 9	0	0.042 4	0.061 4	0.065 3	0.089 2
罗城仫佬族自治县	广西	0.056 4	0.068 4	0.087 8	0.091 7	0.077 8	0.235 7	0.260 9	0.273 5	0.294 1	0.285 4	0	−0.004 7	−0.006 6	0.045 9	0.026 1
马山县	广西	0.047 5	0.067 0	0.091 4	0.089 0	0.075 6	0.217 5	0.254 6	0.262 8	0.289 4	0.291 0	0	0.036 6	0.048 4	0.079 4	0.083 1
那坡县	广西	0.067 2	0.083 6	0.112 1	0.107 8	0.094 9	0.249 1	0.287 9	0.307 8	0.327 7	0.334 5	0	0.014 3	0.019 5	0.055 8	0.069 5
南丹县	广西	0.041 8	0.043 6	0.044 6	0.047 8	0.047 5	0.188 7	0.177 5	0.176 7	0.167 9	0.161 6	0	−0.014 8	−0.020 6	−0.029 4	−0.030 6
平果县	广西	0.037 9	0.039 4	0.048 1	0.041 9	0.041 9	0.152 6	0.140 7	0.138 8	0.141 9	0.154 3	0	−0.011 3	−0.015 0	−0.012 1	0.015 0
三江侗族自治县	广西	0.054 4	0.065 1	0.080 6	0.081 5	0.072 4	0.232 4	0.248 8	0.255 0	0.267 2	0.262 7	0	0.012 8	0.017 4	0.038 2	0.030 7
天等县	广西	0.036 2	0.051 8	0.072 0	0.067 6	0.061 9	0.190 2	0.224 0	0.234 0	0.235 0	0.241 1	0	0.026 9	0.038 3	0.042 4	0.052 1
天峨县	广西	0.040 3	0.042 7	0.050 9	0.052 4	0.049 2	0.186 8	0.183 3	0.182 9	0.196 5	0.194 1	0	−0.008 3	−0.014 6	0.017 3	0.013 6
田东县	广西	0.033 3	0.038 0	0.054 2	0.041 6	0.042 1	0.153 5	0.156 0	0.154 0	0.144 2	0.177 9	0	0.007 1	0.010 4	−0.012 3	0.039 5
田林县	广西	0.056 7	0.063 6	0.066 0	0.071 1	0.075 1	0.237 9	0.250 9	0.264 2	0.243 8	0.230 5	0	−0.010 8	−0.017 8	−0.052 8	−0.060 8
西林县	广西	0.059 6	0.076 8	0.099 2	0.097 7	0.088 7	0.237 2	0.277 0	0.296 3	0.307 6	0.312 0	0	0.021 1	0.029 2	0.040 8	0.053 2
忻城县	广西	0.035 8	0.044 8	0.023 4	0.061 3	0.052 8	0.188 5	0.207 6	0.215 5	0.231 5	0.073 3	0	0.015 8	0.024 3	0.043 6	−0.075 1
安龙县	贵州	0.035 5	0.049 5	0.062 6	0.059 8	0.055 4	0.187 7	0.210 7	0.213 8	0.199 2	0.205 1	0	0.018 4	0.023 2	−0.024 1	−0.004 6
册亨县	贵州	0.052 7	0.060 6	0.081 7	0.074 8	0.070 1	0.228 7	0.243 7	0.254 2	0.253 6	0.273 2	0	−0.019 5	−0.028 4	−0.040 7	0.028 5

（续）

县域名称	省份	直接协同度					离差系数最小化协同度					时间趋势一致化协同度				
		2014 年	2015 年	2016 年	2017 年	2018 年	2014 年	2015 年	2016 年	2017 年	2018 年	2014 年	2015 年	2016 年	2017 年	2018 年
岑巩县	贵州	0.052 3	0.065 5	0.075 2	0.077 2	0.072 8	0.228 1	0.244 8	0.249 0	0.250 9	0.236 3	0	−0.004 1	−0.005 3	0.005 1	−0.041 2
从江县	贵州	0.046 8	0.056 4	0.073 2	0.072 4	0.066 8	0.213 7	0.237 1	0.251 7	0.253 8	0.253 3	0	−0.011 0	−0.016 4	−0.028 6	−0.031 7
大方县	贵州	0.037 3	0.047 9	0.045 4	0.045 7	0.056 1	0.191 5	0.218 1	0.229 9	0.171 9	0.160 3	0	0.011 2	0.015 7	−0.066 7	−0.076 6
丹寨县	贵州	0.080 4	0.072 2	0.079 1	0.075 9	0.080 1	0.274 0	0.265 7	0.274 0	0.252 6	0.254 0	0	−0.061 6	−0.084 2	−0.109 2	−0.117 9
道真仡佬族苗族自治县	贵州	0.053 8	0.061 2	0.072 6	0.068 4	0.068 0	0.231 0	0.241 7	0.247 8	0.231 7	0.228 4	0	0.004 6	0.006 5	−0.040 5	−0.050 3
德江县	贵州	0.035 1	0.051 3	0.069 4	0.074 6	0.061 7	0.184 6	0.220 6	0.228 3	0.249 6	0.220 0	0	−0.011 5	−0.015 5	0.048 3	−0.041 1
独山县	贵州	0.047 9	0.055 8	0.063 6	0.066 6	0.059 9	0.199 1	0.214 2	0.214 9	0.210 7	0.193 0	0	0.015 8	0.022 4	0.028 2	−0.017 0
关岭布依族苗族自治县	贵州	0.036 1	0.045 8	0.058 0	0.057 5	0.052 2	0.190 0	0.200 4	0.202 9	0.192 5	0.192 8	0	−0.018 8	−0.024 5	−0.042 7	−0.042 7
赫章县	贵州	0.031 9	0.038 4	0.052 4	0.051 9	0.048 5	0.170 8	0.195 0	0.208 6	0.200 3	0.190 1	0	−0.024 7	−0.037 8	−0.055 2	−0.066 9
黄平县	贵州	0.043 3	0.059 5	0.075 8	0.075 7	0.068 7	0.206 8	0.240 0	0.249 0	0.246 6	0.240 9	0	0.011 8	0.015 6	−0.023 6	−0.037 8
剑河县	贵州	0.048 9	0.062 9	0.078 9	0.082 8	0.072 3	0.221 0	0.249 3	0.260 9	0.269 6	0.256 2	0	0.027 0	0.040 0	0.053 8	0.034 4
江口县	贵州	0.054 0	0.062 6	0.072 3	0.072 1	0.074 1	0.223 2	0.241 1	0.247 7	0.229 2	0.225 5	0	0.017 1	0.035 0	−0.005 0	−0.018 0
锦屏县	贵州	0.050 2	0.063 0	0.077 7	0.075 9	0.068 0	0.223 6	0.244 2	0.248 7	0.248 5	0.238 8	0	0.017 4	0.021 4	0.015 3	−0.031 7
雷山县	贵州	0.069 3	0.089 4	0.076 7	0.081 5	0.096 6	0.263 3	0.298 4	0.307 8	0.264 8	0.241 6	0	0.039 1	0.049 9	−0.053 1	−0.076 4
黎平县	贵州	0.052 0	0.065 1	0.069 9	0.073 0	0.071 7	0.226 1	0.245 6	0.250 0	0.236 1	0.228 0	0	0.019 9	0.025 8	−0.026 4	−0.037 4
荔波县	贵州	0.050 7	0.050 6	0.071 8	0.073 1	0.065 4	0.215 1	0.221 0	0.232 1	0.226 2	0.211 9	0	−0.011 5	0.024 4	0.023 8	−0.026 0
罗甸县	贵州	0.047 3	0.054 0	0.067 0	0.069 4	0.060 6	0.212 0	0.221 5	0.225 4	0.231 1	0.220 7	0	0.010 4	0.016 0	0.028 4	−0.005 1
麻江县	贵州	0.059 1	0.072 5	0.080 3	0.081 2	0.081 6	0.243 0	0.258 0	0.263 0	0.251 0	0.246 8	0	−0.028 2	−0.036 5	−0.057 3	−0.062 2

（续）

县域名称	省份	直接协同度					离差系数最小化协同度					时间趋势一致化协同度				
		2014年	2015年	2016年	2017年	2018年	2014年	2015年	2016年	2017年	2018年	2014年	2015年	2016年	2017年	2018年
纳雍县	贵州	0.024 9	0.035 2	0.045 9	0.043 4	0.044 1	0.156 0	0.180 8	0.186 2	0.168 3	0.170 6	0	−0.014 3	−0.020 5	−0.041 5	−0.041 4
平塘县	贵州	0.053 3	0.063 7	0.078 6	0.074 4	0.070 2	0.230 1	0.243 7	0.248 4	0.225 3	0.231 0	0	−0.007 8	−0.010 2	−0.058 1	−0.054 4
普安县	贵州	0.041 1	0.053 3	0.066 8	0.066 7	0.062 7	0.202 1	0.226 2	0.234 6	0.222 7	0.218 4	0	−0.010 4	−0.014 4	−0.044 8	−0.050 9
普定县	贵州	0.037 7	0.048 2	0.053 0	0.054 1	0.054 4	0.189 6	0.196 6	0.196 8	0.187 5	0.184 8	0	−0.006 9	−0.009 0	−0.026 2	−0.029 0
晴隆县	贵州	0.041 0	0.047 2	0.061 8	0.056 4	0.055 4	0.202 5	0.214 1	0.223 0	0.214 7	0.235 6	0	−0.008 6	−0.013 4	−0.031 9	0.024 6
榕江县	贵州	0.059 3	0.071 2	0.080 7	0.077 4	0.079 5	0.242 3	0.259 5	0.265 8	0.243 5	0.246 3	0	0.015 9	0.022 0	−0.045 7	−0.045 2
三都水族自治县	贵州	0.041 5	0.055 2	0.073 4	0.073 9	0.067 9	0.200 0	0.232 8	0.246 2	0.232 2	0.227 8	0	−0.015 2	−0.022 2	−0.058 5	−0.064 2
三穗县	贵州	0.052 7	0.058 2	0.069 6	0.072 2	0.064 7	0.228 2	0.232 5	0.237 1	0.238 5	0.231 9	0	−0.015 0	−0.021 2	−0.029 1	−0.037 2
施秉县	贵州	0.048 5	0.057 3	0.067 6	0.072 5	0.065 5	0.216 5	0.232 1	0.238 3	0.235 4	0.219 4	0	0.016 2	0.025 6	0.024 6	−0.028 8
石阡县	贵州	0.050 1	0.061 3	0.066 9	0.075 4	0.070 9	0.223 3	0.240 2	0.247 1	0.244 4	0.214 4	0	−0.027 3	−0.037 1	−0.048 7	−0.076 1
思南县	贵州	0.041 2	0.052 3	0.067 2	0.067 8	0.064 6	0.203 0	0.222 4	0.230 6	0.230 0	0.225 3	0	0.008 5	0.013 3	0.008 8	−0.020 5
松桃苗族自治县	贵州	0.038 9	0.049 3	0.061 2	0.062 7	0.058 1	0.197 0	0.213 9	0.219 6	0.213 9	0.201 5	0	0.005 0	0.007 2	−0.023 7	−0.042 0
台江县	贵州	0.061 4	0.077 3	0.082 1	0.089 5	0.088 0	0.244 8	0.259 4	0.262 3	0.265 6	0.253 0	0	0.008 9	0.012 0	0.023 9	−0.028 8
天柱县	贵州	0.039 2	0.050 7	0.067 7	0.066 7	0.055 9	0.195 1	0.215 7	0.219 3	0.221 4	0.226 6	0	0.020 2	0.026 2	0.036 8	0.042 6
望谟县	贵州	0.050 4	0.058 0	0.079 0	0.075 7	0.070 7	0.210 1	0.240 9	0.260 4	0.253 8	0.257 8	0	−0.037 7	−0.055 9	−0.083 9	−0.084 6
务川仡佬族苗族自治县	贵州	0.054 7	0.067 0	0.084 0	0.081 3	0.076 3	0.233 4	0.253 1	0.260 6	0.254 2	0.253 3	0	0.016 2	0.022 8	−0.021 5	−0.026 3
习水县	贵州	0.040 8	0.047 9	0.058 1	0.058 0	0.052 6	0.192 5	0.196 8	0.197 3	0.187 5	0.181 0	0	0.003 6	0.004 8	−0.023 4	−0.032 1
兴仁县	贵州	0.038 2	0.050 4	0.055 1	0.053 5	0.057 3	0.194 6	0.209 0	0.211 2	0.183 5	0.185 1	0	−0.008 1	−0.010 5	−0.047 6	−0.047 6

（续）

县域名称	省份	直接协同度					离差系数最小化协同度					时间趋势一致化协同度				
		2014 年	2015 年	2016 年	2017 年	2018 年	2014 年	2015 年	2016 年	2017 年	2018 年	2014 年	2015 年	2016 年	2017 年	2018 年
沿河土家族自治县	贵州	0.036 6	0.050 5	0.075 1	0.073 2	0.062 6	0.187 5	0.224 3	0.240 9	0.253 6	0.247 8	0	0.016 7	0.024 8	0.043 8	0.032 8
印江土家族苗族自治县	贵州	0.047 2	0.057 8	0.074 5	0.075 4	0.067 3	0.213 6	0.230 2	0.235 3	0.243 0	0.231 9	0	0.017 6	0.026 6	0.041 3	0.025 8
长顺县	贵州	0.042 2	0.068 4	0.068 6	0.069 3	0.076 0	0.202 5	0.261 0	0.272 1	0.214 7	0.206 9	0	0.050 9	0.067 6	0.008 1	−0.026 9
贞丰县	贵州	0.040 4	0.045 0	0.054 8	0.054 1	0.051 3	0.200 3	0.203 4	0.207 6	0.204 3	0.209 8	0	−0.015 0	−0.021 8	−0.030 4	−0.023 2
镇宁布依族苗族自治县	贵州	0.045 5	0.051 3	0.066 2	0.060 2	0.057 0	0.198 0	0.193 8	0.192 7	0.196 1	0.208 3	0	−0.013 3	−0.018 4	−0.012 5	0.027 4
正安县	贵州	0.044 5	0.057 0	0.077 1	0.074 6	0.065 2	0.210 4	0.225 7	0.229 3	0.234 1	0.221 4	0	−0.009 7	−0.013 0	0.016 4	−0.036 3
织金县	贵州	0.040 8	0.050 7	0.059 9	0.059 1	0.060 7	0.202 1	0.213 8	0.218 0	0.195 9	0.197 6	0	−0.024 5	−0.034 6	−0.060 0	−0.059 0
赤城县	河北	0.033 2	0.039 2	0.085 2	0.074 1	0.045 9	0.157 9	0.165 4	0.162 8	0.227 9	0.257 8	0	0.010 9	0.018 0	0.081 6	0.103 9
崇礼县	河北	0.050 9	0.066 6	0.155 1	0.121 2	0.072 1	0.220 4	0.239 8	0.241 6	0.307 7	0.367 6	0	0.024 3	0.029 6	0.132 9	0.206 5
大名县	河北	0.024 9	0.037 9	0.058 2	0.047 6	0.044 4	0.141 5	0.170 9	0.169 9	0.161 8	0.191 5	0	0.025 9	0.036 5	0.038 9	0.064 3
东光县	河北	0.017 3	0.024 2	0.031 7	0.030 1	0.026 7	0.089 0	0.112 2	0.109 8	0.112 6	0.120 7	0	0.013 3	0.018 8	0.025 5	0.028 7
丰宁满族自治县	河北	0.042 4	0.053 9	0.078 0	0.075 3	0.059 9	0.190 6	0.198 1	0.196 9	0.219 4	0.221 6	0	0.015 3	0.019 8	0.056 7	0.061 7
阜平县	河北	0.062 3	0.080 1	0.101 2	0.096 7	0.089 5	0.249 7	0.283 0	0.297 1	0.295 9	0.301 8	0	0.035 5	0.051 6	0.048 6	0.058 4
沽源县	河北	0.042 7	0.057 1	0.078 1	0.073 2	0.063 6	0.205 3	0.229 9	0.234 4	0.249 3	0.263 0	0	0.023 8	0.030 8	0.051 4	0.065 3
广平县	河北	0.027 4	0.030 5	0.044 1	0.038 3	0.033 6	0.147 7	0.142 6	0.141 2	0.146 0	0.165 8	0	−0.007 7	−0.010 6	0.007 1	0.029 3
广宗县	河北	0.030 0	0.043 1	0.063 5	0.052 1	0.048 7	0.168 7	0.200 5	0.205 0	0.188 5	0.213 9	0	0.026 1	0.035 3	0.029 9	0.059 1
海兴县	河北	0.036 5	0.050 4	0.066 2	0.060 6	0.055 7	0.183 2	0.211 9	0.214 6	0.210 1	0.226 6	0	0.027 4	0.035 9	0.039 9	0.055 2
怀安县	河北	0.029 2	0.043 0	0.056 2	0.062 3	0.048 1	0.154 8	0.185 5	0.185 7	0.213 4	0.180 7	0	0.027 6	0.036 3	0.065 4	0.047 3

（续）

县域名称	省份	直接协同度					离差系数最小化协同度					时间趋势一致化协同度				
		2014年	2015年	2016年	2017年	2018年	2014年	2015年	2016年	2017年	2018年	2014年	2015年	2016年	2017年	2018年
巨鹿县	河北	0.035 6	0.046 5	0.055 8	0.049 3	0.052 1	0.163 9	0.196 7	0.197 7	0.173 8	0.192 5	0	0.019 9	0.033 0	0.022 6	0.038 9
康保县	河北	0.025 2	0.043 7	0.083 6	0.073 0	0.055 5	0.150 2	0.208 2	0.223 2	0.254 4	0.283 7	0	0.023 4	0.033 0	0.074 4	0.105 9
宽城满族自治县	河北	0.017 9	0.019 8	0.032 9	0.031 0	0.021 3	0.081 7	0.065 5	0.063 7	0.086 3	0.090 6	0	−0.011 5	−0.014 0	0.023 0	0.027 6
涞源县	河北	0.029 7	0.039 6	0.084 0	0.079 7	0.044 9	0.148 5	0.167 1	0.165 4	0.265 2	0.275 6	0	0.019 5	0.027 7	0.098 2	0.106 1
临城县	河北	0.021 9	0.031 1	0.067 1	0.045 4	0.034 7	0.114 0	0.142 4	0.140 5	0.152 2	0.208 9	0	0.017 8	0.025 5	0.046 4	0.090 2
灵寿县	河北	0.023 4	0.032 1	0.050 9	0.041 0	0.033 9	0.124 0	0.144 6	0.143 7	0.154 8	0.189 0	0	0.017 3	0.020 7	0.034 7	0.054 8
隆化县	河北	0.030 2	0.039 1	0.060 8	0.050 2	0.042 8	0.149 8	0.160 3	0.158 7	0.168 6	0.197 9	0	0.016 0	0.020 5	0.035 7	0.060 1
滦平县	河北	0.026 8	0.029 9	0.053 0	0.045 1	0.032 9	0.125 9	0.119 4	0.116 6	0.139 9	0.163 3	0	−0.006 4	−0.008 9	0.033 2	0.051 5
孟村回族自治县	河北	0.017 5	0.023 1	0.035 5	0.033 4	0.025 0	0.093 1	0.112 3	0.110 6	0.129 3	0.138 8	0	0.010 7	0.015 0	0.031 7	0.035 7
南皮县	河北	0.027 1	0.033 5	0.048 8	0.043 6	0.036 7	0.135 3	0.152 7	0.151 6	0.160 1	0.176 6	0	0.012 8	0.018 8	0.032 1	0.043 4
平泉县	河北	0.027 6	0.032 8	0.046 6	0.045 0	0.035 8	0.137 4	0.134 6	0.132 3	0.146 7	0.147 0	0	−0.001 1	−0.001 4	0.028 8	0.031 4
平山县	河北	0.016 9	0.024 9	0.039 0	0.029 5	0.026 9	0.093 1	0.119 8	0.118 2	0.108 1	0.144 4	0	0.015 5	0.019 8	0.023 8	0.044 1
青龙满族自治县	河北	0.022 0	0.034 6	0.045 4	0.047 0	0.041 8	0.142 9	0.161 6	0.159 7	0.170 5	0.169 9	0	0.020 3	0.028 0	0.040 8	0.038 3
尚义县	河北	0.029 6	0.052 2	0.090 0	0.077 1	0.059 8	0.167 8	0.225 8	0.234 7	0.265 8	0.292 2	0	0.034 1	0.042 0	0.080 7	0.111 2
涉县	河北	0.015 5	0.021 0	0.031 2	0.026 1	0.022 0	0.064 1	0.073 6	0.072 4	0.076 9	0.098 3	0	0.011 0	0.012 8	0.020 9	0.031 1
顺平县	河北	0.031 6	0.040 5	0.062 2	0.057 4	0.044 5	0.162 0	0.175 1	0.174 6	0.201 7	0.214 2	0	0.016 2	0.021 2	0.049 7	0.060 1
唐县	河北	0.036 5	0.054 3	0.061 6	0.062 4	0.060 2	0.161 5	0.205 1	0.204 8	0.206 7	0.206 3	0	0.034 9	0.047 3	0.051 7	0.050 1
万全县	河北	0.034 0	0.045 4	0.065 4	0.062 5	0.048 6	0.146 2	0.170 3	0.168 9	0.206 8	0.236 6	0	0.022 6	0.028 8	0.056 6	0.055 4

（续）

县域名称	省份	直接协同度					离差系数最小化协同度					时间趋势一致化协同度				
		2014 年	2015 年	2016 年	2017 年	2018 年	2014 年	2015 年	2016 年	2017 年	2018 年	2014 年	2015 年	2016 年	2017 年	2018 年
围场满族蒙古族自治县	河北	0.038 9	0.048 5	0.061 7	0.059 1	0.054 4	0.182 7	0.197 0	0.197 2	0.197 8	0.204 1	0	0.017 8	0.025 0	0.031 1	0.038 4
蔚县	河北	0.040 6	0.058 1	0.076 0	0.072 8	0.062 6	0.177 6	0.211 4	0.211 2	0.220 6	0.226 1	0	0.035 1	0.043 2	0.062 6	0.069 1
魏县	河北	0.024 5	0.034 6	0.047 1	0.042 6	0.039 8	0.146 2	0.167 4	0.167 7	0.163 4	0.172 1	0	0.019 4	0.026 8	0.028 8	0.039 1
武强县	河北	0.031 0	0.048 0	0.054 3	0.047 4	0.052 9	0.154 1	0.197 8	0.198 5	0.165 0	0.187 6	0	0.033 5	0.043 7	0.026 4	0.044 8
武邑县	河北	0.040 5	0.045 4	0.058 5	0.054 0	0.050 1	0.181 3	0.171 6	0.169 6	0.175 3	0.191 2	0	−0.015 9	−0.021 1	−0.013 6	0.026 7
献县	河北	0.017 8	0.024 2	0.038 7	0.026 4	0.026 9	0.096 9	0.113 5	0.111 1	0.099 3	0.145 9	0	0.012 8	0.017 7	0.014 0	0.041 8
盐山县	河北	0.020 4	0.027 1	0.046 7	0.037 9	0.029 4	0.098 0	0.116 6	0.114 5	0.138 4	0.160 9	0	0.013 1	0.017 8	0.034 9	0.052 2
阳原县	河北	0.047 9	0.063 4	0.102 9	0.090 9	0.071 4	0.201 7	0.228 1	0.228 9	0.263 1	0.292 3	0	0.030 6	0.043 1	0.084 4	0.109 9
赞皇县	河北	0.019 1	0.026 4	0.051 4	0.037 5	0.029 3	0.110 1	0.128 2	0.126 3	0.145 5	0.187 0	0	0.014 6	0.019 6	0.036 5	0.064 5
张北县	河北	0.042 0	0.051 7	0.066 7	0.062 6	0.057 2	0.175 7	0.184 8	0.182 7	0.185 6	0.193 4	0	0.017 0	0.023 3	0.032 7	0.043 0
范县	河南	0.019 1	0.024 1	0.030 6	0.028 5	0.026 6	0.118 3	0.131 9	0.131 2	0.134 3	0.137 6	0	0.010 0	0.014 1	0.017 8	0.021 8
封丘县	河南	0.028 9	0.033 2	0.043 2	0.045 6	0.036 4	0.161 5	0.173 7	0.176 3	0.208 8	0.195 9	0	0.008 5	0.014 0	0.032 6	0.028 5
固始县	河南	0.032 7	0.040 7	0.044 5	0.045 9	0.044 3	0.154 3	0.170 6	0.169 7	0.169 8	0.164 4	0	0.016 0	0.021 8	0.024 4	0.020 3
光山县	河南	0.029 8	0.027 6	0.048 9	0.045 0	0.030 0	0.147 1	0.114 9	0.112 6	0.165 4	0.182 7	0	−0.018 5	−0.024 9	0.028 2	0.038 0
滑县	河南	0.030 4	0.038 3	0.046 8	0.044 2	0.042 5	0.160 3	0.174 1	0.174 2	0.172 2	0.178 3	0	0.014 8	0.020 3	0.021 4	0.028 0
淮滨县	河南	0.030 3	0.034 0	0.044 8	0.043 9	0.037 9	0.157 1	0.158 9	0.158 1	0.176 3	0.181 1	0	0.003 8	0.005 8	0.025 1	0.027 9
淮阳县	河南	0.025 4	0.032 6	0.041 5	0.038 0	0.036 6	0.152 6	0.170 8	0.173 4	0.175 9	0.181 9	0	0.014 2	0.020 4	0.023 0	0.029 7
兰考县	河南	0.024 2	0.031 7	0.044 8	0.041 8	0.034 1	0.136 2	0.148 1	0.147 2	0.155 6	0.160 7	0	0.014 1	0.017 2	0.031 6	0.037 7

（续）

县域名称	省份	直接协同度					离差系数最小化协同度					时间趋势一致化协同度				
		2014年	2015年	2016年	2017年	2018年	2014年	2015年	2016年	2017年	2018年	2014年	2015年	2016年	2017年	2018年
卢氏县	河南	0.037 5	0.041 6	0.064 6	0.059 5	0.045 7	0.186 1	0.185 6	0.186 4	0.213 9	0.225 9	0	−0.009 6	−0.013 2	0.037 6	0.050 0
鲁山县	河南	0.032 2	0.038 8	0.043 4	0.039 5	0.042 5	0.157 2	0.163 2	0.161 9	0.159 3	0.175 4	0	0.010 7	0.014 4	0.008 6	0.021 6
栾川县	河南	0.029 0	0.033 1	0.031 5	0.033 5	0.034 6	0.141 2	0.142 8	0.142 0	0.127 2	0.113 5	0	0.005 9	0.007 1	−0.014 5	−0.022 9
洛宁县	河南	0.019 6	0.023 8	0.029 1	0.029 0	0.025 7	0.127 7	0.129 8	0.129 1	0.130 2	0.126 8	0	0.004 0	0.005 0	0.010 1	0.006 2
民权县	河南	0.028 6	0.033 2	0.037 8	0.036 8	0.035 8	0.140 4	0.144 3	0.142 9	0.138 6	0.142 9	0	0.007 8	0.010 4	0.007 9	0.013 1
南召县	河南	0.027 2	0.034 5	0.044 5	0.041 4	0.038 9	0.154 3	0.161 8	0.161 1	0.158 4	0.168 7	0	0.010 3	0.013 9	0.013 7	0.026 0
宁陵县	河南	0.032 4	0.040 9	0.055 1	0.051 0	0.045 8	0.169 4	0.183 6	0.184 3	0.179 1	0.192 8	0	0.015 5	0.021 5	0.023 2	0.037 7
平舆县	河南	0.023 9	0.029 7	0.041 3	0.037 0	0.034 1	0.142 5	0.150 3	0.149 5	0.147 8	0.159 0	0	0.009 5	0.013 7	0.015 9	0.028 3
确山县	河南	0.024 1	0.028 5	0.035 5	0.034 2	0.031 6	0.136 4	0.137 4	0.135 8	0.134 9	0.137 7	0	0.004 5	0.006 1	0.008 6	0.013 3
汝阳县	河南	0.023 4	0.028 1	0.033 7	0.032 9	0.030 2	0.132 7	0.137 5	0.136 6	0.126 4	0.129 6	0	0.007 8	0.009 9	−0.005 7	0.008 0
商城县	河南	0.029 3	0.033 6	0.041 4	0.038 4	0.036 3	0.149 0	0.150 3	0.149 1	0.152 4	0.166 7	0	0.005 0	0.006 6	0.012 3	0.022 9
上蔡县	河南	0.031 4	0.038 1	0.045 8	0.044 3	0.042 6	0.165 0	0.172 2	0.171 9	0.175 3	0.182 0	0	0.010 0	0.013 8	0.018 5	0.024 3
社旗县	河南	0.026 0	0.018 0	0.037 1	0.035 3	0.020 9	0.144 5	0.089 0	0.085 4	0.143 7	0.145 0	0	−0.014 5	−0.028 6	0.006 1	0.010 6
沈丘县	河南	0.029 1	0.035 7	0.045 0	0.041 7	0.038 5	0.148 7	0.156 3	0.155 3	0.154 3	0.169 5	0	0.011 5	0.014 7	0.018 3	0.029 6
睢县	河南	0.029 4	0.034 4	0.041 2	0.039 1	0.037 3	0.154 3	0.159 3	0.158 7	0.164 7	0.167 3	0	0.007 7	0.010 3	0.016 1	0.020 1
台前县	河南	0.029 2	0.032 5	0.051 3	0.038 2	0.035 7	0.154 5	0.155 1	0.154 4	0.160 6	0.205 3	0	0.000 5	0.000 7	0.012 7	0.044 3
桐柏县	河南	0.024 4	0.029 1	0.032 9	0.031 9	0.032 0	0.130 1	0.138 2	0.136 7	0.132 7	0.137 0	0	0.009 1	0.012 9	0.010 9	0.014 3
淅川县	河南	0.027 7	0.032 6	0.044 4	0.041 9	0.036 8	0.148 9	0.151 2	0.149 6	0.155 9	0.162 8	0	0.005 7	0.008 3	0.020 2	0.027 5

（续）

县域名称	省份	直接协同度					离差系数最小化协同度					时间趋势一致化协同度				
		2014 年	2015 年	2016 年	2017 年	2018 年	2014 年	2015 年	2016 年	2017 年	2018 年	2014 年	2015 年	2016 年	2017 年	2018 年
新蔡县	河南	0.033 1	0.040 4	0.048 9	0.047 5	0.046 4	0.181 1	0.193 3	0.197 7	0.187 3	0.181 9	0	0.005 5	0.007 8	−0.023 8	−0.031 6
新县	河南	0.027 4	0.035 0	0.038 7	0.037 7	0.037 9	0.140 8	0.153 1	0.151 9	0.142 8	0.149 2	0	0.014 5	0.018 7	0.013 5	0.018 7
宜阳县	河南	0.018 1	0.022 2	0.025 3	0.024 9	0.023 7	0.099 4	0.108 3	0.106 8	0.097 7	0.098 2	0	0.008 0	0.010 6	0.008 9	0.009 9
虞城县	河南	0.026 4	0.030 2	0.035 2	0.032 9	0.033 6	0.142 8	0.144 6	0.143 2	0.137 9	0.144 6	0	0.004 6	0.006 7	−0.007 7	0.010 2
拜泉县	黑龙江	0.016 9	0.036 9	0.061 5	0.061 7	0.045 0	0.111 5	0.188 5	0.196 8	0.244 3	0.244 1	0	0.035 3	0.055 4	0.085 9	0.085 5
杜尔伯特蒙古族自治县	黑龙江	0.009 9	0.017 4	0.041 9	0.042 0	0.019 5	0.052 0	0.078 5	0.075 7	0.181 4	0.181 4	0	0.014 4	0.019 0	0.055 7	0.055 3
抚远县	黑龙江	0.075 2	0.078 8	0.082 1	0.082 1	0.085 0	0.273 0	0.280 3	0.289 1	0.274 0	0.274 0	0	−0.022 2	−0.030 7	−0.061 4	−0.061 5
甘南县	黑龙江	0.046 3	0.070 7	0.094 6	0.095 4	0.081 7	0.210 9	0.253 8	0.259 0	0.279 9	0.279 7	0	0.047 3	0.063 7	0.092 4	0.091 1
桦川县	黑龙江	0.063 6	0.082 9	0.099 2	0.099 6	0.093 4	0.238 8	0.237 4	0.234 5	0.239 1	0.239 2	0	−0.022 8	−0.029 0	0.007 3	0.007 3
桦南县	黑龙江	0.025 3	0.030 8	0.048 3	0.048 7	0.036 0	0.155 4	0.171 6	0.177 5	0.209 0	0.208 7	0	0.011 0	0.019 3	0.046 2	0.045 5
兰西县	黑龙江	0.042 2	0.050 1	0.069 2	0.069 8	0.059 7	0.205 5	0.223 0	0.236 0	0.257 7	0.257 1	0	0.011 5	0.018 8	0.047 9	0.047 1
林甸县	黑龙江	0.022 7	0.044 9	0.124 8	0.126 5	0.050 5	0.103 2	0.127 6	0.122 9	0.304 1	0.304 2	0	0.043 2	0.052 2	0.204 2	0.200 4
饶河县	黑龙江	0.079 9	0.091 1	0.126 1	0.126 1	0.098 5	0.281 8	0.296 8	0.303 4	0.354 5	0.354 4	0	0.012 7	0.017 0	0.092 5	0.092 4
绥滨县	黑龙江	0.053 6	0.054 1	0.065 8	0.065 9	0.060 1	0.221 7	0.205 5	0.205 4	0.225 9	0.225 9	0	−0.022 8	−0.033 6	−0.008 9	−0.008 9
泰来县	黑龙江	0.039 8	0.055 3	0.075 2	0.075 8	0.063 2	0.199 5	0.231 0	0.238 7	0.261 2	0.260 9	0	0.026 1	0.034 7	0.063 1	0.062 3
汤原县	黑龙江	0.030 7	0.040 2	0.060 4	0.060 6	0.044 8	0.162 3	0.178 5	0.178 5	0.209 5	0.209 6	0	0.017 8	0.023 8	0.057 6	0.057 3
同江市	黑龙江	0.064 6	0.073 9	0.098 0	0.097 8	0.078 5	0.245 7	0.242 7	0.243 1	0.276 3	0.276 3	0	−0.024 7	−0.029 6	0.053 7	0.053 9
延寿县	黑龙江	0.033 2	0.035 6	0.045 7	0.045 9	0.040 0	0.179 7	0.175 6	0.177 3	0.190 1	0.190 0	0	−0.014 2	−0.020 3	−0.005 9	−0.005 8

（续）

县域名称	省份	直接协同度					离差系数最小化协同度					时间趋势一致化协同度				
		2014年	2015年	2016年	2017年	2018年	2014年	2015年	2016年	2017年	2018年	2014年	2015年	2016年	2017年	2018年
巴东县	湖北	0.046 6	0.052 3	0.068 6	0.060 1	0.057 1	0.212 7	0.220 6	0.224 5	0.219 7	0.243 1	0	0.005 9	0.008 4	−0.018 2	0.036 3
丹江口市	湖北	0.037 3	0.045 3	0.046 1	0.049 0	0.047 4	0.146 1	0.166 8	0.165 8	0.158 8	0.149 3	0	0.015 3	0.020 1	0.022 3	0.014 3
恩施市	湖北	0.046 6	0.087 5	0.077 2	0.073 3	0.088 4	0.137 2	0.249 1	0.248 9	0.189 1	0.196 5	0	0.060 9	0.064 3	0.051 2	0.058 5
房县	湖北	0.060 3	0.064 4	0.082 8	0.076 5	0.070 6	0.241 3	0.239 6	0.242 5	0.250 9	0.263 3	0	−0.017 6	−0.025 1	−0.015 0	0.029 3
鹤峰县	湖北	0.053 2	0.065 3	0.071 7	0.071 2	0.070 7	0.228 7	0.250 3	0.255 6	0.253 6	0.252 3	0	0.022 5	0.029 4	0.027 0	0.025 1
红安县	湖北	0.044 3	0.049 1	0.056 6	0.058 8	0.052 8	0.205 1	0.202 2	0.203 1	0.198 1	0.185 9	0	−0.016 7	−0.021 0	−0.033 2	−0.044 5
建始县	湖北	0.049 6	0.060 4	0.073 9	0.071 0	0.064 9	0.219 2	0.233 8	0.236 5	0.242 7	0.252 2	0	0.015 2	0.018 8	0.029 4	0.041 0
来凤县	湖北	0.052 2	0.061 3	0.074 2	0.070 0	0.064 6	0.219 8	0.222 5	0.223 0	0.225 2	0.238 9	0	−0.011 6	−0.013 6	−0.009 2	0.031 8
利川市	湖北	0.059 4	0.074 8	0.091 1	0.091 6	0.079 5	0.236 8	0.263 9	0.267 2	0.278 2	0.274 4	0	0.030 7	0.038 3	0.059 0	0.056 0
罗田县	湖北	0.037 0	0.045 3	0.055 9	0.052 6	0.049 6	0.177 0	0.190 0	0.190 3	0.188 4	0.195 8	0	0.015 5	0.021 0	0.023 3	0.032 0
麻城市	湖北	0.035 4	0.039 8	0.049 8	0.047 4	0.042 5	0.154 2	0.155 4	0.153 9	0.155 7	0.161 9	0	0.006 1	0.008 0	0.016 4	0.023 8
蕲春县	湖北	0.018 8	0.022 5	0.048 0	0.028 2	0.023 7	0.080 6	0.084 8	0.083 4	0.089 5	0.165 9	0	0.007 3	0.008 9	0.018 1	0.054 8
咸丰县	湖北	0.037 5	0.051 6	0.072 7	0.065 2	0.055 9	0.183 5	0.216 5	0.219 3	0.227 4	0.245 2	0	0.028 2	0.036 4	0.053 1	0.069 5
孝昌县	湖北	0.034 3	0.039 5	0.057 7	0.057 4	0.042 8	0.175 9	0.175 4	0.175 3	0.211 2	0.210 2	0	−0.009 0	−0.011 5	0.043 0	0.043 2
宣恩县	湖北	0.044 5	0.061 4	0.078 1	0.072 2	0.069 6	0.210 9	0.244 9	0.253 9	0.248 3	0.260 3	0	0.030 8	0.041 1	0.034 0	0.051 7
阳新县	湖北	0.032 6	0.046 4	0.045 2	0.047 4	0.048 9	0.159 8	0.195 9	0.196 5	0.170 2	0.160 9	0	0.027 3	0.032 6	0.023 6	0.013 3
英山县	湖北	0.041 0	0.055 0	0.066 4	0.052 0	0.059 3	0.190 1	0.220 7	0.222 8	0.184 5	0.224 9	0	0.028 0	0.035 9	−0.019 2	0.047 4
郧西县	湖北	0.040 0	0.048 3	0.084 8	0.078 0	0.053 7	0.189 7	0.203 7	0.205 4	0.259 0	0.268 6	0	0.015 5	0.022 3	0.075 7	0.089 1

（续）

县域名称	省份	直接协同度					离差系数最小化协同度					时间趋势一致化协同度				
		2014 年	2015 年	2016 年	2017 年	2018 年	2014 年	2015 年	2016 年	2017 年	2018 年	2014 年	2015 年	2016 年	2017 年	2018 年
长阳土家族自治县	湖北	0.039 8	0.045 0	0.059 4	0.056 0	0.048 1	0.182 4	0.181 5	0.181 1	0.181 1	0.187 3	0	−0.006 1	−0.007 7	0.006 6	0.022 6
安化县	湖南	0.031 8	0.039 7	0.052 0	0.048 4	0.044 5	0.169 8	0.185 4	0.187 2	0.185 2	0.190 8	0	0.015 0	0.021 4	0.024 2	0.032 1
保靖县	湖南	0.043 5	0.057 8	0.076 4	0.074 5	0.067 7	0.207 4	0.239 6	0.253 2	0.254 1	0.262 1	0	0.021 8	0.031 0	0.025 7	0.042 0
城步苗族自治县	湖南	0.059 0	0.071 1	0.097 0	0.096 9	0.080 6	0.240 5	0.265 0	0.276 1	0.300 6	0.302 2	0	−0.022 0	−0.029 6	0.043 6	0.047 9
凤凰县	湖南	0.054 3	0.062 8	0.081 1	0.079 4	0.067 9	0.228 0	0.241 4	0.245 2	0.257 0	0.258 4	0	0.015 2	0.020 8	0.040 4	0.043 2
古丈县	湖南	0.067 4	0.088 2	0.107 3	0.103 6	0.098 0	0.259 1	0.294 6	0.304 8	0.306 0	0.313 5	0	0.029 4	0.037 6	0.032 4	0.050 2
桂东县	湖南	0.056 4	0.073 6	0.081 0	0.089 4	0.082 0	0.237 3	0.269 5	0.279 3	0.287 5	0.267 2	0	0.029 6	0.038 9	0.050 0	−0.015 5
花垣县	湖南	0.041 7	0.055 8	0.086 2	0.072 3	0.062 1	0.199 0	0.229 3	0.234 5	0.243 7	0.265 3	0	0.028 1	0.038 8	0.056 1	0.084 6
江华瑶族自治县	湖南	0.045 7	0.056 4	0.064 6	0.063 9	0.061 1	0.206 4	0.217 1	0.218 2	0.205 2	0.210 7	0	0.013 4	0.016 8	−0.024 3	−0.013 0
龙山县	湖南	0.048 3	0.065 9	0.094 1	0.082 5	0.074 5	0.219 6	0.252 6	0.260 8	0.260 7	0.287 2	0	0.031 1	0.041 2	0.043 8	0.079 7
隆回县	湖南	0.037 7	0.049 4	0.058 1	0.056 5	0.056 9	0.190 9	0.216 1	0.222 4	0.211 9	0.220 2	0	0.022 9	0.033 9	0.025 1	0.033 8
平江县	湖南	0.025 8	0.018 6	0.046 3	0.047 2	0.019 9	0.147 6	0.135 8	0.140 9	0.175 8	0.178 4	0	−0.017 6	−0.016 6	0.038 8	0.038 2
汝城县	湖南	0.068 4	0.077 3	0.086 5	0.086 0	0.083 7	0.258 3	0.266 3	0.270 1	0.260 0	0.262 2	0	−0.009 6	−0.012 7	−0.039 6	−0.036 3
桑植县	湖南	0.045 6	0.056 0	0.070 2	0.063 1	0.062 7	0.210 0	0.229 3	0.234 5	0.225 0	0.238 2	0	0.019 7	0.028 1	0.015 0	0.037 0
邵阳县	湖南	0.029 7	0.042 5	0.058 4	0.057 1	0.051 8	0.170 6	0.204 6	0.216 6	0.224 9	0.229 0	0	0.018 0	0.025 9	0.036 9	0.041 9
通道侗族自治县	湖南	0.052 1	0.066 0	0.078 4	0.078 1	0.071 6	0.227 9	0.256 9	0.266 4	0.269 2	0.269 8	0	0.027 0	0.035 0	0.031 4	0.032 6
新化县	湖南	0.035 6	0.042 6	0.058 8	0.054 2	0.048 3	0.177 4	0.191 6	0.193 5	0.196 6	0.207 7	0	0.013 7	0.021 6	0.030 4	0.041 9
新田县	湖南	0.037 2	0.047 4	0.062 1	0.058 9	0.052 9	0.191 7	0.208 9	0.212 7	0.206 6	0.213 6	0	0.013 5	0.017 6	−0.011 4	0.021 9

（续）

县域名称	省份	直接协同度					离差系数最小化协同度					时间趋势一致化协同度				
		2014 年	2015 年	2016 年	2017 年	2018 年	2014 年	2015 年	2016 年	2017 年	2018 年	2014 年	2015 年	2016 年	2017 年	2018 年
永顺县	湖南	0.055 2	0.066 3	0.100 0	0.097 6	0.076 2	0.234 7	0.257 4	0.272 5	0.294 6	0.304 3	0	0.020 4	0.031 8	0.061 4	0.074 9
沅陵县	湖南	0.021 3	0.028 9	0.050 3	0.045 0	0.033 4	0.139 1	0.158 6	0.160 4	0.183 0	0.197 7	0	0.014 9	0.021 5	0.044 8	0.056 6
安图县	吉林	0.039 8	0.053 4	0.115 6	0.084 2	0.057 5	0.173 7	0.195 3	0.194 4	0.257 4	0.333 2	0	0.026 6	0.033 1	0.088 7	0.144 4
大安市	吉林	0.031 8	0.044 0	0.070 4	0.062 8	0.050 1	0.165 3	0.181 8	0.180 7	0.204 0	0.223 7	0	0.021 5	0.028 8	0.057 2	0.074 8
靖宇县	吉林	0.033 2	0.041 4	0.064 7	0.055 7	0.043 3	0.164 4	0.179 1	0.179 1	0.206 1	0.226 9	0	0.015 9	0.018 8	0.044 7	0.063 0
龙井市	吉林	0.053 3	0.064 4	0.118 7	0.065 4	0.071 3	0.230 6	0.251 7	0.260 1	0.236 3	0.344 0	0	0.020 0	0.027 8	−0.035 0	0.130 8
通榆县	吉林	0.028 4	0.041 3	0.084 8	0.066 1	0.047 3	0.166 2	0.195 2	0.199 5	0.238 5	0.279 9	0	0.024 4	0.032 8	0.072 8	0.112 3
汪清县	吉林	0.048 0	0.056 2	0.125 1	0.085 8	0.061 8	0.215 8	0.229 0	0.233 3	0.280 9	0.350 4	0	0.013 4	0.018 6	0.074 2	0.154 1
镇赉县	吉林	0.027 1	0.041 0	0.066 5	0.062 6	0.046 7	0.150 3	0.158 5	0.155 2	0.201 7	0.213 5	0	0.019 5	0.024 6	0.068 1	0.076 8
安远县	江西	0.053 1	0.071 5	0.087 1	0.080 0	0.077 9	0.223 6	0.251 4	0.254 0	0.245 2	0.254 0	0	0.034 3	0.042 8	0.036 5	0.052 5
赣县	江西	0.040 4	0.050 0	0.062 0	0.060 1	0.053 4	0.179 8	0.188 0	0.187 2	0.184 0	0.190 9	0	0.015 5	0.019 0	0.024 3	0.032 8
广昌县	江西	0.048 2	0.056 0	0.075 3	0.071 0	0.061 3	0.208 8	0.215 4	0.216 4	0.233 5	0.243 9	0	0.009 2	0.012 5	0.038 8	0.049 9
横峰县	江西	0.034 6	0.046 1	0.074 3	0.069 0	0.048 9	0.168 3	0.185 1	0.184 8	0.217 5	0.213 9	0	0.021 4	0.025 3	0.066 4	0.074 5
会昌县	江西	0.044 0	0.054 3	0.070 2	0.062 8	0.060 2	0.200 1	0.218 0	0.220 3	0.208 8	0.219 0	0	0.019 8	0.027 7	0.017 9	0.037 5
吉安县	江西	0.035 3	0.041 0	0.050 7	0.048 4	0.044 7	0.170 9	0.176 4	0.176 0	0.173 6	0.171 0	0	0.008 8	0.012 0	0.013 1	0.011 9
井冈山市	江西	0.050 6	0.056 7	0.064 1	0.061 5	0.059 0	0.195 3	0.192 4	0.191 6	0.193 0	0.194 6	0	−0.007 2	−0.008 4	0.002 3	0.011 5
乐安县	江西	0.047 9	0.059 2	0.023 5	0.078 3	0.066 2	0.216 5	0.233 5	0.237 9	0.247 8	0.049 9	0	0.016 8	0.022 7	0.042 1	−0.113 0
莲花县	江西	0.041 0	0.052 2	0.019 8	0.066 2	0.057 4	0.191 6	0.215 3	0.217 9	0.224 3	0.044 4	0	0.022 3	0.031 2	0.045 9	−0.082 1

（续）

县域名称	省份	直接协同度					离差系数最小化协同度					时间趋势一致化协同度				
		2014 年	2015 年	2016 年	2017 年	2018 年	2014 年	2015 年	2016 年	2017 年	2018 年	2014 年	2015 年	2016 年	2017 年	2018 年
宁都县	江西	0.038 9	0.048 3	0.058 6	0.057 0	0.054 8	0.178 5	0.193 1	0.192 6	0.186 3	0.188 7	0	0.018 0	0.026 4	0.024 6	0.028 7
鄱阳县	江西	0.036 3	0.046 6	0.070 4	0.063 7	0.051 9	0.185 2	0.203 0	0.205 5	0.219 9	0.232 6	0	0.018 3	0.024 4	0.046 6	0.061 7
上饶县	江西	0.036 6	0.046 0	0.058 2	0.056 5	0.048 4	0.145 3	0.166 6	0.165 4	0.173 9	0.167 8	0	0.018 6	0.023 6	0.039 5	0.041 6
上犹县	江西	0.058 3	0.070 6	0.081 8	0.080 6	0.074 8	0.224 4	0.239 2	0.239 8	0.234 7	0.235 4	0	0.022 4	0.027 6	0.028 5	0.030 8
石城县	江西	0.062 3	0.075 2	0.092 1	0.086 8	0.081 1	0.228 6	0.246 1	0.246 6	0.238 0	0.254 2	0	0.025 0	0.033 3	0.032 1	0.052 4
遂川县	江西	0.036 0	0.046 6	0.068 8	0.062 7	0.051 6	0.176 0	0.193 7	0.194 1	0.206 8	0.218 8	0	0.020 0	0.026 9	0.048 0	0.061 5
万安县	江西	0.044 1	0.055 9	0.075 1	0.069 1	0.061 7	0.202 2	0.225 4	0.228 9	0.227 6	0.237 1	0	0.023 3	0.032 3	0.039 7	0.053 2
兴国县	江西	0.037 4	0.047 3	0.062 0	0.059 0	0.052 4	0.180 3	0.194 0	0.194 2	0.190 8	0.203 3	0	0.017 6	0.023 5	0.028 5	0.041 1
修水县	江西	0.046 5	0.054 8	0.058 3	0.058 8	0.059 2	0.203 3	0.217 3	0.218 9	0.202 2	0.188 7	0	0.015 9	0.022 0	−0.014 8	−0.032 5
寻乌县	江西	0.049 8	0.064 4	0.062 8	0.070 6	0.069 9	0.211 8	0.238 9	0.241 5	0.226 1	0.236 3	0	0.029 0	0.038 2	0.028 2	0.025 8
永新县	江西	0.037 2	0.044 2	0.057 9	0.056 3	0.050 2	0.187 0	0.194 5	0.196 1	0.204 2	0.203 4	0	0.006 8	0.009 6	0.025 2	0.025 9
于都县	江西	0.037 5	0.046 2	0.058 2	0.055 3	0.050 1	0.176 2	0.184 8	0.184 2	0.183 8	0.186 7	0	0.014 1	0.018 0	0.023 7	0.029 9
余干县	江西	0.039 0	0.049 7	0.071 1	0.066 8	0.057 0	0.189 3	0.210 8	0.214 1	0.214 9	0.222 6	0	0.021 0	0.031 5	0.043 8	0.054 1
海原县	宁夏	0.053 5	0.069 9	0.121 5	0.112 1	0.094 6	0.176 8	0.242 6	0.305 5	0.334 6	0.347 5	0	−0.026 6	−0.044 7	0.024 7	0.076 1
泾源县	宁夏	0.080 9	0.104 1	0.128 6	0.136 8	0.120 2	0.241 3	0.313 8	0.345 1	0.368 2	0.358 2	0	−0.045 5	−0.060 0	0.036 8	−0.059 8
隆德县	宁夏	0.081 2	0.094 1	0.114 7	0.126 2	0.113 4	0.265 0	0.296 3	0.335 7	0.354 1	0.338 4	0	0.015 1	0.025 8	0.064 7	−0.013 1
彭阳县	宁夏	0.057 0	0.066 9	0.089 2	0.088 3	0.077 1	0.220 0	0.255 8	0.277 6	0.296 7	0.296 6	0	−0.025 4	−0.035 5	−0.021 7	−0.041 0
同心县	宁夏	0.069 4	0.086 4	0.111 7	0.120 1	0.096 2	0.260 0	0.293 9	0.308 1	0.338 9	0.325 9	0	0.021 1	0.027 9	0.074 6	0.049 3

（续）

县域名称	省份	直接协同度					离差系数最小化协同度					时间趋势一致化协同度				
		2014年	2015年	2016年	2017年	2018年	2014年	2015年	2016年	2017年	2018年	2014年	2015年	2016年	2017年	2018年
西吉县	宁夏	0.052 3	0.071 2	0.103 7	0.098 6	0.087 2	0.198 6	0.259 2	0.295 0	0.314 0	0.322 0	0	0.008 5	0.012 4	0.045 1	0.061 5
盐池县	宁夏	0.063 3	0.067 5	0.068 0	0.069 6	0.069 0	0.245 2	0.246 6	0.247 6	0.244 2	0.238 0	0	−0.009 7	−0.011 1	−0.018 8	−0.025 5
大通回族土族自治县	青海	0.038 3	0.057 2	0.070 6	0.078 5	0.068 1	0.194 0	0.230 4	0.236 7	0.253 2	0.237 3	0	0.035 3	0.049 9	0.071 9	0.053 0
湟中县	青海	0.024 7	0.034 1	0.047 8	0.048 1	0.039 0	0.151 2	0.176 2	0.179 5	0.197 2	0.193 5	0	0.018 7	0.026 7	0.044 9	0.043 5
民和回族土族自治县	青海	0.043 7	0.047 9	0.061 3	0.062 9	0.064 4	0.206 8	0.211 3	0.253 7	0.248 1	0.242 6	0	−0.006 5	0.036 6	0.012 3	−0.011 9
保德县	山西	0.032 9	0.036 5	0.036 0	0.035 0	0.038 3	0.151 6	0.151 4	0.150 5	0.145 4	0.155 1	0	0.003 2	0.004 1	−0.007 2	0.005 5
大宁县	山西	0.109 2	0.141 3	0.178 4	0.176 7	0.159 8	0.290 7	0.340 2	0.378 6	0.397 0	0.399 5	0	0.062 3	0.088 3	0.125 7	0.128 8
代县	山西	0.043 5	0.049 3	0.044 6	0.047 9	0.052 8	0.180 0	0.184 7	0.183 7	0.164 3	0.157 4	0	0.009 6	0.013 0	−0.019 9	−0.021 9
繁峙县	山西	0.043 4	0.048 4	0.060 0	0.055 3	0.052 4	0.196 0	0.200 1	0.201 0	0.189 8	0.211 0	0	0.005 9	0.008 2	−0.021 3	0.025 6
方山县	山西	0.044 5	0.061 9	0.063 2	0.049 4	0.067 7	0.210 3	0.247 5	0.255 7	0.221 7	0.242 8	0	0.034 6	0.044 9	0.009 7	0.031 8
汾西县	山西	0.027 4	0.039 1	0.060 8	0.057 0	0.046 8	0.131 6	0.184 2	0.211 8	0.238 4	0.245 7	0	0.010 3	0.014 1	0.028 1	0.042 7
广灵县	山西	0.064 2	0.135 2	0.096 3	0.098 9	0.147 5	0.253 3	0.361 9	0.382 5	0.312 8	0.308 4	0	0.136 4	0.164 9	0.068 4	0.063 0
和顺县	山西	0.037 5	0.044 1	0.046 4	0.059 1	0.046 1	0.177 2	0.185 5	0.185 6	0.215 8	0.183 2	0	0.011 4	0.013 7	0.042 7	0.012 0
河曲县	山西	0.028 9	0.039 1	0.036 3	0.038 4	0.040 7	0.130 5	0.128 3	0.126 9	0.123 0	0.117 2	0	0.012 6	0.013 8	0.002 8	−0.013 4
壶关县	山西	0.038 2	0.046 0	0.070 8	0.062 9	0.051 8	0.189 3	0.197 5	0.199 0	0.219 7	0.236 2	0	0.008 3	0.011 5	0.041 5	0.060 1
吉县	山西	0.055 1	0.069 8	0.088 3	0.081 5	0.076 7	0.234 8	0.264 1	0.274 8	0.278 1	0.291 3	0	0.029 3	0.040 3	0.043 5	0.060 7
静乐县	山西	0.050 0	0.058 2	0.070 8	0.065 1	0.065 5	0.219 1	0.240 7	0.255 6	0.254 7	0.264 8	0	0.007 6	0.010 9	0.003 9	0.021 2
岢岚县	山西	0.060 2	0.061 5	0.069 1	0.072 0	0.065 2	0.244 6	0.247 9	0.254 7	0.266 0	0.256 7	0	−0.011 1	−0.016 3	−0.015 1	−0.034 7

（续）

县域名称	省份	直接协同度					离差系数最小化协同度					时间趋势一致化协同度				
		2014 年	2015 年	2016 年	2017 年	2018 年	2014 年	2015 年	2016 年	2017 年	2018 年	2014 年	2015 年	2016 年	2017 年	2018 年
岚县	山西	0.049 7	0.057 3	0.068 5	0.069 3	0.062 5	0.221 4	0.229 4	0.232 9	0.241 5	0.245 0	0	−0.011 5	−0.015 0	0.015 2	0.023 3
临县	山西	0.063 2	0.095 2	0.100 1	0.105 4	0.109 1	0.251 3	0.308 5	0.327 9	0.318 1	0.311 6	0	0.063 4	0.090 5	0.079 6	0.070 1
灵丘县	山西	0.052 0	0.076 3	0.080 3	0.083 6	0.082 5	0.225 1	0.276 0	0.285 1	0.284 1	0.276 8	0	0.046 1	0.060 7	0.063 0	0.056 1
娄烦县	山西	0.078 0	0.076 6	0.117 5	0.086 6	0.082 9	0.274 6	0.269 9	0.275 1	0.293 8	0.336 0	0	−0.063 6	−0.078 5	−0.036 3	0.028 1
宁武县	山西	0.045 2	0.060 8	0.054 9	0.054 0	0.064 5	0.183 4	0.215 0	0.214 8	0.204 0	0.206 2	0	0.031 1	0.038 4	0.017 2	0.019 1
偏关县	山西	0.040 0	0.052 3	0.064 8	0.060 8	0.058 7	0.200 0	0.226 8	0.235 1	0.238 7	0.249 6	0	0.021 2	0.028 2	0.032 4	0.044 9
平陆县	山西	0.049 3	0.052 6	0.059 1	0.059 1	0.056 0	0.220 3	0.229 3	0.235 8	0.221 9	0.229 9	0	−0.008 1	0.012 8	−0.027 3	−0.012 1
平顺县	山西	0.049 6	0.075 7	0.108 7	0.098 4	0.089 7	0.220 2	0.272 7	0.286 3	0.306 8	0.324 0	0	0.039 2	0.052 7	0.083 6	0.107 5
神池县	山西	0.047 6	0.073 1	0.079 2	0.071 5	0.080 5	0.214 2	0.268 1	0.276 7	0.263 2	0.271 2	0	0.033 7	0.040 0	0.019 3	0.025 5
天镇县	山西	0.055 4	0.082 5	0.111 8	0.101 1	0.096 3	0.231 9	0.285 8	0.309 8	0.315 3	0.334 2	0	0.053 2	0.074 6	0.079 4	0.108 1
五台县	山西	0.073 1	0.079 6	0.091 6	0.081 9	0.086 1	0.255 6	0.255 0	0.255 8	0.242 2	0.258 9	0	−0.012 8	−0.017 8	−0.035 6	−0.011 2
五寨县	山西	0.080 4	0.104 1	0.081 4	0.101 0	0.112 4	0.267 4	0.294 5	0.295 8	0.282 0	0.276 3	0	0.044 5	0.055 8	0.030 6	−0.014 5
武乡县	山西	0.043 0	0.047 5	0.061 0	0.054 5	0.052 1	0.183 0	0.194 2	0.194 4	0.198 6	0.218 5	0	0.008 7	0.016 9	0.021 8	0.035 9
隰县	山西	0.090 7	0.099 5	0.112 9	0.103 9	0.106 3	0.300 7	0.315 4	0.325 1	0.321 6	0.336 0	0	0.013 1	0.018 4	0.026 3	0.043 3
兴县	山西	0.043 9	0.054 4	0.069 6	0.060 5	0.059 6	0.196 2	0.206 0	0.205 9	0.214 0	0.247 5	0	0.015 7	0.020 2	0.027 9	0.051 4
阳高县	山西	0.053 1	0.071 1	0.090 7	0.094 0	0.080 8	0.230 4	0.266 0	0.278 6	0.303 3	0.294 1	0	0.035 7	0.050 7	0.080 1	0.070 6
永和县	山西	0.081 3	0.097 7	0.147 3	0.127 5	0.108 6	0.257 8	0.289 7	0.316 3	0.337 0	0.371 0	0	0.030 9	0.044 6	0.089 5	0.125 0
中阳县	山西	0.040 5	0.057 0	0.043 1	0.045 5	0.059 4	0.159 3	0.187 4	0.186 4	0.153 3	0.157 2	0	0.033 1	0.037 4	−0.007 8	−0.002 8

（续）

县域名称	省份	直接协同度					离差系数最小化协同度					时间趋势一致化协同度				
		2014年	2015年	2016年	2017年	2018年	2014年	2015年	2016年	2017年	2018年	2014年	2015年	2016年	2017年	2018年
安塞区	陕西	0.024 1	0.034 5	0.032 6	0.042 8	0.037 3	0.149 2	0.176 0	0.178 0	0.182 0	0.147 6	0	0.020 5	0.025 3	0.034 3	−0.012 2
白河县	陕西	0.037 2	0.046 1	0.048 5	0.050 9	0.050 0	0.188 9	0.202 9	0.205 2	0.199 1	0.195 8	0	0.014 0	0.017 6	0.006 8	−0.009 7
白水县	陕西	0.032 3	0.041 9	0.049 9	0.053 2	0.046 3	0.174 2	0.197 0	0.200 7	0.207 4	0.207 9	0	0.019 1	0.026 2	0.037 7	0.033 5
彬县	陕西	0.020 5	0.027 1	0.027 5	0.024 8	0.029 6	0.095 7	0.108 0	0.105 5	0.085 7	0.097 4	0	0.013 2	0.017 3	−0.008 0	0.011 5
淳化县	陕西	0.024 3	0.031 5	0.042 5	0.037 8	0.037 2	0.153 8	0.169 4	0.173 1	0.171 9	0.186 5	0	0.012 1	0.017 9	0.017 3	0.031 3
丹凤县	陕西	0.029 2	0.034 4	0.046 9	0.040 6	0.039 3	0.170 3	0.179 2	0.183 7	0.173 6	0.189 1	0	−0.005 0	−0.007 1	−0.024 2	0.010 9
定边县	陕西	0.015 5	0.025 3	0.028 0	0.033 4	0.026 8	0.082 0	0.111 2	0.109 8	0.123 5	0.105 7	0	0.019 3	0.022 5	0.035 7	0.024 9
府谷县	陕西	0.014 5	0.013 7	0.020 5	0.016 9	0.014 0	0.045 6	0.033 1	0.032 9	0.046 1	0.061 0	0	−0.008 6	−0.009 3	0.004 2	0.011 0
汉阴县	陕西	0.035 0	0.039 5	0.045 5	0.042 8	0.042 3	0.176 3	0.176 3	0.176 5	0.162 3	0.174 1	0	−0.006 8	−0.008 6	−0.025 0	−0.013 5
合阳县	陕西	0.036 6	0.043 7	0.055 1	0.051 3	0.048 7	0.188 2	0.199 7	0.203 1	0.203 3	0.213 7	0	0.010 4	0.014 4	0.015 1	0.029 0
佳县	陕西	0.022 2	0.047 1	0.057 6	0.058 0	0.064 3	0.116 0	0.212 5	0.252 2	0.239 0	0.239 2	0	0.035 6	0.052 7	0.032 3	0.037 7
靖边县	陕西	0.016 9	0.026 7	0.026 6	0.023 6	0.027 7	0.070 0	0.100 5	0.099 4	0.083 2	0.106 2	0	0.018 2	0.020 7	0.013 4	0.016 4
岚皋县	陕西	0.046 4	0.050 9	0.059 8	0.062 0	0.056 4	0.212 2	0.217 2	0.221 3	0.221 5	0.219 3	0	−0.004 7	−0.007 1	−0.014 8	−0.017 5
陇县	陕西	0.029 0	0.035 6	0.033 4	0.036 9	0.040 7	0.167 1	0.179 3	0.182 5	0.163 5	0.148 5	0	0.010 3	0.014 9	−0.020 2	−0.028 4
洛南县	陕西	0.031 2	0.037 5	0.040 7	0.038 3	0.043 9	0.174 5	0.183 9	0.187 3	0.158 1	0.166 9	0	0.005 6	0.008 4	−0.033 2	−0.028 4
略阳县	陕西	0.033 9	0.046 4	0.050 8	0.051 2	0.051 1	0.159 8	0.191 5	0.191 6	0.194 3	0.203 1	0	0.024 6	0.034 2	0.034 5	0.033 1
米脂县	陕西	0.044 0	0.061 6	0.065 8	0.070 3	0.066 4	0.203 7	0.240 6	0.244 5	0.254 4	0.249 4	0	0.035 3	0.043 9	0.052 3	0.043 6
宁强县	陕西	0.032 9	0.042 4	0.049 0	0.047 0	0.047 7	0.178 7	0.193 9	0.196 5	0.189 1	0.198 5	0	0.013 6	0.017 9	−0.005 1	0.021 0

（续）

县域名称	省份	直接协同度					离差系数最小化协同度					时间趋势一致化协同度				
		2014 年	2015 年	2016 年	2017 年	2018 年	2014 年	2015 年	2016 年	2017 年	2018 年	2014 年	2015 年	2016 年	2017 年	2018 年
宁陕县	陕西	0.043 2	0.048 2	0.050 8	0.054 2	0.052 4	0.206 4	0.214 8	0.219 4	0.222 8	0.214 4	0	0.005 5	0.007 7	0.013 5	−0.011 1
蒲城县	陕西	0.032 9	0.044 7	0.053 2	0.051 0	0.048 9	0.155 8	0.165 6	0.163 4	0.165 8	0.175 7	0	0.020 0	0.024 8	0.029 1	0.036 7
清涧县	陕西	0.044 9	0.053 2	0.060 5	0.062 3	0.060 8	0.211 8	0.228 6	0.238 1	0.237 5	0.236 1	0	0.011 0	0.016 4	0.010 9	0.010 2
山阳县	陕西	0.029 8	0.037 2	0.047 7	0.043 1	0.044 5	0.171 6	0.184 3	0.188 4	0.171 7	0.183 0	0	0.007 7	0.011 6	−0.026 6	−0.012 2
商南县	陕西	0.037 5	0.042 1	0.049 8	0.043 8	0.046 7	0.187 4	0.195 0	0.197 9	0.179 9	0.193 8	0	0.007 6	0.011 8	−0.021 6	−0.003 5
绥德县	陕西	0.055 1	0.058 1	0.063 8	0.066 0	0.064 8	0.232 3	0.230 9	0.235 0	0.242 0	0.244 0	0	−0.016 4	−0.024 8	−0.012 0	0.009 8
太白县	陕西	0.054 5	0.061 5	0.062 4	0.064 1	0.065 1	0.231 1	0.245 0	0.249 5	0.241 0	0.236 2	0	0.013 9	0.019 6	−0.007 3	−0.016 4
吴堡县	陕西	0.066 8	0.079 7	0.089 8	0.092 9	0.088 4	0.258 4	0.281 6	0.292 8	0.303 0	0.298 9	0	0.023 2	0.033 0	0.049 0	0.044 4
吴起县	陕西	0.020 0	0.030 0	0.026 9	0.030 9	0.032 0	0.137 2	0.164 4	0.166 1	0.143 7	0.121 3	0	0.019 6	0.022 9	0.008 0	−0.022 7
西乡县	陕西	0.038 8	0.045 0	0.047 5	0.049 3	0.049 3	0.183 6	0.189 4	0.189 7	0.179 0	0.171 2	0	0.008 7	0.012 0	−0.016 0	−0.023 9
旬阳县	陕西	0.034 0	0.035 3	0.040 1	0.042 4	0.040 4	0.170 5	0.155 8	0.153 6	0.155 2	0.152 5	0	−0.015 7	−0.024 0	−0.024 3	−0.024 6
旬邑县	陕西	0.014 7	0.021 7	0.041 9	0.030 0	0.024 9	0.109 6	0.124 7	0.123 3	0.135 5	0.177 7	0	0.013 2	0.017 4	0.028 4	0.054 3
延川县	陕西	0.030 8	0.048 5	0.054 5	0.060 7	0.054 2	0.144 8	0.186 7	0.185 3	0.167 9	0.164 6	0	0.035 2	0.046 6	0.054 1	0.042 9
延长县	陕西	0.036 1	0.043 5	0.054 8	0.058 6	0.047 7	0.190 0	0.201 3	0.205 1	0.235 7	0.226 2	0	−0.010 8	−0.013 6	0.041 2	0.031 4
洋县	陕西	0.037 6	0.042 0	0.043 3	0.049 0	0.046 2	0.171 9	0.177 8	0.177 3	0.180 1	0.166 5	0	0.008 1	0.012 7	0.017 9	−0.010 6
宜川县	陕西	0.052 6	0.061 3	0.065 2	0.072 9	0.066 9	0.229 2	0.242 5	0.248 1	0.258 6	0.249 6	0	−0.008 9	−0.011 6	0.023 8	0.013 3
宜君县	陕西	0.029 7	0.039 6	0.067 4	0.053 4	0.046 0	0.170 4	0.196 9	0.205 4	0.222 2	0.255 0	0	−0.004 4	−0.005 9	0.032 6	0.069 1
永寿县	陕西	0.029 5	0.032 6	0.035 9	0.035 0	0.036 9	0.170 6	0.173 1	0.176 6	0.167 3	0.165 7	0	−0.009 0	−0.013 3	−0.020 9	−0.023 9

（续）

县域名称	省份	直接协同度					离差系数最小化协同度					时间趋势一致化协同度				
		2014年	2015年	2016年	2017年	2018年	2014年	2015年	2016年	2017年	2018年	2014年	2015年	2016年	2017年	2018年
柞水县	陕西	0.026 1	0.031 6	0.046 1	0.043 4	0.035 0	0.155 4	0.164 6	0.166 0	0.172 0	0.174 7	0	0.008 8	0.012 0	0.024 8	0.029 7
长武县	陕西	0.026 6	0.030 3	0.035 8	0.032 3	0.032 6	0.145 6	0.145 2	0.144 4	0.142 8	0.151 8	0	−0.002 0	−0.002 6	−0.005 9	0.013 5
镇安县	陕西	0.032 7	0.035 4	0.046 6	0.041 0	0.039 7	0.175 9	0.178 5	0.181 2	0.171 9	0.188 0	0	−0.003 6	−0.005 7	−0.020 2	0.014 2
镇巴县	陕西	0.031 1	0.038 2	0.047 0	0.043 8	0.044 0	0.175 5	0.192 1	0.199 0	0.199 1	0.208 5	0	0.012 8	0.019 4	0.019 4	0.028 5
镇坪县	陕西	0.055 4	0.067 6	0.066 6	0.072 3	0.073 7	0.232 3	0.259 1	0.267 5	0.255 0	0.244 9	0	−0.017 3	−0.021 3	−0.052 0	−0.054 9
苍溪县	四川	0.049 5	0.053 9	0.059 0	0.062 8	0.058 9	0.210 4	0.206 8	0.207 0	0.207 9	0.197 3	0	−0.013 3	−0.018 3	−0.019 2	−0.030 4
甘洛县	四川	0.042 8	0.055 0	0.081 9	0.074 7	0.065 6	0.191 1	0.219 3	0.251 4	0.272 9	0.273 8	0	0.024 0	0.039 6	0.049 2	0.077 0
阆中市	四川	0.037 4	0.044 6	0.046 5	0.044 0	0.048 2	0.165 4	0.173 8	0.172 5	0.145 9	0.152 0	0	0.013 1	0.017 4	−0.023 5	−0.018 7
雷波县	四川	0.029 3	0.036 6	0.066 1	0.055 2	0.045 7	0.165 0	0.190 3	0.212 1	0.234 7	0.254 0	0	0.008 7	0.014 4	0.045 0	0.072 9
马边彝族自治县	四川	0.050 6	0.059 9	0.083 5	0.080 1	0.070 5	0.224 3	0.243 2	0.255 7	0.277 9	0.285 5	0	0.018 1	0.031 3	0.057 0	0.064 9
美姑县	四川	0.039 0	0.072 5	0.106 0	0.081 9	0.085 4	0.146 8	0.213 0	0.279 2	0.284 1	0.294 1	0	0.042 0	0.072 0	0.033 1	0.126 2
南部县	四川	0.027 1	0.029 8	0.030 8	0.033 0	0.032 7	0.144 8	0.137 2	0.135 5	0.127 2	0.113 9	0	−0.009 1	−0.012 4	−0.019 3	−0.027 0
南江县	四川	0.045 1	0.058 6	0.066 0	0.065 6	0.066 1	0.211 2	0.236 5	0.243 1	0.224 7	0.226 9	0	0.024 5	0.033 6	−0.019 5	−0.013 8
平昌县	四川	0.042 6	0.052 7	0.069 9	0.066 5	0.060 3	0.203 0	0.222 2	0.227 9	0.229 1	0.240 3	0	0.019 0	0.028 5	0.034 3	0.046 7
屏山县	四川	0.056 4	0.063 4	0.091 4	0.074 3	0.071 4	0.233 6	0.242 0	0.247 0	0.238 4	0.280 5	0	0.007 1	0.011 0	−0.027 6	0.063 2
普格县	四川	0.044 1	0.046 9	0.092 1	0.074 6	0.063 7	0.193 0	0.195 4	0.249 5	0.272 4	0.282 5	0	0.003 9	0.027 6	0.047 1	0.096 0
色达县	四川	0.078 0	0.101 7	0.114 7	0.113 8	0.130 9	0.177 3	0.191 2	0.262 1	0.277 8	0.272 9	0	0.045 5	0.099 3	−0.012 5	0.033 0
通江县	四川	0.043 7	0.059 1	0.073 5	0.064 4	0.066 4	0.208 1	0.238 6	0.245 6	0.230 2	0.255 1	0	0.029 1	0.038 8	0.016 9	0.051 9

（续）

县域名称	省份	直接协同度					离差系数最小化协同度					时间趋势一致化协同度				
		2014 年	2015 年	2016 年	2017 年	2018 年	2014 年	2015 年	2016 年	2017 年	2018 年	2014 年	2015 年	2016 年	2017 年	2018 年
万源市	四川	0.033 6	0.042 6	0.056 6	0.049 9	0.047 0	0.168 6	0.181 2	0.180 9	0.176 7	0.195 5	0	0.016 1	0.021 2	0.021 7	0.041 3
旺苍县	四川	0.037 7	0.042 3	0.050 6	0.054 9	0.046 9	0.187 7	0.193 3	0.195 6	0.206 6	0.186 3	0	0.005 2	0.007 7	0.025 7	−0.020 1
喜德县	四川	0.038 4	0.051 4	0.104 6	0.089 5	0.070 4	0.154 8	0.185 1	0.250 4	0.297 9	0.301 1	0	0.025 6	0.051 2	0.070 8	0.125 6
小金县	四川	0.081 7	0.113 8	0.131 0	0.114 7	0.131 5	0.268 3	0.335 6	0.362 3	0.333 4	0.361 5	0	0.040 8	0.054 0	−0.081 8	0.049 3
新龙县	四川	0.041 0	0.059 7	0.037 9	0.102 1	0.079 0	0.110 3	0.154 3	0.216 5	0.279 4	0.162 5	0	0.032 9	0.054 5	0.082 0	−0.165 8
叙永县	四川	0.040 5	0.054 6	0.025 5	0.064 5	0.062 3	0.200 4	0.227 4	0.233 7	0.226 9	0.080 5	0	0.024 8	0.033 7	0.026 1	−0.077 3
宣汉县	四川	0.028 1	0.040 2	0.044 6	0.047 3	0.045 5	0.154 0	0.183 8	0.184 9	0.180 9	0.169 0	0	0.024 2	0.033 5	0.035 3	0.026 6
盐源县	四川	0.022 0	0.036 9	0.056 9	0.050 3	0.045 9	0.144 2	0.191 8	0.211 4	0.217 7	0.237 4	0	0.027 6	0.039 8	0.045 9	0.065 3
仪陇县	四川	0.038 3	0.046 8	0.053 4	0.053 6	0.052 4	0.180 6	0.198 9	0.200 3	0.190 5	0.185 6	0	0.017 0	0.026 0	0.021 6	0.016 3
越西县	四川	0.034 5	0.046 7	0.104 5	0.077 1	0.064 0	0.170 0	0.201 1	0.252 4	0.274 8	0.318 0	0	0.024 3	0.048 6	0.060 9	0.136 8
阿合奇县	新疆	0.099 4	0.113 0	0.153 6	0.154 1	0.133 4	0.281 5	0.317 6	0.359 7	0.377 5	0.364 9	0	−0.014 3	−0.023 2	0.097 0	0.105 4
阿克陶县	新疆	0.076 8	0.088 1	0.148 3	0.145 7	0.113 2	0.258 8	0.273 4	0.332 1	0.381 2	0.371 8	0	0.021 9	0.061 2	0.120 5	0.141 3
阿图什市	新疆	0.083 2	0.097 8	0.110 5	0.142 8	0.107 9	0.276 2	0.307 1	0.327 1	0.376 1	0.332 3	0	0.022 6	0.031 3	0.111 3	−0.030 2
策勒县	新疆	0.079 6	0.056 6	0.151 7	0.139 8	0.103 4	0.255 0	0.188 0	0.319 6	0.368 3	0.375 6	0	0.030 5	−0.041 7	0.104 3	0.138 1
察布查尔锡伯自治县	新疆	0.045 1	0.054 5	0.070 3	0.075 0	0.060 1	0.211 2	0.222 6	0.226 0	0.257 3	0.249 3	0	−0.008 0	−0.010 3	0.052 1	0.041 9
伽师县	新疆	0.041 1	0.053 0	0.106 2	0.093 6	0.064 3	0.190 6	0.227 9	0.253 2	0.304 9	0.323 8	0	0.013 9	0.020 9	0.099 6	0.126 1
柯坪县	新疆	0.059 4	0.077 9	0.109 2	0.109 6	0.084 1	0.200 3	0.261 2	0.278 2	0.325 7	0.313 2	0	−0.010 0	−0.011 8	0.065 4	0.085 5
民丰县	新疆	0.061 3	0.076 7	0.105 6	0.123 6	0.087 8	0.204 5	0.253 4	0.284 2	0.343 9	0.315 7	0	0.010 1	0.013 9	0.099 5	0.060 8

（续）

县域名称	省份	直接协同度					离差系数最小化协同度					时间趋势一致化协同度				
		2014年	2015年	2016年	2017年	2018年	2014年	2015年	2016年	2017年	2018年	2014年	2015年	2016年	2017年	2018年
墨玉县	新疆	0.066 9	0.053 9	0.143 7	0.147 8	0.098 8	0.210 1	0.169 2	0.306 0	0.377 8	0.364 3	0	0.015 9	−0.031 8	0.130 0	0.133 8
皮山县	新疆	0.063 1	0.074 9	0.143 9	0.145 2	0.129 0	0.213 6	0.200 1	0.344 5	0.378 6	0.363 0	0	−0.024 7	0.120 3	0.136 2	0.151 9
莎车县	新疆	0.054 7	0.051 4	0.100 9	0.098 6	0.080 3	0.216 2	0.204 6	0.283 3	0.313 9	0.317 7	0	−0.000 7	0.002 3	0.062 2	0.071 8
疏勒县	新疆	0.037 4	0.043 9	0.093 1	0.088 8	0.053 8	0.193 4	0.208 8	0.230 2	0.296 8	0.304 9	0	0.011 9	0.030 2	0.101 9	0.111 3
叶城县	新疆	0.046 9	0.042 6	0.097 7	0.088 0	0.061 0	0.205 4	0.195 6	0.246 8	0.296 6	0.310 1	0	0.008 6	−0.025 9	0.069 5	0.097 9
于田县	新疆	0.075 6	0.100 7	0.144 7	0.147 9	0.106 6	0.247 9	0.307 0	0.319 8	0.376 2	0.366 7	0	0.035 4	0.040 4	0.134 3	0.132 1
沧源佤族自治县	云南	0.053 2	0.059 0	0.079 4	0.072 0	0.070 2	0.225 0	0.242 8	0.262 2	0.260 0	0.275 8	0	−0.018 7	−0.030 1	−0.046 1	−0.021 3
昌宁县	云南	0.029 7	0.042 8	0.056 4	0.054 8	0.051 9	0.171 0	0.200 9	0.207 8	0.201 8	0.206 0	0	0.001 5	0.002 1	−0.024 7	−0.015 9
大关县	云南	0.054 1	0.059 5	0.090 6	0.087 3	0.072 7	0.217 7	0.243 9	0.264 0	0.292 5	0.296 6	0	−0.041 3	−0.062 9	−0.024 4	−0.022 6
大姚县	云南	0.042 6	0.050 7	0.057 5	0.058 8	0.059 6	0.204 4	0.210 6	0.213 2	0.207 6	0.200 6	0	−0.014 3	−0.020 9	−0.029 3	−0.037 1
洱源县	云南	0.036 9	0.054 7	0.085 6	0.072 5	0.064 0	0.192 1	0.223 6	0.228 4	0.232 2	0.257 7	0	0.019 5	0.025 5	0.036 2	0.075 4
凤庆县	云南	0.034 1	0.041 7	0.054 4	0.053 9	0.052 6	0.179 1	0.196 9	0.202 9	0.195 7	0.199 9	0	0.015 2	0.029 8	0.025 1	0.029 5
福贡县	云南	0.079 0	0.096 3	0.137 6	0.112 5	0.123 7	0.219 2	0.284 2	0.346 4	0.334 9	0.361 8	0	−0.041 4	−0.067 2	−0.111 2	0.046 3
富宁县	云南	0.041 8	0.052 1	0.068 2	0.068 4	0.060 9	0.204 4	0.222 5	0.229 7	0.238 6	0.241 9	0	0.008 7	0.012 5	0.030 1	0.034 9
富源县	云南	0.034 1	0.044 5	0.057 8	0.055 5	0.051 5	0.166 1	0.179 3	0.177 3	0.194 3	0.201 7	0	0.018 7	0.026 9	0.040 2	0.045 7
贡山独龙族怒族自治县	云南	0.095 5	0.099 9	0.115 9	0.106 7	0.108 4	0.287 1	0.313 8	0.329 0	0.326 4	0.339 6	0	−0.052 3	−0.067 3	−0.067 6	−0.052 8
广南县	云南	0.030 1	0.046 6	0.076 2	0.073 8	0.060 3	0.164 2	0.215 2	0.232 4	0.253 5	0.257 6	0	0.010 7	0.015 8	0.054 3	0.060 5
鹤庆县	云南	0.043 7	0.061 2	0.063 9	0.065 1	0.067 5	0.201 7	0.239 3	0.244 1	0.224 4	0.217 0	0	0.034 9	0.046 7	0.033 5	0.025 1

（续）

县域名称	省份	直接协同度					离差系数最小化协同度					时间趋势一致化协同度				
		2014 年	2015 年	2016 年	2017 年	2018 年	2014 年	2015 年	2016 年	2017 年	2018 年	2014 年	2015 年	2016 年	2017 年	2018 年
红河县	云南	0.050 6	0.053 2	0.074 6	0.071 1	0.075 7	0.204 6	0.213 2	0.274 8	0.263 4	0.270 1	0	0.003 5	0.012 5	−0.060 3	−0.055 8
会泽县	云南	0.035 3	0.045 3	0.064 1	0.055 2	0.054 8	0.187 2	0.210 0	0.220 0	0.204 5	0.231 5	0	0.018 9	0.030 5	−0.008 7	0.047 0
剑川县	云南	0.057 6	0.072 8	0.091 2	0.087 4	0.080 2	0.240 0	0.268 6	0.278 1	0.287 5	0.295 5	0	0.026 8	0.035 3	0.047 4	0.058 6
江城哈尼族彝族自治县	云南	0.056 3	0.065 1	0.091 0	0.082 9	0.077 7	0.236 3	0.253 8	0.268 3	0.275 3	0.290 6	0	−0.015 5	−0.024 5	−0.010 3	0.044 9
金平苗族瑶族傣族自治县	云南	0.047 6	0.055 2	0.069 0	0.066 5	0.071 0	0.208 5	0.231 2	0.265 7	0.253 9	0.258 7	0	0.007 7	0.014 8	−0.039 6	−0.035 3
景东彝族自治县	云南	0.039 8	0.046 3	0.065 5	0.065 0	0.062 1	0.196 6	0.213 9	0.230 4	0.231 4	0.231 3	0	−0.019 9	−0.036 2	−0.038 7	−0.039 6
兰坪白族普米族自治县	云南	0.046 1	0.059 7	0.080 2	0.071 8	0.069 9	0.213 0	0.240 0	0.249 2	0.245 5	0.269 9	0	−0.018 7	−0.025 5	−0.037 8	0.042 4
澜沧拉祜族自治县	云南	0.050 6	0.061 4	0.092 0	0.088 7	0.083 4	0.219 0	0.246 5	0.283 1	0.290 3	0.295 5	0	0.016 1	0.032 5	0.043 9	0.052 9
梁河县	云南	0.061 6	0.078 2	0.096 1	0.091 8	0.091 6	0.241 1	0.279 6	0.297 9	0.297 4	0.302 3	0	−0.016 1	−0.022 5	−0.027 6	−0.023 7
龙陵县	云南	0.040 9	0.053 4	0.067 4	0.065 5	0.062 0	0.202 0	0.221 5	0.226 4	0.232 1	0.235 0	0	−0.018 5	−0.024 6	−0.012 9	0.009 7
泸水县	云南	0.065 6	0.072 2	0.130 8	0.081 1	0.078 6	0.246 2	0.247 4	0.249 0	0.254 4	0.308 5	0	−0.012 1	−0.016 8	0.009 6	0.118 1
泸西县	云南	0.051 0	0.057 0	0.060 5	0.064 0	0.063 4	0.221 0	0.235 1	0.242 1	0.213 9	0.206 1	0	0.011 6	0.023 4	−0.036 1	−0.041 1
鲁甸县	云南	0.056 3	0.094 4	0.075 3	0.082 0	0.119 3	0.179 0	0.277 2	0.336 7	0.283 1	0.265 2	0	0.059 2	0.084 8	−0.122 2	−0.137 9
禄劝彝族苗族自治县	云南	0.048 9	0.052 6	0.071 9	0.074 2	0.060 3	0.219 1	0.212 2	0.214 0	0.240 9	0.231 3	0	−0.025 6	−0.037 2	0.023 9	−0.019 8
绿春县	云南	0.047 6	0.059 4	0.083 1	0.079 3	0.079 8	0.185 2	0.231 7	0.282 4	0.279 6	0.287 0	0	−0.015 8	−0.027 8	−0.062 2	−0.051 3
麻栗坡县	云南	0.041 7	0.053 8	0.079 0	0.074 2	0.064 4	0.203 1	0.228 1	0.237 9	0.257 4	0.268 2	0	−0.011 5	−0.016 4	0.042 7	0.058 0
马关县	云南	0.038 3	0.044 9	0.070 2	0.069 2	0.055 9	0.195 7	0.205 6	0.213 0	0.235 5	0.235 2	0	−0.019 2	−0.030 6	0.030 8	0.030 7

（续）

县域名称	省份	直接协同度					离差系数最小化协同度					时间趋势一致化协同度				
		2014 年	2015 年	2016 年	2017 年	2018 年	2014 年	2015 年	2016 年	2017 年	2018 年	2014 年	2015 年	2016 年	2017 年	2018 年
勐腊县	云南	0.039 1	0.054 7	0.065 2	0.062 4	0.059 1	0.183 3	0.213 1	0.214 1	0.206 8	0.214 3	0	0.031 0	0.038 3	0.040 1	0.047 5
孟连傣族拉祜族佤族自治县	云南	0.056 7	0.073 6	0.093 5	0.096 0	0.083 3	0.238 1	0.267 9	0.277 5	0.294 0	0.283 6	0	0.024 4	0.032 7	0.059 1	0.041 3
弥渡县	云南	0.044 1	0.056 6	0.071 9	0.070 8	0.068 1	0.210 0	0.232 8	0.241 9	0.240 8	0.240 0	0	0.005 4	0.008 0	−0.013 5	−0.017 8
墨江哈尼族自治县	云南	0.050 2	0.051 3	0.075 9	0.071 9	0.070 3	0.224 0	0.226 4	0.250 6	0.245 3	0.254 4	0	−0.001 2	−0.005 5	−0.028 4	0.010 5
南华县	云南	0.045 8	0.050 8	0.059 0	0.059 4	0.060 3	0.214 0	0.215 8	0.220 8	0.209 5	0.208 6	0	−0.029 9	−0.044 0	−0.056 2	−0.056 7
南涧彝族自治县	云南	0.039 6	0.053 0	0.070 5	0.071 0	0.062 1	0.195 6	0.215 4	0.218 2	0.232 9	0.231 4	0	0.021 0	0.029 7	0.051 0	0.049 4
宁洱哈尼族彝族自治县	云南	0.045 5	0.048 2	0.058 1	0.063 7	0.057 0	0.211 4	0.207 0	0.210 3	0.226 9	0.205 3	0	−0.019 0	−0.031 2	0.004 2	−0.038 8
宁蒗彝族自治县	云南	0.048 5	0.070 0	0.122 0	0.104 0	0.086 8	0.193 7	0.260 4	0.294 5	0.319 8	0.348 9	0	0.016 0	0.022 9	0.059 3	0.117 6
屏边苗族自治县	云南	0.049 2	0.061 2	0.071 5	0.069 4	0.072 7	0.212 4	0.247 5	0.266 1	0.249 7	0.255 8	0	−0.020 8	−0.029 7	−0.062 5	−0.056 4
巧家县	云南	0.050 9	0.093 2	0.088 8	0.079 6	0.114 9	0.203 8	0.278 2	0.330 3	0.273 4	0.285 7	0	0.084 5	0.122 9	−0.072 6	−0.070 3
丘北县	云南	0.048 3	0.048 6	0.073 4	0.074 4	0.060 1	0.219 4	0.219 2	0.233 1	0.258 0	0.253 2	0	−0.016 3	−0.033 9	0.020 4	−0.013 7
施甸县	云南	0.037 7	0.059 5	0.077 0	0.077 7	0.072 0	0.188 0	0.242 2	0.255 9	0.258 7	0.250 7	0	0.024 6	0.033 1	0.035 9	−0.006 5
双柏县	云南	0.044 6	0.058 7	0.069 5	0.072 7	0.073 3	0.189 2	0.242 0	0.266 5	0.257 1	0.245 4	0	−0.034 7	−0.050 3	−0.072 9	−0.085 3
双江拉祜族佤族布朗族傣族自治县	云南	0.048 1	0.059 9	0.078 5	0.075 6	0.072 9	0.213 5	0.243 8	0.259 6	0.256 6	0.260 7	0	−0.025 2	−0.037 0	−0.050 7	−0.047 7
绥江县	云南	0.066 7	0.080 2	0.096 1	0.094 7	0.088 4	0.258 0	0.282 7	0.293 7	0.302 3	0.304 7	0	0.022 3	0.030 4	0.041 9	0.045 7
威信县	云南	0.054 9	0.089 6	0.105 1	0.102 6	0.105 8	0.233 0	0.298 1	0.324 2	0.313 6	0.314 9	0	0.069 3	0.097 7	0.082 8	0.085 0

（续）

县域名称	省份	直接协同度					离差系数最小化协同度					时间趋势一致化协同度				
		2014 年	2015 年	2016 年	2017 年	2018 年	2014 年	2015 年	2016 年	2017 年	2018 年	2014 年	2015 年	2016 年	2017 年	2018 年
巍山彝族回族自治县	云南	0.038 8	0.055 1	0.071 6	0.064 7	0.064 2	0.197 1	0.231 9	0.241 8	0.227 6	0.246 4	0	0.029 1	0.040 2	0.017 4	0.048 7
维西傈僳族自治县	云南	0.055 9	0.073 4	0.095 3	0.086 2	0.089 7	0.225 4	0.269 4	0.298 3	0.286 8	0.306 1	0	0.023 2	0.035 3	−0.042 8	0.044 8
文山市	云南	0.042 0	0.049 6	0.057 9	0.059 8	0.050 7	0.141 0	0.146 4	0.145 7	0.166 4	0.156 8	0	0.014 2	0.015 6	0.035 6	0.031 0
武定县	云南	0.043 1	0.050 9	0.066 5	0.061 2	0.060 5	0.207 5	0.218 5	0.225 1	0.213 5	0.229 7	0	−0.019 2	−0.028 3	−0.046 3	−0.026 9
西畴县	云南	0.043 7	0.062 4	0.103 2	0.100 4	0.085 4	0.193 7	0.248 0	0.287 0	0.309 5	0.311 0	0	0.024 3	0.041 2	0.078 0	0.079 1
西盟佤族自治县	云南	0.071 0	0.090 1	0.122 5	0.121 4	0.113 7	0.231 9	0.280 0	0.333 7	0.348 3	0.350 0	0	0.028 3	0.047 3	−0.034 0	0.025 0
香格里拉县	云南	0.060 8	0.070 4	0.074 5	0.074 7	0.074 1	0.223 7	0.234 4	0.234 5	0.218 3	0.217 7	0	0.017 5	0.022 0	−0.018 5	−0.019 7
寻甸回族彝族自治县	云南	0.042 9	0.055 6	0.072 8	0.074 1	0.062 8	0.200 4	0.216 3	0.217 7	0.238 7	0.232 6	0	0.019 9	0.026 8	0.054 8	0.049 5
盐津县	云南	0.038 1	0.053 3	0.078 3	0.074 1	0.065 8	0.181 6	0.230 5	0.253 3	0.265 6	0.276 8	0	0.001 9	0.002 7	0.029 5	0.054 5
砚山县	云南	0.030 1	0.041 4	0.050 9	0.052 0	0.048 5	0.171 8	0.193 5	0.197 3	0.197 2	0.193 9	0	0.018 9	0.026 5	0.029 6	0.025 3
漾濞彝族自治县	云南	0.048 6	0.067 4	0.083 9	0.085 1	0.078 6	0.215 4	0.259 6	0.276 6	0.282 0	0.278 7	0	0.027 0	0.036 7	0.038 3	0.030 0
姚安县	云南	0.040 9	0.051 9	0.060 5	0.061 2	0.059 7	0.200 4	0.224 4	0.232 8	0.227 1	0.223 9	0	0.021 7	0.033 2	0.028 8	0.024 6
彝良县	云南	0.043 2	0.062 2	0.092 8	0.091 4	0.078 0	0.191 7	0.249 2	0.273 9	0.297 1	0.299 7	0	−0.010 6	−0.015 3	0.059 9	0.064 5
永德县	云南	0.040 3	0.049 9	0.064 2	0.061 4	0.067 1	0.191 3	0.223 4	0.248 7	0.224 2	0.232 7	0	−0.019 5	−0.033 7	−0.066 0	−0.059 3
永平县	云南	0.044 3	0.052 8	0.072 8	0.066 5	0.061 5	0.208 4	0.226 6	0.235 9	0.240 3	0.255 9	0	0.016 9	0.029 0	0.036 1	0.052 9
永仁县	云南	0.051 7	0.055 8	0.065 8	0.064 8	0.062 8	0.227 4	0.231 5	0.238 5	0.230 1	0.229 3	0	−0.020 3	−0.029 4	−0.047 1	−0.049 9
永善县	云南	0.039 0	0.056 0	0.066 8	0.065 4	0.066 0	0.197 1	0.236 7	0.254 4	0.243 5	0.249 2	0	0.033 7	0.049 4	0.034 9	0.042 9
永胜县	云南	0.037 9	0.053 7	0.070 2	0.069 8	0.064 9	0.194 5	0.227 1	0.236 6	0.240 8	0.235 0	0	0.023 8	0.034 0	0.041 4	0.033 4

（续）

县域名称	省份	直接协同度					离差系数最小化协同度					时间趋势一致化协同度				
		2014年	2015年	2016年	2017年	2018年	2014年	2015年	2016年	2017年	2018年	2014年	2015年	2016年	2017年	2018年
元阳县	云南	0.043 5	0.051 7	0.087 5	0.076 9	0.074 5	0.196 5	0.219 8	0.271 5	0.265 8	0.291 5	0	0.014 4	0.034 4	−0.034 5	0.059 6
云龙县	云南	0.034 9	0.047 3	0.059 0	0.065 2	0.056 1	0.186 5	0.213 0	0.221 2	0.234 5	0.221 5	0	0.013 4	0.018 7	0.040 1	0.017 7
云县	云南	0.025 9	0.036 4	0.052 7	0.048 6	0.044 6	0.160 3	0.182 5	0.186 9	0.192 3	0.204 5	0	0.016 5	0.024 3	0.032 4	0.044 5
镇康县	云南	0.051 2	0.063 5	0.072 7	0.069 8	0.074 6	0.224 1	0.251 7	0.267 3	0.244 4	0.251 5	0	0.012 9	0.018 9	−0.053 1	−0.046 5
镇雄县	云南	0.058 8	0.069 7	0.101 7	0.098 8	0.089 4	0.237 9	0.263 5	0.293 5	0.309 4	0.315 6	0	0.012 4	0.023 0	0.056 0	0.067 8
城口县	重庆	0.052 4	0.076 9	0.109 2	0.071 9	0.083 8	0.228 1	0.276 8	0.286 4	0.220 8	0.318 7	0	0.045 0	0.054 2	−0.083 7	0.099 2
丰都县	重庆	0.045 3	0.055 4	0.055 2	0.059 9	0.061 4	0.205 0	0.216 3	0.217 8	0.210 0	0.196 9	0	0.014 4	0.019 2	−0.009 4	−0.027 5
奉节县	重庆	0.036 2	0.046 4	0.055 9	0.060 5	0.054 1	0.185 4	0.204 7	0.208 5	0.209 0	0.189 8	0	0.018 9	0.028 3	0.035 1	−0.013 2
开县	重庆	0.034 2	0.041 6	0.040 8	0.045 3	0.045 4	0.164 5	0.170 4	0.169 2	0.168 6	0.155 5	0	0.011 5	0.015 0	0.014 3	−0.014 4
彭水苗族土家族自治县	重庆	0.050 7	0.063 6	0.070 6	0.076 0	0.071 6	0.219 5	0.232 6	0.234 4	0.233 8	0.225 0	0	0.015 7	0.021 0	0.022 6	−0.018 7
石柱土家族自治县	重庆	0.045 2	0.059 6	0.058 8	0.059 7	0.064 5	0.201 1	0.237 8	0.242 2	0.204 9	0.195 4	0	0.026 7	0.038 6	0.004 8	−0.023 0
巫山县	重庆	0.054 3	0.072 5	0.080 5	0.085 0	0.079 9	0.231 7	0.266 4	0.274 4	0.256 7	0.249 5	0	0.036 1	0.048 0	0.026 9	−0.013 5
巫溪县	重庆	0.052 9	0.068 1	0.081 3	0.083 0	0.077 2	0.229 4	0.259 8	0.271 2	0.276 4	0.263 7	0	0.022 6	0.030 6	0.035 9	−0.026 2
武隆县	重庆	0.046 5	0.053 0	0.058 5	0.066 5	0.058 1	0.195 2	0.192 4	0.191 0	0.206 0	0.184 0	0	−0.009 5	−0.012 8	0.029 5	−0.023 3
秀山土家族苗族自治县	重庆	0.044 1	0.049 8	0.063 9	0.063 1	0.054 8	0.204 0	0.198 1	0.198 2	0.199 9	0.200 2	0	−0.021 1	−0.027 3	−0.030 8	−0.030 7
酉阳土家族苗族自治县	重庆	0.044 7	0.057 9	0.074 3	0.079 4	0.065 5	0.211 3	0.236 4	0.243 9	0.257 1	0.241 5	0	0.019 8	0.026 5	0.048 1	0.017 9
云阳县	重庆	0.040 3	0.051 2	0.057 0	0.059 8	0.056 9	0.196 1	0.214 0	0.216 9	0.215 0	0.202 4	0	0.018 9	0.025 1	0.025 4	−0.013 5

参 考 文 献

阿玛蒂亚·森，2001. 贫困与饥荒［M］. 王宇，王文玉，译. 北京：商务印书馆.

阿马蒂亚·森，2002. 以自由看待发展［M］. 任赜，于真，译. 北京：中国人民大学出版社.

艾伯特·赫希曼，1991. 经济发展战略［M］. 曹征海，潘照东，译. 北京：经济科学出版社.

艾尔泽·厄延，2000. 减少贫困的政治［J］. 国际社会科学杂志（中文版）（4）：43-48.

白钦先，2000. 再论以金融资源论为基础的金融可持续发展理论——范式转换、理论创新和方法变革［J］. 国际金融研究（2）：7-14.

白钦先，张坤，2017. 再论普惠金融及其本质特征［J］. 广东财经大学学报（3）：39-44.

陈立中，2000. 转型时期我国城镇贫困变化趋势及其影响因素［J］. 中国经济特区研究（1）：71-89.

陈辉，张全红，2016. 基于 Alkire-Foster 模型的多维贫困测度影响因素敏感性研究——基于粤北山区农村家庭的调查数据［J］. 数学的实践与认识（6）：91-98.

陈宝珍，任金政，2020. 数字金融与农户：普惠效果和影响机制［J］. 财政研究（6）：37-47.

陈银娥，师文明，2010. 中国农村金融发展与贫困减少的经验［J］. 中国地质大学学报（社会科学版），10（6）：100-105.

陈银娥，张德伟，2018. 县域金融发展与多维贫困减缓——基于湖南省 51 个贫困县的实证研究［J］. 财经理论与实践（3）：109-114.

陈国强，罗楚亮，吴世艳，2018. 公共转移支付的减贫效应估计——收入贫困还是多维贫困？［J］. 数量经济技术经济研究（5）：59-76.

陈鹏，李建贵，2018. 财政支农资金的减贫增收效应分析［J］. 西北农林科技大学学报（社会科学版）（9）：137-145.

陈明，周发明，2017. 制度环境视阈下财政支农投入的减贫效应研究［J］. 财经论丛（1）：29-38.

崔艳娟，孙刚，2012. 金融发展是贫困减缓的原因吗？——来自中国的证据［J］. 金融研究（11）：116-127.

车树林，顾江，2017. 包容性金融发展对农村人口的减贫效应［J］. 农村经济（4）：42-48.

丁建军，2014. 中国11个集中连片特困区贫困程度比较研究——基于综合发展指数计算的视角［J］. 地理科学，32（14）：1418－1427.
邓婷鹤，毕洁颖，聂凤英，2019. 中国农村老年人多维贫困的测量与识别研究——基于收入贫困与多维贫困视角［J］. 统计与信息论坛（9）：121－128.
杜金岷，韦施威，吴文洋，2020. 数字普惠金融促进了产业结构优化吗？［J］. 经济社会体制比较（11）：38－49.
杜晓山，2008. 运用财政和金融手段协调支持“三农”发展［J］. 现代经济探讨（9）：9－12.
弗朗索瓦·佩鲁，1987. 新发展观［M］. 张宁，丰子义，译. 北京：华夏出版社.
傅鹏，张鹏，2016. 农村金融发展减贫的门槛效应与区域差异——来自中国的经验数据［J］. 当代财经（6）：55－64.
傅鹏，张鹏，周颖，2018. 多维贫困的空间集聚与金融减贫的空间溢出——来自中国的经验证据［J］. 财经研究（2）：115－126.
傅秋子，黄益平，2018. 数字金融对农村金融需求的异质性影响——来自中国家庭金融调查与北京大学数字普惠金融指数的证据［J］. 金融研究（11）：68－84.
傅进，吴小平，2005. 金融影响产业结构调整的机理分析［J］. 金融纵横（2）：30－34.
樊丽明，解垩，2014. 公共转移支付减少了贫困脆弱性吗？［J］. 经济研究（8）：67－78.
樊胜根，邢鹂，方成，等，2006. 农业科研与城镇贫困［J］. 农业技术经济（9）：11－17.
樊胜根，张林秀，张晓波，2002. 中国农村公共投资在农村经济增长和减贫中的作用［J］. 华南农业大学学报（社会科学版）（1）：1－13.
冯江茹，2016. 金融发展支持产业结构优化的实证研究［J］. 财会月刊（5）：87－90.
郭熙宝，周强，2016. 长期多维贫困、不平等与致贫因素［J］. 经济研究（6）：143－156.
郭建宇，2012. 农户多维度贫困程度与特征分析——基于山西农村贫困检测数据分析［J］. 农村经济（3）：19－22.
郭峰，王靖一，王芳，等，2020. 测度中国数字普惠金融发展：指数编制与空间特征［J］. 经济学季刊（4）：1401－1418.
郭宏宝，仇伟杰，2005. 财政投资对农村脱贫效应的边际递减趋势及对策［J］. 当代经济科学，27（5）：53－57.
高明，唐丽霞，2018. 多维贫困的精准识别——基于修正的FGT多维贫困测量方法［J］. 经济评论（2）：30－43.
高远东，温涛，王小华，2013. 中国财政金融支农政策减贫效应的空间计量研究［J］. 经济科学（1）：36－45.
黄文平，卢新波，2002. 贫困问题的经济学解释［J］. 上海经济研究（8）：3－8.
黄森慰，姜畅，郑逸芳，2019. 妇女多维贫困测量、分解与精准扶贫——基于福建省“巾帼扶贫”五年攻坚计划调研数据［J］. 中国农业大学学报（4）：211－218.
黄益平，黄卓，2018. 中国的数字金融发展：现在与未来［J］. 经济学（季刊）（4）：

1489－1502.
黄寿峰，2016. 财政支农、金融支农促进了农民增收吗？——基于空间面板分位数模型的研究［J］. 财政研究（8）：78－90.
黄清峰，2013. 社会保障支出与农村贫困减少动态关系的实证检验［J］. 统计与决策（19）：102－104.
黄琦，2018. 基于空间视角的中国农村多维贫困及金融减贫效应研究［J］. 金融理论与实践（3）：51－56.
黄万华，陈翥，2014. 农村能力贫困、权利贫困与农民阶层固化政府信任感——以湖北省鄂东北农村地区为例［J］. 经济论坛（4）：115－118.
霍翠芳，2018. 社会分层视野下村小儿童阶层固化困境及其出路［J］. 中国教育学刊（6）：67－73.
贺立龙，左泽，罗樱浦，2016. 以多维度贫困测度法落实精准扶贫识别与施策——对贵州省 50 个贫困县的考察［J］. 经济纵横（7）：47－52.
何宗樾，张勋，万广华，2020. 数字金融、数字鸿沟与多维贫困［J］. 统计研究（10）：79－89.
何宏庆，2020. 数字金融助推乡村产业融合发展：优势、困境与进路［J］. 西北农林科技大学学报（社会科学版）（5）：118－125.
韩占兵，2014. 中国省域财政与金融支农水平及协同效率分析——基于 30 个省区 2009—2012 年的面板数据［J］. 湖南农业大学学报（社会科学版）（8）：21－26.
韩晶，酒二科，2018. 以产业结构为中介的创新影响中国经济增长的机理［J］. 经济理论与经济管理（6）：51－63.
候丁，郭彬，2017. 要素集聚下金融发展与产业结构升级的非线性关系［J］. 管理现代化，37（5）：5－8.
胡绍雨，2006. 财政投资对我国农村减贫影响效应分析［J］. 农村经济，2（4）：85－88.
哈肯，1989. 高等协同学［M］. 郭治安，译 . 北京：科学出版社 .
蒋俊朋，田国强，郭沛，2011. 中国区域财政支农投入：地区差距的度量及分解［J］. 中国农村经济（8）：33－40.
姜松，曹峥林，王钊，2013. 中国财政金融支农协同效率及其演化规律［J］. 软科学（2）：6－11.
吉富星，2014. 财政金融协同支农的研究［J］. 经济研究参考（67）：30－35.
刘明慧，侯雅楠，2017. 财政精准减贫：内在逻辑与保障架构［J］. 财政研究（7）：9－22.
刘纯阳，蔡铨，2004. 贫困含义的演进及贫困研究的层次论［J］. 经济问题（10）：5－6.
刘俏，2019. 我们热爱的金融——重塑我们这个时代的中国金融［M］. 北京：机械工业出版社 .
刘穷志，2010. 转移支付激励与贫困减少——基于 PSM 技术的分析［J］. 中国软科学（9）：8－15.

刘一伟，2017. 社会保障支出对居民多维贫困的影响及其机制分析 [J]. 中央财经大学学报 (7)：7-18.

刘建民，欧阳玲，毛军，2018. 财政教育支出的农村减贫效应研究——基于网络空间结构的分析 [J]. 财经理论与实践 (6)：64-68.

林辉煌，2020. 贫困治理与县级财政统筹 [J]. 北京工业大学学报（社会科学版）(3)：41-50.

林毅夫，2010. 新结构经济学——重构发展经济学的框架 [J]. 经济学（季刊）(1)：1-31.

林毅夫，2017. 新结构经济学的理论基础和发展方向 [J]. 经济评论 (3)：4-16.

林伯强，2005. 中国的政府公共支出与减贫政策 [J]. 经济研究 (1)：27-37.

李焕彰，钱忠好，2004. 财政支农政策与中国农业增长：因果与结构分析 [J]. 中国农村经济 (8)：38-43.

李博，张全红，2018. 中国收入贫困和多维贫困的静态与动态比较分析 [J]. 数量经济技术经济研究 (8)：39-55.

李佳路，2010. 农户多维度贫困测量——以 S 省 30 个国家扶贫开发工作重点县为例 [J]. 财贸经济 (10)：63-68.

李建军，彭俞超，马思超，2020. 普惠金融与中国经济发展：多维度内涵与实证分析 [J]. 经济研究 (4)：37-52.

李建军，韩珣，2019. 普惠金融、收入分配和贫困减缓——推进效率和公平的政策框架选择 [J]. 金融研究 (3)：129-148.

李盛基，吕康银，金凤龄，2016. 财政教育支出减贫的空间溢出效益分析 [J]. 税务与经济 (6)：48-53.

李晓嘉，蒋承，胡涟漪，2019. 民生性财政支出对我国家庭多维贫困的影响研究 [J]. 数量经济技术经济研究 (11)：160-177.

李实，詹鹏，杨灿，2016. 中国农村公共转移收入的减贫效果 [J]. 中国农业大学学报（社会科学版）(10)：71-80.

李永友，沈坤荣，2007. 财政支出结构、相对贫困与经济增长 [J]. 管理世界 (11)：14-26.

李林汉，田卫民，2018. 环境规制、金融发展与产业结构升级 [J]. 金融理论探索 (6)：15-24.

吕勇斌，赵培培，2014. 我国农村金融发展与反贫困绩效：基于 2003—2010 年的经验证据 [J]. 农业经济问题 (1)：54-60.

卢现祥，徐俊武，2009. 公共政策、减贫与有利于穷人的经济增长——基于 1995—2006 年中国各省转移支付的分析 [J]. 制度经济学研究 (2)：112-125.

罗俊松，2013. 农业现代化视角下发达国家农业扶贫政策启示 [J]. 世界农业 (9)：63-66.

罗荷花，骆伽利，2019. 多维视角下普惠金融对农村减贫的影响研究 [J]. 当代经济管理 (3)：80-88.
马尔萨斯，2008. 人口论 [M]. 郭大力，译. 北京：北京大学出版社.
马克思，1975. 资本论 [M]. 中共中央马克思恩格斯列宁斯大林著作编译局，译，北京：人民出版社.
米运生，2009. 金融自由化、经济转轨与农民相对贫困的恶化 [J]. 经济理论与经济管理 (10)：60-65.
马力宏，1998. 论政府管理中的条块关系 [J]. 政治学研究 (4)：68-74.
倪志良，郝志景，2007. 财政扶贫支出与减贫的实证分析 [J]. 山西财经大学学报，29 (4)：19-22.
彭建刚，李关政，2006. 我国金融发展与二元经济结构内在关系的实证分析 [J]. 金融研究 (4)：90-100.
彭克强，2008. 财政与金融支农整合的理论架构与方略 [J]. 社会科学 (12)：56-54.
彭克强，陈池波，2008. 财政支农与金融支农整合论 [J]. 中州学刊 (1)：78-82.
祁晓慧，高博，乔光华，2017. 多维贫困测量方法的推广与应用 [J]. 统计与决策 (24)：73-76.
乔宝云，范剑勇，冯兴元，2005. 中国的财政分权与小学义务教育 [J]. 中国社会科学 (6)：37-46，206.
秦建军，武拉平，2011. 财政支农投入的农村减贫效应研究——基于中国改革开放 30 年的考察 [J]. 财贸研究 (3)：19-26.
任碧云，李柳颖，2019. 数字普惠金融是否促进农村包容性增长——基于京津冀 2114 位农村居民调查数据的研究 [J]. 现代财经 (4)：3-14.
世界银行，1996. 贫困与对策 [M]. 陈胜华，译. 北京：经济管理出版社.
尚卫平，姚智谋，2005. 多维贫困测度方法研究 [J]. 财经研究 (12)：88-94.
孙秀玲，田国英，等，2012. 中国农村居民贫困测度研究——基于山西的调查分析 [J]. 经济问题 (4)：79-84.
孙倩，2019. 金融发展、财政扶持与收入贫困 [J]. 经济论坛 (4)：50-58.
孙倩，2021. 数字普惠金融与农业发展：数字鸿沟还是数字红利——基于相对贫困县的讨论 [J]. 统计与决策 (12)：154-157.
孙倩，徐璋勇，2020. 县域贫困的演化特征及“后贫困时代”的发展路径——以 592 个国家级贫困县为例的实证分析 [J]. 青海社会科学 (5)：43-53.
孙倩，徐璋勇，2021. 数字普惠金融、县域禀赋与产业结构升级 [J]. 统计与决策 (18)：140-144.
孙永强，2012. 金融发展、城市化与城乡居民收入差距研究 [J]. 金融研究 (4)：98-109.
苏基溶，廖进中，2009. 中国金融发展与收入分配、贫困关系的经验分析——基于动态面板数据的分析 [J]. 财经科学 (12)：10-16.

苏建军，徐璋勇，2014. 金融发展、产业结构升级与经济增长——理论与经验研究［J］. 工业技术经济，33（2）：139－149.

苏静，胡宗义，肖攀，等，2014. 中国农村金融发展的多维减贫效应非线性研究——基于面板平滑转换模型的分析［J］. 金融经济学研究（7）：86－96.

苏畅，2018. “精准扶贫”中财政政策效应的实证分析——基于对贫困人口经济帮扶视角的研究［J］. 财政金融研究（6）：133－142.

苏春红，解垩，2015. 财政流动、转移支付及其减贫效率——基于中国农村微观数据的分析［J］. 金融研究（4）：34－49.

沈扬扬，詹鹏，李实，2018. 扶贫政策演进下的中国农村多维贫困［J］. 经济学动态（7）：53－66.

沈能，赵增耀，2012. 农业科研投资减贫效应的空间溢出与门槛特征［J］. 中国农村经济（1）：69－79.

宋嘉豪，吴海涛，郑家喜，2020. 城乡老年人多维贫困测度、分解与比较［J］. 统计与决策（19）：65－69.

师荣蓉，徐璋勇，赵彦嘉，2013. 金融减贫的门槛效应及其实证检验——基于中国西部省际面板数据的研究［J］. 中国软科学（3）：32－41.

石丹，魏华，2010. 关于财政与金融协同支农的思想与建议［J］. 武汉金融（7）：52－54.

石丹，严高，2015. 基于 DEA 模型的财政、金融协同支农的有效性分析［J］. 财会月刊（12）：55－58.

石丹，严高，2015. 基于系统协同度模型的财政支农与金融支农协同演化研究［J］. 商业研究（8）：96－101.

盛丹，王永进，2013. 产业集聚、信贷资源配置效率与企业的融资成本——来自世界银行调查数据和中国工业企业数据的证据［J］. 管理世界（6）：85－98.

盛文霞，余家凤，易发云，徐辉，2017. 精准扶贫导向下财政支出增收效应分析——以湖北省恩施州为例［J］. 统计与决策（21）：96－99.

童星，林闵钢，1994. 我国农村贫困标准线研究［J］. 中国社会科学（3）：86－98.

田娟娟，马小林，2020. 数字普惠金融推动农业转型升级的效应分析——基于省际面板数据的实证［J］. 征信（7）：87－92.

田文富，2011. 包容发展中的社会弱势群体权利贫困问题研究［J］. 延边大学学报（社会科学版），10（5）：51－54.

谭昶，吴海涛，2019. 产业结构、空间溢出与农村减贫［J］. 华中农业大学学报（社会科学版）（2）：8－17，163.

唐文进，李爽，陶云清，2019. 数字普惠金融发展与产业结构升级——来自 283 个城市的经验证据［J］. 广东财经大学学报（6）：35－49.

王汉杰，温涛，韩佳丽，2018. 深度贫困地区农村金融与农户收入增长：益贫还是益富?［J］. 当代财经（11）：44－55.

王汉杰，温涛，韩佳丽，2020. 贫困地区农村金融减贫的财政政策协同效应研究 [J]. 财经理论与实践 (1)：93-99.
王小林，2011. 论中国儿童生存、健康和发展权的保障——基于对中国五省（区）的调查 [J]. 人民论坛 (14)：120-123.
王小林，Sabina，Alkire，2009. 中国多维贫困测量：估计和政策含义 [J]. 中国农村经济 (12)：4-10，23.
王小华，王定祥，温涛，2014. 中国农贷的减贫增收效应：贫困县与非贫困县的分层比较 [J]. 数量经济技术经济研究 (9)：40-55.
王娟，张克中，2012. 公共支出结构与农村减贫——基于省级面板数据的证据 [J]. 中国农村经济 (1)：31-42.
王曦璟，高艳云，2017. 地区公共服务供给与转移支付减贫效应研究——基于多维贫困分析框架 [J]. 财经理论与实践 (3)：92-98.
王青，刘烁，2020. 进城农民工多维贫困测度及不平等程度分析——基于社会融合视角 [J]. 数量经济技术经济研究 (1)：83-101.
王勇，2013. 新结构经济学的新见解 [J]. 经济译丛 (2)：99-106.
王勇，汤学敏，2021. 结构转型与产业升级的新结构经济学研究：定量事实与理论进展 [J]. 经济评论 (1)：3-17.
王定祥，李伶俐，冉光和，2009. 金融资本形成与经济增长 [J]. 经济研究 (9)：39-51.
王定祥，李伶俐，吴代红，2017. 金融资本深化、技术进步与产业结构升级 [J]. 西南大学学报（社会科学），43 (1)：38-53.
王曙光，2018. 乡村振兴战略与中国扶贫开发的战略转型 [J]. 农村金融研究 (2)：14-19.
王修华，任静远，王毅鹏，2019. 基于贫困户可行能力不足的扶贫困境与破解思路 [J]. 农村经济 (5)：60-67.
王维国，2000. 协调发展的理论与方法研究 [M]. 北京：中国财政经济出版社.
汪三贵，2001. 信贷扶贫能帮助穷人吗？[J]. 调研世界 (5)：20-21.
温涛，王煜宇，2005. 政府主导的农业信贷、财政支农模式的经济效应——基于中国1952—2002年的经验验证 [J]. 中国农村经济 (10)：18-27.
温涛，朱炯，王小华，2016. 中国农贷的“精英俘获”机制：贫困县与非贫困县的分层比较 [J]. 经济研究 (2)：111-125.
吴理财，2004. “贫困”的经济学分析及其分析的贫困 [J]. 经济评论 (4)：3-9.
吴本健，葛宇航，马九杰，2019. 精准扶贫时期财政扶贫与金融扶贫的绩效比较——基于扶贫对象贫困程度差异和多维贫困的视角 [J]. 中国农村经济 (5)：21-36.
吴琼，2018. 我国财政支出对农村贫困影响的实证研究 [J]. 西部金融 (5)：36-51.
吴丰华，刘瑞明，2013. 产业升级与自主创新能力构建——基于中国省际面板数据的实证研究 [J]. 中国工业经济 (5)：57-69.

吴诚昊，2009. 扶贫开发中财政和金融政策工具创新研究［J］. 贵州社会科学（2）：82 - 84.
威廉·配第，2006. 赋税论［M］. 邱霞，原磊，译. 北京：华夏出版社.
韦鸿，张全红，2009. 中国农村公共投资的减贫效果分析［J］. 经济问题（9）：81 - 86.
邢成举，李小云，2013. 精英俘获与财政扶贫项目目标偏离的研究［J］. 中国行政管理（9）：111 - 115.
徐文奇，周云波，平萍，2017. 多维视角下的中国贫困问题研究［J］. 经济问题探索（12）：31 - 41.
徐敏，姜勇，2015. 中国产业结构升级能缩小城乡消费差距吗？［J］. 数量经济技术经济研究（3）：3 - 21.
西奥多·舒尔茨，2017. 对人进行投资［M］. 吴珠华，译. 北京：商务印书馆.
解垩，2015. 公共转移支付与老年人的多维贫困［J］. 中国工业经济（11）：32 - 46.
谢平，邹传伟，刘海二，2015. 互联网金融的基础理论［J］. 金融研究（8）：1 - 12.
叶初升，王红霞，2010. 多维贫困及其度量研究的最新进展：问题与方法［J］. 湖北经济学院学报，8（6）：5 - 11.
叶普万，2004. 贫困经济学研究［M］. 北京：中国社会科学出版社.
约翰·G·格利，爱德华·S·肖，2006. 金融理论中的货币［M］. 贝多广，译. 上海：上海三联出版社.
姚耀军，李明珠，2014. 中国金融发展的反贫困效应：非经济增长视角下的实证检验［J］. 上海财经大学学报（1）：69 - 76.
姚耀军，施丹燕，2017. 互联网金融区域差异化发展的逻辑与检验——路径依赖与政府干预视角［J］. 金融研究（5）：127 - 142.
杨丽萍，2005. 中国农村金融贫困效应分析［J］. 武汉金融（1）：45 - 46.
杨宜勇，张强，2016. 我国社会保障制度反贫效应研究——基于全国省际面板数据的分析［J］. 经济学动态（6）：4 - 12.
张建华，陈立中，2006. 总量贫困测度研究述评［J］. 经济学（季刊）（2）：675 - 694.
张全红，2015. 中国农村多维贫困的动态变化：1991—2011［J］. 财贸研究，26（6）：22 - 29.
张全红，周强，2015. 中国贫困测度的多维方法和实证应用［J］. 中国软科学（7）：29 - 41.
张全红，李博，周强，2017. 中国多维贫困的动态测算、结构分解与精准扶贫［J］. 财经研究（4）：31 - 40.
张昭，吴丹萍，2018. 多维视角下贫困的识别、追踪及分解研究——基于中国家庭追踪调查（CFPS）数据［J］. 华中农业大学学报（社会科学版）（3）：90 - 99.
张克中，冯俊诚，鲁元平，2010. 财政分权有利于贫困减少吗？——来自分税制改革后的省际证据［J］. 数量经济技术经济研究（12）：3 - 15.

张立军，湛勇，2006. 金融发展与降低贫困——基于中国 1994—2004 年小额信贷的分析［J］. 当代经济科学（11）：36－42.

张凤华，叶初升，2011. 经济增长、产业结构与农村减贫——基于省际面板数据的实证分析［J］. 当代财经（12）：14－21.

邹薇，方迎风，2011. 关于中国贫困的动态多维度研究［J］. 中国人口科学（6）：49－59，111.

邹薇，方迎风，2012. 怎样测度贫困：从单维到多维［J］. 国外社会科学（2）：63－69.

邹文杰，林航，朱鹏颐，2019. 财政支农减贫的结构效应及门槛特［J］. 东南学术（6）：110－117.

周强，张全红，2017. 中国家庭长期多维贫困状态转化及教育因素研究［J］. 数量经济技术经济研究（4）：3－19.

周利，冯大威，易行健，2020. 数字普惠金融与城乡收入差距："数字红利"还是"数字鸿沟"［J］. 经济学家（5）：99－108.

郑长德，2008. 中国的金融中介发展、收入分配和贫困减缓关系的实证研究［J］. 西部商学评论（1）：68－83.

郑长德，单德明，2016. 集中连片特困地区多维贫困测度与时空演进［J］. 南开学报（哲学社会科学版）（3）：135－146.

钟春平，陈三攀，徐长生，2013. 结构变迁、要素相对价格及农户行为——农业补贴的理论模型与微观经验证据［J］. 金融研究（05）：167－180.

朱一鸣，王伟，2017. 普惠金融如何实现精准扶贫？［J］. 财经研究（10）：43－54.

赵洁，2018. 收入不平等、非正规金融与农户多维贫困［J］. 科学决策（10）：72－93.

R. I. 麦金农 . 经济发展中的货币与资本［M］. 卢骢，译 . 上海：上海人民出版社 .

Alkire S，Foster J，2007. Counting and multidimensional poverty measurement［J］. Journal of Public Economics，95（7）：476－487.

Atkinson A B，Bourguignon，1983. The Comparison of Multi－Dimensioned Distributions of Economic Status［J］. Review of Economic Studies，49（2）：183－201.

Alkire S，2022. Dimensions of Human Development［J］. World Development，30（2）：181－205.

Alkire S，Roche J M，2011. Beyond Headcount：Measures that Reflect the Breadth and Components of Child Poverty［R］. OPHI Working Paper.

Ang J B，2010. Finance and Inequality：The Case of India［J］. Southern Economic Journal（76）：738－761.

Arestis P，Demetriades P O，Luintel K B，2001. Financial Development and Economic Growth：the Role of Stock Markets［J］. Journal of Money，Credit，and Banking，33（1）：16－41.

Aghion P，Bolton P，1997. A Trickle down Theory of Growth and Development［J］. The

Review of Economic Studies, 64 (2): 151 - 172.

Arabaci R Y, 2010. Redistribution of Income in Turkish Social Security System [J]. Journal of Academic Studies, 12 (45): 165 - 179.

Bourguignon F, Chakravarty S R, 2003. The Measurement of Multidimensional Poverty [J]. Journal of Economic Inequality, 1: 25 - 49.

Brett Hudson Matthews, 2019. Hidden constraints to digital financial inclusion: the oral - literate divide [J]. Development in Practice (29).

Bagehot W, 1873. Lombard Street: A Description of the Money Market [M]. London: Henry S. King & Co.

Beck T, Levine R, Loayza N, 2000. Finance and the Sources of Growth [J]. Journal of Financial Economics, 58 (1 - 2): 261 - 300.

Bittencourt M M, 2010. Financial Development and Inequality: Brazil, 1985—1994 [J]. Economic Change and Restructuring, 43 (2): 113 - 130.

Burgess R, Panda, 2003. Do Rural Banks Matters Evidence from the India Social Banking Experiment [R]. CMPO Working Paper.

Beck T, Demirguc - Kunt A, Levine R, 2004. Finance, Inequality and the Pverty: Cross - country Evidence [R]. World Bank Policy Research Working Paper.

Beck T, Demirguc - Kunt A, Levine R, 2007. Finance, Inequality and the Poor [J]. Journal of Economic Growth (12): 27 - 49.

Burgess R, Pande R, 2005. Do Rural Banks Matter? Evidence from the Indian Social Banking Experiment [J]. American Economic Review (03): 780 - 794.

Barr M S, 2005. Microfinance and Financial Development [J]. Michigan Journal of International Law (26): 271 - 296.

Chakraborty S, Ray T, 2007. The Development and Structure of Financial Structure [J]. Journal of Economic Dynamics & Control (31): 2920 - 2956.

Clarke G, Xu L C, Zou H, 2003. Finance and Income Inequality: Test of Alternative Theories [R]. World Bank Policy Research Working Paper.

Development S F I, 2010, Rethinking Human Development: The UNDP Human Development Report 2010 [J]. Development.

Dollar D, Kraay A, 2002. Growth is Good for the Poor [J]. Journal of Economic Growth, 7 (3): 195 - 225.

Dupas P, Robinson J, 2009. Savings Constraints and Microenterprise Development: Evidence from a Field Experiment in Kenya [R]. NBER Working Papers.

Fan S G, 2003. Public Investment and Poverty Reduction: What have We Learnt from India and China [R]. Paper Prepared for the ADBI Conference.

Gaston L, Leibenstein H, 1960. Economic Backwardness and Economic Growth. [J]. Revue conomique, 11 (1): 143-144.

Gilin G L, 1937. Poverty and dependency [J]. American Journal of Sociology.

Geda A, Shimeles A, Zerfu D, 2006. Finance and Poverty in Ethiopia [R]. United Nations University Research Paper.

Galor O, Zeira J, 1993. Income Distribution and Macroeconomics [J]. Review of conomic Studies (60): 35-52.

Greenwood J, Jovanovic B, 1990. Financial Development, Growth, and the Distribution of Income [J]. The Journal of Political Economy, 98 (5): 1076-1107.

Greenwood J, Jovanovich B, 1990. Financial Development, Growth and the Distribution of Income [J]. Journal of Political Economy, 85 (5): 1076-1107.

Hansen B. E, 1999. Threshold effects in non-dynamic panels: estimation, testing and inference [J]. Journal of econometrics, 93 (2): 345-368.

Husain I, 2004. Financial Sector Reforms and Pro-Poor Growth: Case Study of Pakistan [R]. Presidential Address at the Annual General Meeting of the Institute of Bankers held at Karachi on February 21.

Ho S Y, Odhiambo N M, 2011. Finance and Poverty Reduction in China: an Empirical Investigation [J]. International Business & Economics Research Journal, 10 (8): 103-114.

Honohan P, 2004. Financial Sector Policy and the Poor [R]. World Bank working paper.

Jeanneney S G, Kpodar K, 2005. Financial development, Financial Instability and Poverty [R]. Working Paper.

Jalilian H, Kirkpatrick C, 2002. Financial Development and Poverty Reduction in Developing Countris [J]. International Journal of Finance and Economics, 7 (2): 97-108.

Jeanneney G S, Kpodar K, 2008. Financial Development and Poverty Reduction: Can there be a Benefit without a Cost? [R]. IMF Working Paper.

Ken worthy, 1999. Do Social-Welfare Policies Reduce Poverty? A Cross-National Assessment [J]. Social Forces, 77 (3): 1119-1139.

Khandker S, Bakht Z, Koolwal G B, 2009. The Poverty Impact of Rural Roads: Evidence from Bangladesh [J]. Economic Development and Cultural Change, 157 (4): 685-722.

Kapur, 1998. Liquidity Preference and Financial Intermediation [J]. Review of Economic studies (3): 551-572.

Levine R, 2002. Bank-Based or Market-Based Financial Systems: Which is Better? [J]. Journal of Financial Intermediation, 11 (4): 398-428.

Levine R, 2004. Finance and Growth: Theory and Evidence [R]. NBER Working Paper.

Long G T, Pfau W D, 2009. Ageing, Poverty and the Role of a Social Pension in Vietnam [J]. Development and Changer, 40 (2): 333-360.

Li H，Squire L，Zou H，1998. Explaining International and Intertemporal Variations in Income Inequality [J]. Economics Journal，108 (1) 1：26-43.

Montalvo J G，Ravallion M，2010. The Pattern of Growth and Poverty Reduction in China [J]. Journal of Comparative Economics.

Merton R C，Bodie Z，1995. A Conceptual Framework for Analyzing the Financial Environment [M]. Massachusetts：Harvard Business School Press.

Matsuyama，2000. Financial Market Globalization and Endogenous Inequality of Nations? [R]. Working Paper.

Modi B V，2012. Measuring energy poverty：Focusing on what matters [J]. Renewable and Sustainable Energy Reviews，16 (1)：231-243.

Mosey G T，Ichida，2004. Economic Growth and Poverty Reduction in sub-Saharan Africa [R]. IMF Working Paper.

Nussbaum M，Sen A，1993. The Quality of Life [M]. New York：Oxford University Press.

Nussbaum，Martha C，2000. Women and Human Development：The Capabilities Approach [M]. Cambridge：Cambridge University Press.

Odhiambo N M，2010. Is Financial Development a Spur to Poverty Reduction? Kenya's Experience [J]. Journal of Economic Studies，37 (4).

Park A，Wong C A，Ren C，1998. Distributional consequences of reforming local public finance in China [J]. China Quarterly，147 (3)：1001-1032.

Quartey P，2005. Financial Sector Development，Savings Mobilisation and Poverty Reduction in Ghana [R]. United Nations University UNU-WIDER Research Paper.

Rowntree B S，1901. Poverty：A Study of Town Life [M]. Andesite Press.

Rosenstein-Rodan，1943. The Problems of Industrialization of Eastern and South-Eastern Europe [J]. The Economic Journal，53：202-211.

Rajan R G，Zingales L，2000. Financial Dependence and Growth [J]. American Economic Review，88：1421-1460.

Raj，Tilak，Vikas，2018. Financial development and industry growth in India：anempirical investigation. [J]. Journal of Commerce & Accounting Research，7 (3)：1-7.

Sen A K，1973. On Economic Inequality [M]. New York：Oxford University Press.